"十四五"职业教育国家规划教材

实用药品 GSP基础

（项目教学法教改教材）

第三版

李玉华　主　编

朱玉玲　韩宝来　副主编

SHIYONG YAOPIN
GSP JICHU

U0359909

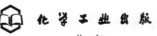
化学工业出版社

·北京·

内 容 简 介

《实用药品 GSP 基础》是"十四五"职业教育国家规划教材，以 2016 年实施的《药品经营质量管理规范》、2019 年的《中华人民共和国药品管理法》的内容为依据，共包括 8 个学习项目，通过 32 个"任务"、126 个"活动"完成。通过"项目"驱动和"任务"引领"活动"，使学生认识药品经营过程中执行 GSP 的重要性，掌握药品经营购、存、销过程中 GSP 管理制度的相关规定、要求及实施方法。教材与 1＋X 证书和行业技能大赛有关的活动在目录中标注，同时配有微课、在线题库等数字资源，可扫描二维码学习参考。全面贯彻党的教育方针，落实立德树人根本任务，在教材中有机融入党的二十大精神。

本书适用于职业学校药学、药品经营与管理、中药、制药等相关专业师生使用，也可作为药学相关岗位的岗前培训和继续教育的参考书。

图书在版编目（CIP）数据

实用药品 GSP 基础/李玉华主编. —3 版. —北京：化学工业出版社，2021.4（2025.2重印）
职业教育改革创新示范性教材
ISBN 978-7-122-38514-7

Ⅰ.①实… Ⅱ.①李… Ⅲ.①药品-商业经营-质量管理体系-中国-职业教育-教材 Ⅳ.①F721.8

中国版本图书馆 CIP 数据核字（2021）第 028371 号

责任编辑：迟 蕾 梁静丽 李植峰　　　　文字编辑：药欣荣 陈小滔
责任校对：张雨彤　　　　　　　　　　　　装帧设计：王晓宇

出版发行：化学工业出版社（北京市东城区青年湖南街 13 号 邮政编码 100011）
印　装：北京云浩印刷有限责任公司
787mm×1092mm 1/16 印张 17¼ 字数 417 千字 2025 年 2 月北京第 3 版第 6 次印刷

购书咨询：010-64518888　　　　　　　售后服务：010-64518899
网　址：http://www.cip.com.cn
凡购买本书，如有缺损质量问题，本社销售中心负责调换。

定　价：49.80 元

《实用药品GSP基础》(第三版)
编审人员

主　　编　　李玉华

副 主 编　　朱玉玲　韩宝来

编写人员　（按姓名笔画排列）

朱玉玲

刘伟芬

李　烨

李元元

李玉华

肖东伟

何方方

崔　璀

梁　艳

主　　审　　于洪绍

 前言

　　《实用药品 GSP 基础》自 2008 年出版以来，2014 年经过修订，以药品经营的购、存、销过程，通过"项目驱动"和"任务"引领"活动"，呈现药品经营质量管理制度的相关规定、要求及实施方法，使空洞的理论知识实现了现代职业教育"做中学，做中教，教学做一体化"的理念。出版十几年来，得到教师和学生的广泛赞誉，也受到了药品经营企业使用单位的一致好评。该教材 2012年被教育部评为"首批职业教育改革创新示范性教材"。

　　2016 年实施新的《药品经营质量管理规范》，2019 年 9 月国家颁布新的《中华人民共和国药品管理法》，此次修订增加了"药品研制和注册、药品上市许可持有人、药品生产和经营、药品上市后管理、药品价格和广告、监督管理和法律责任"等内容。国家食品药品监督管理总局不再对药品生产企业和药品经营企业实行 GMP 和 GSP 认证，取消了《药品生产质量管理规范认证证书》(GMP 证书) 和《药品经营质量管理规范认证证书》(GSP 证书)，药品管理从规范引入阶段、强制执行阶段发展到企业自觉执行阶段。根据新颁布的《中华人民共和国药品管理法》和《药品经营质量管理规范》的规定，对第二版《实用药品 GSP 基础》进行修订。

　　《实用药品 GSP 基础》(第三版) 共包括 8 大学习项目，通过 32 个"任务"、126 个"活动"完成教学目标。新版的《药品经营质量规范》和《中华人民共和国药品管理法》对药品企业加强了现场检查制度，特别是实行"药品上市许可持有人"制度，使药品经营管理进一步与国际接轨。为了与时俱进，《实用药品 GSP 基础》(第三版) 增加了"药品经营的质量管理"项目，同时在项目一"认识药品 GSP"中对药品质量管理规范的现场检查做了详尽的介绍，符合我国现阶段对药品经营企业质量管理的规定要求。教材整体凸显职业特色，采用大量企业实际工作表单，培养学生的职业意识，落实二十大报告的"深入实施人才强国战略"，培养造就德才兼备的高素质人才，引导学生敬业奉献、服务人民。

　　《实用药品 GSP 基础》(第三版) 以药品经营的购、运、验、存、销过程，采用工作过程导向，体现行动教学的"做中学，学中做，学做一体"教学模式，为教师教学提供了"教学做一体化"的行动导向教材。教材与 1+X 证书和行业技能大赛有关的活动在目录中标注，同时配有在线题库、微课、教学课件等数字资源，可扫描二维码学习参考，同时也为教师在教学过程中运用现代化教育教技术手段提供了保障。

　　《实用药品 GSP 基础》(第三版) 的修订，张仲景大药房、豫东药品经营有限公司等药品经营企业给予了支持和帮助，在此表示感谢！韩宝来、朱玉玲二位老师做了大量的调研和资料收集、整理工作，何方方老师做了督促教材编写过程、书稿收集、汇总工作，李玉华老师负责全书统稿。

　　由于编者水平有限，书中疏漏之处在所难免，恳请各位专家、学校师生及广大读者批评指正。

编　者

《实用药品 GSP 基础》是药品经营专业、中药调剂专业、中药专业、药学专业的专业课程，目的是让学生掌握药品经营过程中的 GSP 管理制度和实施方法，具备药品经营的质量管理意识。本课程是在学生有一定的药品基础知识和药事法规基础知识的背景下开设的，是专业核心课程的延展和深化。

1. 编写思路

本教材的总体编写思路是：打破以知识传授为主要特征的传统学科课程模式，转变为以任务引领型课程为主体的课程模式，让学生通过完成具体项目、开展具体活动来构建相关理论知识和职业能力。

（1）本教材的"学习项目"是以药品经营流程为线索来设计的，项目选取的基本依据是药品经营所涉及的工作领域和工作任务范围，内容紧紧围绕 GSP 管理制度在药品经营全过程中的要求和实施方法来安排，同时又充分考虑了现代职业教育对理论知识学习的需要，并融合了相关职业资格证书对知识、技能和态度的要求。每个项目都以药品经营过程中的主要 GSP 管理环节为载体设计的活动来进行，以工作任务为中心整合 GSP 管理制度的要求与生产实践，实现 GSP 管理制度的实施与经营实践的一体化。

（2）本教材的"任务目标"是通过组织企业专家研讨、结合药品经营实践活动提出的。主要包括认识药品经营中执行 GSP 管理制度的重要性，掌握药品经营过程中 GSP 管理制度的相关规定、要求以及实施方法，会按照药品 GSP 的要求正确地做好药品购进、药品验收、药品储存与养护和药品销售工作，并会及时正确地填写各种经营表格和记录。

（3）本课程的职业能力培养目标

• 具有医药购销员、中药调剂员、药品养护员、药品检验员所要求的职业道德、职业素质及情感态度和价值观；

• 熟悉 GSP 管理制度的内容；

• 掌握药品购进，药品验收，药品储存养护，药品出库和药品销售各环节中的管理要求和实施方法。

2. 课程框架

本教材共包括 5 个学习项目，通过 22 个"任务"、85 个"活动"完成。通过"项目"驱动和"任务"引领"活动"，使学生认识药品经营过程中执行 GSP 的重要性，掌握药品经营的购、存、销过程中 GSP 管理制度的相关规定、要求及实施方法，能胜任相关的职业岗位，同时培养学生良好的职业道德、职业素质，具有诚实守信、遵守法规、善于沟通和合作的品质，树立诚信、质量第一和安全经营的意识，为发展学生的职业能力奠定良好的基础。

3. 实施建议

在教学过程中，应立足于将 GSP 管理内容融贯在实际操作中，加强对学生执行法规与实践操作相结合能力的培养。在教学中应以学生为主体，注重"教"与"学"的互动。通过多媒体、录像、问题讨论、现场演示、实践演练等多种教学形式的互动，使学生掌握药品 GSP 知识并运用到药品实际经营中，规范药品经营操作行为，避免药物混淆和药物差错事故的发生，保证药品经营质量，确保人民群众用药安全有效。

在教学过程中，授课教师必须注重实践经验的积累，重视现代信息技术的应用，不断更新观念，探讨新型的适合中职学生认知特点的职业教育教学模式。教学评价应改革现有的考核手段和方法，加强实践性教学环节的考核(如参照职业技能考试)，可采用过程考核和综合考核相结合的考核办法。结合课堂提问、学生作业、平时测验、实践结果、技能竞赛及考试情况综合评价学生成绩。

本书编者均为执业药师或药学工程师，有一定的药品经营实践经验，并长期从事药学专业教学工作，确保了本教材的编写内容与药品经营的实际情况接轨。

本书编写过程中，邀请了豫东药品经营有限公司总经理于洪绍对教材内容进行了审定和指导，在此，编者表示衷心的感谢。

由于编者水平有限，教材内容难免有疏漏和不当之处，恳请各位专家、学校师生及广大读者批评指正。

编　者
2008 年 8 月

　　《实用药品 GSP 基础》自 2008 年出版以来，以药品经营的购、存、销过程，通过"项目"驱动和"任务"引领"活动"，呈现药品 GSP 管理制度的相关规定、要求及实施方法，使空洞的理论实现了现代职业教育"做中学，做中教"的理念。出版几年来，得到教师和学生的广泛赞誉，也受到药品经营企业使用单位的一致好评。该教材 2012 年被教育部评为"首批中等职业教育改革创新示范性教材"。

　　2013 年 6 月 1 日国家食品药品监督管理局颁布实施新的《药品经营质量管理规范》，根据新版《药品经营质量管理规范》对药品经营的管理规定，对第一版《实用药品 GSP 基础》进行修订。

　　《实用药品 GSP 基础》（第二版）共包括 7 大学习项目，通过 29 个"任务"、113 个"活动"完成教学目标，新增了"药品的运输与配送管理"、"药品经营的验证管理"两个学习项目。新版《药品经营质量管理规范》对药品的运输与配送、药品经营企业的验证提出了严格的要求，是保证药品质量的重要过程，第二版教材增加这两个学习项目，与时俱进，符合药品经营的要求。

　　《实用药品 GSP 基础》（第二版）以药品经营的购、运、存、验、销过程，采用工作过程导向，体现行动教学的"做中学，做中教，学做一体"教学模式，为教师教学提供了"教学做一体化"的行动导向教材。

　　由于编者水平有限，书中疏漏之处在所难免，恳请各位专家、学校师生及广大读者批评指正。

编　者
2014 年 4 月

目录
CONTENTS

★ 对应药品购销（初级）操作技能"药品购销"、药品购销（中级）操作技能"药品营销"、全国医药行业特有职业技能竞赛药品购销员操作技能"首营企业、首营品种的审核"。

项目三
药品验收的管理　/ 059

目录

CONTENTS

　　★对应全国医药行业特有职业技能竞赛医药商品储运员操作技能"收货入库";药品购销(初级)和(中级)操作技能"药品收货验收"。

项目四
药品储存与养护的管理　/ 095

目录
CONTENTS

★对应全国医药行业特有职业技能竞赛医药商品储运员操作技能"储存养护""复核出库";对应药品购销(初级)和(中级)操作技能。

项目五
药品的运输与配送管理　/ 130

★对应全国医药行业特有职业技能竞赛医药商品储运员操作技能"运输配送";对应药品购销(初级)(中级)操作技能"药品储存养护",全国医药行业特有职业技能竞赛药品购销员操作技能"药品收货与验收"。

目录
CONTENTS

项目八
药品经营的质量管理 / 213

目录
CONTENTS

1＋X证书和行业技能大赛项目与活动对照表

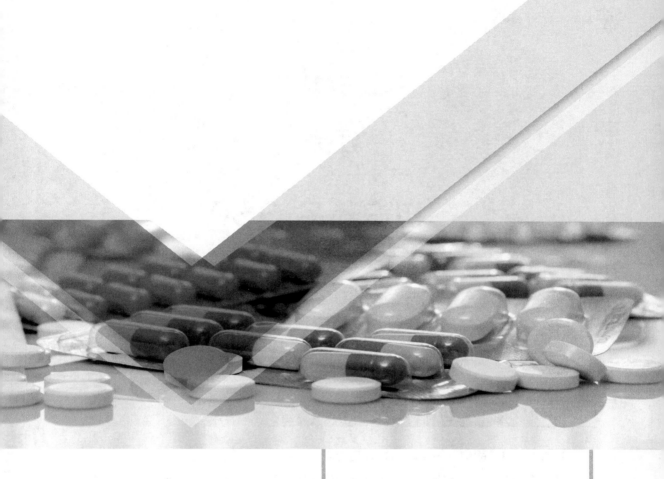

项目一

认识药品 GSP

项目说明

　　本项目共完成四个任务，任务一从几个较大的药难事件出发，使同学们初步感受药品 GSP 的重要性；任务二使同学们熟悉药品 GSP 的结构组成与基本内容；任务三使同学们熟悉药品 GSP 组成的三大基本要素即机构与人员、设施与设备和文件管理的基本要求；任务四使学生知道药品 GSP 检查的基本程序，熟知 GSP 检查应注意的问题。

任务一

初识药品 GSP

任务目标 感受药品 GSP 的重要性。
理解药品 GSP 在保证用药安全中的作用。

初识 GSP

活动一 阅读案例

1. 案例 1-1　成都一市民吃感冒药后猝死

成都市民刘××患感冒，吃了从某药店买回的药后，不到两小时即死亡。

经司法鉴定，药品本身没问题，死亡的原因是药物服用过量。刘××服用的药物中有 3 种处方药——盐酸西替利嗪、乙酰螺旋霉素和复方甘草片，刘××服用盐酸西替利嗪超量，诱发冠心病死亡。盐酸西替利嗪药物主要用于治疗鼻炎、荨麻疹、过敏和皮肤瘙痒等症，并非感冒类用药。

刘××家人认为，给刘××配药的店员吴×没有医师资格证，也没有处方权，他在患者没有出示医生处方情况下，擅自将盐酸西替利嗪、乙酰螺旋霉素等处方药随意配方，结果导致刘××超剂量服用处方药，最终出现呼吸困难而死亡。

2. 案例 1-2　患者用药后头发脱落事件

2009 年 12 月，×市卫生监督局接到谢某投诉，称其女儿使用从本市某药店购买的"银肤康"乳膏后，头发脱落。经调查：患者，女，10 岁，患"头疮"，于 9 月初在该药店销售人员的推荐下购买"银肤康"乳膏 1 支，使用 3 次（每 5 天洗头发 1 次），15 天后头发脱落，大小 10 块，脱发区有块状头屑样物附着。现场检查发现，该药店销售大厅一柜台摆放有"银肤康"乳膏 10 支（150g/支），外包装盒及乳膏正面分别设有醒目方框，方框内标注"科学配方，一次见效"有别于其他字体的红色字样；[适用范围]：适用于银屑病、神经性皮炎、慢性皮炎、牛皮癣、虫咬皮炎、皮肤瘙痒、荨麻疹、手足癣、花斑癣、脚气等，对上述病原微生物有强抗菌效果；[卫生许可证]：×卫消证字（2003）第 0013 号；[主要成分]：蛇床子、金银花、野菊花、藏红花等；其他如用法与用量等。

通过对投诉人及当事人的调查询问和现场检查情况，卫生执法人员当即对脱发患者的三个片状脱落区拍照留证，对药店货柜上的剩余 10 支"银肤康"乳膏实施了证据先行登记保存，制作了相关现场检查笔录（1 份）和询问笔录（3 份），并向该药店索要"银肤康"乳膏生产企业卫生许可证和产品卫生质量检验报告单等相关证件。药店现场不能出示相关证件，3 天后为办案人员出示了"银肤康"乳膏生产企业卫生许可证（副本）复印件和企业产品自检报告书复印件。其卫生许可证单位名称：××纳米生物工程有限公司，由××省卫生厅于2007 年 5 月 15 日颁发；许可项目：生产、销售卫生用品［抗（抑）菌喷洗剂］类，有效期限 4 年。提供"银肤康"产品批号为 20080610 自检报告 1 份，有效期至 20100610，检测项目为细菌菌落总数、大肠菌群、金黄色葡萄球菌、铜绿假单胞菌、溶血性链球菌、真菌菌落总数等 6 项，检测结论：本品符合卫生部消毒管理办法的有关规定和标准。经网上查证，×卫消证字第 0013 号产品系列名录无"银肤康"乳膏。

根据《消毒管理办法》的有关规定，该药店经营销售的"银肤康"乳膏致患者脱发的行为违反了《消毒管理办法》第三十二条第一款第（一）项、第二款，第三十三条第一、第二款，第三十四条第一款第（一）项的规定，依据《消毒管理办法》第四十七条的规定，对该药店作出责令立即停止经营销售"银肤康"乳膏、罚款人民币 3000 元的行政处罚。本案当事人在规定的时间自觉履行结案。

活动二　☆感受 GSP 的重要性

议一议

请结合表 1-1 中所列的相关分析主题，进行自由讨论，两个药难事件产生的原因及解决措施。

表 1-1　药难事件产生的原因及解决措施

分析主题	原因及措施
1. 成都一市民吃感冒药后猝死事件	
2. 患者用药头发脱落事件	

1. 药品 GSP 的概念

GSP 是英文 good supply practice 的缩写，中文意思即良好供应规范，是控制药品流通环节所有可能发生质量事故的因素，从而防止质量事故发生的一整套管理程序。实际上是对药品经营过程实施一个全面的、全员的、全过程的管理。

中国医药公司于 1982 年开始组织制定我国第一部 GSP，1984 年 6 月由国家医药管理局发布，在全国医药经营企业试行。经过 8 年的试行后进行了修改，于 1992 年 3 月由国家医药管理局发布，自 1992 年 11 月起施行，为我国的第二部 GSP。1998 年国家药品监督管理局成立后，于 2000 年 4 月 30 日由国家药品监督管理局发布，自 2000 年 7 月 1 日起实施的第三部 GSP，是强制性标准，开创了我国药品经营企业规范经营的新纪元。国家卫生部于2012 年 11 月 6 日审议通过，2013 年 1 月 22 日颁布，自 2013 年 6 月 1 日起施行的第四部GSP，药品经营企业应当严格执行本规范（GSP 第一章第三条）。现行 GSP 由国家食品药品

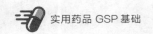

监督管理总局于 2016 年 6 月 30 日审议通过，2016 年 7 月 20 日发布实施，为我国第五部 GSP，主要修改：对药品质量的追溯制度提出了可操作性要求，强化了对疫苗的管理，首营企业的检查查验证书规定为"营业执照、税务登记、组织机构代码"的复印件等，使我国 GSP 实施从初步导入阶段、实效推进阶段向行业自律阶段迈进。

2. 深入理解 GSP 的重要性

随着我国市场经济的不断发展和完善，原有的药品计划经济销售模式已被瓦解，一种多渠道、少环节、多点购销、相互竞争的药品流通局面逐步形成，激烈的市场竞争环境，单纯依靠营销手段很难立足于市场。价格竞争、服务竞争必须以质量竞争为基础。因此，实施 GSP，保证药品质量关系到企业的生存。药品的特殊性决定药品经营企业必须实施 GSP，保证药品质量，保证人民群众的生命健康。

（1）实施 GSP 是贯彻执行国家质量管理法规的需要　企业必须坚持依法经营和依法管理，并对所经营的药品承担相关的法律责任。《中华人民共和国药品管理法》（下文简称《药品管理法》）及其实施办法是药品监督管理的法律法规，相关的其他法律还有《中华人民共和国产品质量法》《中华人民共和国消费者权益保护法》《中华人民共和国标准化法》《中华人民共和国计量法》《中华人民共和国商标法》（下文简称《商标法》）等，都对药品经营及药品质量产生法律效力。

（2）实施 GSP 是药品经营企业在市场生存的需要　市场竞争的基础是质量，质量是企业的生命线。药品的特殊性决定了药品质量的严格性。GSP 作为目前药品经营企业质量工作的基础规范，对药品经营质量管理、质量控制及质量保证措施作了具体统一的规定，为药品经营企业提供了公平竞争的条件。随着社会的发展，人民群众对医药产品的质量要求越来越严格，消费者的保护意识日益增强。市场竞争转向质量信誉的竞争，质量信誉是靠科学的质量管理和质量保证来实现的。实施 GSP，尽快使企业的质量管理、质量保证体系达到 GSP 规定的要求，是企业生存与发展的必由之路。

（3）实施 GSP 是药品国际贸易的要求　世界变得越来越小，世界各国经济相互合作、相互依赖、相互竞争，我国已经加入 WTO，药品经营企业必将走向国际市场，参与国际竞争。国外的药品经营企业也将进入国门，参与国内医药市场的竞争。在内忧外患的市场竞争环境下，实施 GSP，努力实现我国药品经营企业的质量管理与质量保证同国际接轨，才能在世界医药大舞台上有一席之地。

（4）实施 GSP 促进企业经营理念的变化　GSP 的重要思想是"质量第一，确保药品质量"，这就要求企业从单纯地追求销售数量达到利润增长转变为既重视销售数量又重视药品质量，提高经济效益和社会效益的目标并重上来，要求企业全体员工参加全过程的质量管理，提高工作质量，树立质量第一的意识。如企业订货不仅应根据医疗单位和市场的需求，还应该了解生产企业的设备条件、产品质量情况等；企业要重视流通环节的质量保证，企业员工不仅要具有一般商业职业道德，还必须具有一定的文化基础和专业知识，懂得药品的性质和储存保管条件，做到过期失效、霉烂变质及不合格商品不能销售。

（5）实施 GSP 促进企业经营组织结构的优化　质量管理是整个企业各个部门的共同任务，不能单靠质量管理部门和几个质量检验人员完成。加强企业各部门、各个环节的全面管理，全体员工参与，全过程质量控制才能确保药品质量。

（6）实施 GSP 促进企业运用先进的科学技术保证药品质量　长期以来，在医药商品的验收中，只是靠手摸、眼看、耳听、舌舔等外观鉴别方法，这种靠感官功能、凭经验的鉴别方法，劳动强度大，工作效率低，主观因素影响大，准确度差，已经不适应现代信息化社会发展的需要。GSP 强调必须用先进的测试仪器和检验装置来进行科学的检测，并依据科学的检验规程，更好地确保药品的质量。

信息技术的应用为药品经营的准确无误提供了新的平台，企业应建立能够符合经营全过程及质量控制要求的计算机系统，实现药品质量可追溯，并满足电子监管的条件。

任务二

熟知药品 GSP 的主要内容

GSP 主要内容

任务目标 熟悉药品 GSP 的内容。

活动一 阅读《药品经营质量管理规范》(2016 年版)

做一做

2016 年国家食品药品监督管理总局颁布的《药品经营质量管理规范》共（　　）章，分（　　）条。从（　　）环节来保证药品质量。

活动二 学习药品 GSP 的主要内容

GSP 的主要内容是：药品进、存、销三个环节确保质量所必备的质量管理制度和文件管理系统（软件）、人员资格和设施设备（硬件）等。见表 1-2。

表 1-2　GSP 的主要内容

类别	购进	储存	销售
硬件设施	验收场所及设施	仓储设施，养护场所	营业场所及设施
	验收养护室、常用检测仪器及设备		
人员资格职责	计划、进货及验收人员	保管员、养护员	业务、售货人员
	企业领导、质量管理人员、验收人员、养护人员条件		
质量管理程序和制度	1. 计划性，按需进货、择优选购 2. 合同明确质量条款 3. 首次经营品种企业质量审核 4. 应当按照验收规定验收	1. 分类储存与保管 2. 效期药品管理 3. 退货管理 4. 不合格品管理 5. 色标管理 6. 药品养护	1. 计划性，保证合理库存 2. 正确宣传、介绍药品 3. 发货复核 4. 运输与配送管理 5. 做好售后管理

续表

类别	购进	储存	销售
文件管理系统	供货、购进及质量验收记录	养护记录	销售记录
	职责、制度、质量标准、档案、化验记录、质量体系评审		

第一章：总则，共四条，阐述了实施 GSP 的法律依据和 GSP 对药品经营企业的基本准则以及 GSP 的适用范围。

第二章：药品批发的质量管理，共分十四节，一百一十五条，对药品批发企业的质量管理、人员、设施、计算机系统及业务经营的全过程都进行了详细的规定。

（1）质量管理体系，共八条，主要规定企业依据相关法律和本规范建立质量管理体系，并开展质量策划、质量控制、质量保证、质量改进和质量风险管理等活动，并贯穿企业经营的全过程，保证质量管理体系持续有效的运行。

（2）组织机构与质量管理职责，共五条，主要阐述了药品批发企业应建立的质量管理组织的结构及其主要职责。

（3）人员与培训，共十三条，对药品批发企业负责人、企业质量负责人和企业质量管理部门负责人等各类人员任职上岗条件、培训及其职责进行了规定。

（4）质量管理体系文件，共十二条，对药品批发企业的各类质量管理文件的颁布、实施等提出具体要求，对各级质量管理制度的内容和岗位职责作出具体规定。

（5）设施与设备，共十条，规定了企业的营业场所、仓库、检验场所、分装场所和运输药品等的基本要求和条件。

（6）校准与验证，共四条，规定企业应按照国家有关规定对设施、设备、计量器具、监测设备等进行校准和验证，以保证企业正确、合理使用相关设施设备。

（7）计算机系统，共四条，规定企业应建立计算机系统和符合的条件，各类数据应原始、真实、准确、安全和可追溯。

（8）采购，共十一条，规定企业采购药品时应把质量放在首位，同时规定了采购药品的基本条件，对首次经营企业和首次经营品种的要求以及采购业务进行了规定。

（9）收货与验收，共十一条，阐述了药品收货与验收的要求、主要内容和管理重点。

（10）储存和养护，共六条，规定了药品的储存要求和养护工作的主要职责，并对储存养护中发现质量问题药品采取的措施作出了规定。

（11）销售，共五条，对药品销售的过程作出明确的规定。

（12）出库，共六条，阐述了药品出库应遵循的基本原则。

（13）运输与配送，共十三条，规定了药品运输与配送过程中保证药品质量的条件，特别是对冷链运输提出了具体要求。

（14）售后管理，共七条，对售后服务进行了明确规定。

第三章：药品零售的质量管理，共分八节，五十八条。对零售企业的管理、人员、设施及经营全过程进行了详细的规定。

（1）质量管理与职责，共四条，对药品零售企业的经营及其负责人、质量管理机构和质量职责进行了规定。

（2）人员管理，共九条，对零售企业各级人员的任职、上岗条件和要求进行了规定，同时规定了企业有关人员的培训和健康管理制度。特别提出企业法定代表人或者企业负责人应当具备执业药师资格，企业应当按照国家有关规定配备执业药师，负责处方审核，指导合理用药。

（3）文件，共十条，对药品零售企业的各类管理文件进行了明确的规定。

（4）设施与设备，共九条，对药品零售企业的营业场所、仓库及其他检验养护设施的基本条件进行了规定。

（5）采购与验收，共七条，阐述了药品零售企业进货与验收应遵循的基本原则。

（6）陈列与储存，共六条，规定药品的陈列应当符合的条件，规定了养护工作的主要内容。

（7）销售管理，共八条，阐述药品零售企业药品销售的要求和药品零售企业销售药品应当符合的要求。

（8）售后管理，共五条，规定药品销售后质量投诉和采取的措施等。

第四章：附则，共七条，明确了主要术语的含义，规定规范的具体实施办法和实施步骤由国家食品药品监督管理总局规定，并于 2016 年 7 月 20 日起施行。

任务三

学习药品 GSP 的三大要素

任务目标　理解药品 GSP 对硬件和软件的要求。
　　　　　　　了解药品 GSP 记录及其规范要求。

GSP 三大要素

活动一　讨论药品在流通领域可能会发生的质量问题

议一议

汇总药品在流通领域可能会发生的质量问题，填写表 1-3。

表 1-3　药品流通质量问题讨论表

所遇见的药品流通质量问题	你认为解决的方法有哪些？

活动二　☆药品 GSP 对硬件的要求

药品 GSP 对硬件的设施要求见表 1-4。

表 1-4　药品 GSP 对硬件的设施要求

序号	硬件项目	设施要求
1	营业场所	1. 批发零售：场所应宽敞、明亮、洁净、卫生，柜台结构严密，防止污染，经营品种按处方药与非处方药分类陈列。 2. 批发企业仓库面积：具有与药品经营范围、经营规模相适应的经营场所和库房。 3. 零售企业营业场所：具有与药品经营范围、经营规模相适应的经营场所，并与药品储存、办公、生活辅助及其他区域分开

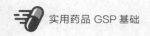

续表

序号	硬件项目	设施要求
2	仓库环境	1. 外环境:远离居民区,无污染源,地势高,地质坚固干燥。 2. 内环境:库区平坦、整洁,无积水、垃圾,沟道通畅,无易生虫的花、草、树。 3. 库房内墙、顶光洁,地面平整,门窗结构严密;有安全防护措施,能够对无关人员进入实行可控管理
3	库区分布	1. 储存作业区:指库房、货场、保管养护工作区。 2. 辅助作业区:指验收养护室、中药标本室、药品(软件)分装室等。 3. 办公生活区:指办公室、宿舍、车库、卫生间等。2 区、3 区与 1 区应有一定的隔离措施或距离,以免造成污染
4	库房分类	1. 按温湿度管理要求分:冷库(2～10℃)、阴凉库(＜20℃)、常温库(10～30℃),相对湿度保持在35％～75％。 2. 按一般管理要求分:待验区(库)、合格品区(库)、发货区(库)、不合格品区(库)、退货区(库)及中药饮片零货称取区(库)。 3. 按特殊管理药品要求分:毒性药品库、麻醉药品库、精神药品库、放射性药品库、危险药品库
5	仓库设施	1. 药品与地面之间有效间隔设备。 2. 避光、通风、防潮、防虫、防鼠等设备。 3. 有效调控温湿度及室内外空气交换的设备。 4. 自动监测、记录库房温湿度的设备。 5. 符合储存作业要求的照明设备。 6. 用于零货挑选、拼箱发货操作及复核的作业区域和设备。 7. 包装物料的存放场所。 8. 验收、发货、退货的专用场所。 9. 不合格药品专用存放场所。 10. 经营特殊管理药品符合国家规定的储存设施
6	验收养护室	配备相应的验收养护设备

做一做

按温湿度管理要求库房(区)分为:冷库(　　　)、阴凉库(　　　)、常温库(　　　),相对湿度(　　　)。

按特殊管理药品要求库房分为:(　　)、(　　)、(　　)、(　　)、(　　)。

活动三　☆药品 GSP 对人员资格的要求

关键岗位人员:药品经营企业负责人、质量负责人、质量管理部门负责人、验收养护室负责人为质量控制关键岗位人员。

从事药品经营、质量管理、采购、验收、养护、分装、保管、计量、特殊管理的药品和冷藏冷冻药品的储存运输等工作的专职人员,必须经专业培训,考核合格,持证上岗。

质量管理、验收、养护、储存等直接接触药品岗位的人员应当进行岗前及年度健康检查,并建立健康档案。患有传染病或其他可能污染药品疾病的,不得从事直接接触药品的工作。身体条件不符合相应岗位特定要求的,不得从事相关工作,见表 1-5。

表 1-5　药品 GSP 对人员资格的要求

规模	企业负责人	企业质量负责人	质量管理部门负责人	质量管理员	验收养护人员	中药方面
批发企业	大学专科以上学历或者中级以上专业技术职称,经过药学专业知识培训,熟悉有关药品管理的法律法规和 GSP	大学本科以上学历、执业药师资格和 3 年以上药品经营质量管理工作经历	执业药师资格和 3 年以上药品经营质量管理工作经历,能独立解决经营过程中的质量问题	药学中专或医学、生物、化学等相关专业大学专科以上学历或药学初级以上专业技术职称	药学或医学、生物、化学等相关专业中专以上学历或药学初级以上专业技术职称	验收员具有中药学中专以上学历或中药学中级以上职称;养护员具有中药学中专以上学历或中药学初级以上职称;直接收购中药材的验收人员具有中药学中级以上职称
零售企业	企业法定代表人或企业负责人具备执业药师资格	药学或医学、生物、化学等相关专业学历或者具有药学专业技术职称。从事中药饮片质量管理、验收、采购人员具有中药学中专以上学历或具有中药学初级以上专业技术职称;营业员具有高中以上文化程度或符合省级药监部门规定的条件。中药饮片调剂人员具有中药学中专以上学历或者具备中药调剂员资格				

议一议

药品经营企业关键岗位有哪些?

活动四　☆药品 GSP 对软件（文件）的要求

议一议

讨论药品流通中的 GSP 文件有哪些? 填表 1-6。

表 1-6　GSP 文件及作用

药品流通中的 GSP 文件	GSP 文件的作用

1. GSP 文件

GSP 文件是指一切涉及药品经营管理的书面标准和实施过程中的记录结果。

GSP 文件系统是指贯穿药品质量管理全过程连贯有序的系列文件。

2. GSP 文件的类型

（1）标准类文件　见表 1-7。

表 1-7　标准类文件类型及涵义

分类	涵义
技术标准文件	国家、地方及行业企业所颁布和制定的技术规范、准则、规定、办法、标准和程序等书面要求
管理标准文件	企业使管理职能标准化、规范化所制定的制度、规定、标准和程序等书面要求

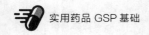

分类	涵义
工作标准文件	以人或人群的工作为对象,对工作范围、职责、权限以及工作内容考核等所提出的规定、标准、程序等书面要求

（2）记录（凭证）类文件 记录（凭证）类文件是反映药品经营活动中执行标准情况的真实实施结果。GSP 要求药品流通过程的购进、储存、销售均应有按批号可追溯的原始记录。见表 1-8。

表 1-8　记录（凭证）类文件及涵义

分类	涵义
记录	报表、台账(入库验收、在库养护、出库复核记录等)、销售记录等
凭证	药品、设备、库房与状态的单、证、卡、牌等。如药品化验单、区域或药品标识等

3. GSP 文件的作用

GSP 的基本要求就是用书面的程序进行管理。企业在实施 GSP 过程中，要做到一切按规定办事，一切以原始资料为依据，一切记录在案，一切以数据说话。在 GSP 检查过程中，文件资料是门面，现场是基础，工作是实质。只有形式与内容的统一，才能推进企业走向全面质量管理。

企业运作必须以文件系统为标准，任何运作的文字记录，既可避免差错，也可为质量情况追踪、质量事故确认以及改进经营管理工作提供依据，这是质量管理工作和 GSP 管理特点的必然要求。

知识拓展

记录及其规范要求

药品经营企业在药品经营活动中，使用的记录很多，如购货记录、销售记录、入库验收记录、在库养护记录及出库复核记录等。GSP 第四十一条：书面记录及凭证应当及时填写，并做到字迹清晰，不得随意涂改，不得撕毁。更改记录的，应当注明理由、日期并签名，保持原有信息清晰可辨。GSP 第四十条：通过计算机系统记录数据时，有关人员应当按照操作规程，通过授权及密码登录后方可进行数据的录入或者复核；数据的更改应当经质量管理部门审核并在其监督下进行，更改过程应当留有记录。

（1）填写"首次经营药品审批表"时，业务员与业务、物价及质量管理部门和经理审批等意见栏不能都签"同意购进"。

（2）各部门签发意见时均为当日，不能出现签署日期后者在先的情况。

（3）签订进货合同应明确质量条款。

（4）填写厂牌时不能只写产地，应既填写产地又写厂牌。如广州白云山中药厂不能只填"广州"，而应写全称。

（5）填写商家时不能只写地区名，应既填地区名又填单位名称，但可简写。如河南天方药业集团可简写为"豫天方药业"。

（6）记录中有注册商标和批准文号栏目时，填写时可在该栏目项下打"√"或填"有"或"无"。

（7）效期药品应填其终止日期，不能填×年。

（8）记录人签名时应签全名，不能只签姓不写名或只写名不签姓。如刻有印章在盖印时不能竖盖、倒盖、空盖。

（9）填写上下相同项目或内容的记录时，均应依行照填照写，不能采取打两点或写"同上"二字表示。

（10）填写日期一律横写，且不得简写。如 2020 年 7 月 21 日，不得写成 2020.7.21。

（11）记录中项目应填写齐全，不得留有空项。如无内容可填要用"—"表示，以证明不是填写者大意所致。

（12）不同的质量记录，在其质量状况栏目中的表述不能一致。如入库验收质量无问题，则在其质量状况栏目中填"合格"；在库检查和出库复核质量检查无问题，则在其质量状况栏目中填"正常"。

（13）记录中所填写内容不能随意涂改，需要涂改时应在涂改处划一横线，加盖经办人手章。

（14）所有记录应字迹清晰，必须用钢笔或水笔填写，不能用铅笔或圆珠笔填写。

（15）记录要真实、完整、原始，不得事后追记。

做一做

请填写《首次经营企业审核表》。

首次经营企业审核表

填报部门：　　　　　　　　　填报人：　　　　　　　　　编号：

供货企业全称		法定代表人		企业类型	
企业地址		邮政编码			
注册地址					
经营许可证号		发证机关			
发证日期		有效期			
营业执照登记机关		营业期限			
注册号		注册资金			
供货企业联系人		身份证号		联系电话	
企业质量信誉		企业供货能力审核			
企业质量保证体系情况					

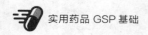

续表

采购部经理意见	日期： 年 月 日
质量管理部门 审核意见	日期： 年 月 日
企业负责人 审批意见	日期： 年 月 日

活动五　领会药品 GSP 的指导思想

> **议一议**
>
> 药品流通领域中，影响药品质量的因素和环节有哪些？GSP 采取哪些措施保证药品质量？

1. 实行全过程的质量管理

药品经营批发企业的经营活动可分为售前、售中、售后工作三个过程，再细可分为市场调研、计划、采购、运输、验收、储存养护、洽谈业务、介绍药品、用药指导、包扎或装箱送货、质量查询、药品退调等。这些工作是环环相扣紧密相关的，药品质量综合反映了所有这些工作环节质量管理的状况和效果。例如：只注意药品销售工作而忽视市场调研和采购工作，不需要的药品就会积压，时间长了就会影响药品质量；只注意售后服务而放松药品质量把关和储存养护，售后服务做得再好，药品也会因质量问题退货越来越多。所以，质量管理要渗透到经营活动的每一个环节中去，形成全过程的质量管理。

2. 实行全员参加的质量管理

质量管理工作要靠人来做，企业全体员工的工作都和质量管理有关，从企业经理到销售代表，从化验员到仓库养护员全体都要参加质量管理。只有通过全体职工的共同努力、协同配合，企业的质量管理工作才能有扎实的基础。要实现全员的质量管理，必须抓好质量意识教育，同时实现规范化管理，制定各级质量责任制，明确工作程序、标准和质量要求，规定每个岗位的任务、权限，各司其职，共同配合，共同抓好质量工作。

3. 实现全企业的质量管理

企业内的质量职能分散在企业的各个部门，各部门的质量管理工作都是不可缺少的。因此，既要求企业各个部门都要参加质量管理，充分发挥各自的质量职能，又要相互协调一致、相互配合。企业各层次都有自己的质量管理活动，上层管理侧重于质量决策、组织协调和控制，保证实现企业的质量目标；中层管理要具体实施上层的质量决策，执行各自的质量职能，进行具体的业务管理；基层管理则要求职工按规范、按规章制度进行工作或操作，进行现场的管理工作，完成具体的工作任务。由此组成一个完整的质量管理体系，实行全企业的质量管理。

4. 实行 GSP 必须分阶段、分步骤进行

实施 GSP 是一项系统工程，投资大、涉及面广、难度大，既有硬件的改造、配置，又有软件管理的建立与完善和人员配备、教育和培训等。因此实施 GSP 不可能一蹴而就，必须分阶段、分步骤实施。在制定 GSP 实施总体规划后，确定各个阶段的实施目标及其完成期限。为完成阶段性的目标，具体采取哪些措施，落实到哪个职能部门，都应明确。经过一段时间的工作，要检查效果、进度是否达到预期要求。当前一阶段的实施目标完成后，紧接着就展开下一阶段的工作，不求形式，不求速度，扎扎实实，一步一个脚印，经过不懈的努力，企业的软硬件管理就能达到 GSP 规定的标准。

5. 建立质量管理循环程序

分阶段、分步骤实施 GSP 的目标，要建成一个质量管理程序，即：

（1）这个质量管理程序是一个"闭路循环"，环环相扣、首尾相连，任何开口式的管理都是不完善的。当这个程序发生中断即"开口"时，就应立即查找原因，及时协调，恢复正常功能。

（2）这个质量管理程序运作的动力来自药品用户对质量不断提高的需求，而循环本身对用户不断提高的质量需求具有很高的敏感性，并能及时调整自己的运作，以便尽可能地满足用户的要求。

（3）这个质量管理程序与业务经营活动密切联系，起着监督和保障的作用。

任务四

药品 GSP 现场检查

任务目标 了解药品 GSP 现场检查的基本程序。
熟悉药品 GSP 现场检查的主要内容。

活动一 认识药品 GSP 现场检查

议一议

云南省药品监督管理局官网发布公告称，根据新修订的《中华人民共和国药品管理法》及《国家药监局关于贯彻实施〈中华人民共和国药品管理法〉有关事项的公告》〔2019 年第 103 号〕相关规定，从 2019 年 12 月 1 日起，对现场检查符合条件的药品批发企业和药品零售连锁总部，云南省药品监督管理局发放《药品经营许可证》，不再发放《药品经营质量管理规范认证证书》。关于药品经营质量管理规范现场检查的讨论见表 1-9。

表 1-9 药品经营质量管理规范现场检查讨论表

讨论项目	讨论结果
1. 药品 GSP 认证与药品 GSP 现场检查的区别	
2. 不再颁发药品 GSP 认证证书是否弱化监管	

1. 药品 GSP 认证与药品 GSP 现场检查

国家对 GMP、GSP 认证拟取消，对生产、销售假药重罚，强化全过程监管，实施药品上市许可持有人制度，成为《药品管理法》修订的几大亮点。

2019 年 8 月 26 日上午，第十三届全国人大常委会第十二次会议通过了新修订的《药品管理法》，对药品上市许可持有人、网售处方药、假劣药范围等内容作出明确规定。新法共计 12 章 155 条，自 2019 年 12 月 1 日起施行。《药品管理法》明确写入了"药品上市许可持有人制度"，同时删除了药企的药品生产质量管理规范（GMP）认证、药品经营质量管理规范（GSP）认证，并将药物临床试验机构由许可管理改为备案管理。

这一法案的公布，的确是明确写出了删除 GMP 和 GSP 认证，所以导致有很多没有认真了解法案的人认为 GSP 就要取消了。

实际上，GSP 是药品经营的基本要求，只会不断地改善，不会取消，取消的只是认证证书。所谓认证，是指由认证机构证明产品、服务、管理体系符合相关技术规范的强制性要求或者标准的合格评定活动。现有的 GSP 认证证书，由药品监管部门颁发，有效期 5 年，从某种角度来讲，就等于监管部门认可，该药品经营企业在 5 年内，其药品经营活动符合 GSP 规范。

药品 GSP 现场检查属于动态监管，企业要建立长效的药品经营质量管理规范运行机制，每时每刻使药品质量处于受控状态，这是药品企业必须具有的责任和使命。

2. 为什么取消药品 GSP 证书

（1）实施药品上市许可持有人制度 《药品管理法》明确写了要加入"MAH（上市许可持有人制度）"，药品经营质量的第一负责人，由经营企业，变更为了上市许可人。上市许可人，有责任和义务督促相关的企业在药品经营活动中保证产品质量，如果还是发放 GSP 证书，会弱化上市许可人的质量管理职责，取消 GSP 证书会更加明确上市许可人的质量职责。

（2）加强监管力度 取消药监部门发证，不代表药监部门就取消了对经营企业的检查，药监部门建立了职业化的检查员队伍，加强现场检查，增加飞行检查，监管力度实际上加强了。

（3）增强威慑力度 GSP 其实就是药品经营企业的日常活动，药品经营质量管理规范就是要求企业每天都应该按照规范来管理药品的经营质量。有一些药品经营企业，认证前认证后是两张脸，检查员一离开，立马就不按药品经营质量管理规范作业了，这就让认证证书变成了违规操作的"遮羞布"。所以，有些国家只有 GSP 现场检查，没有 GSP 认证，如美国的 FDA，现场检查结束不会颁发 GSP 证书，只会提供一份药品经营质量管理规范现场检查报告。但是现在，没有了 GMP 证书，发现违规，直接吊销药品经营许可证，直接把违规企业赶出行业这个大舞台，这个威慑力度，相比取消颁发 GSP 认证证书，更强。

> **做一做**
> 你对取消颁发 GSP 认证证书，采取现场检查的看法有哪些？

活动二　药品 GSP 现场检查的内容

1.《药品经营质量管理规范现场检查指导原则》说明

（1）为规范药品经营企业监督检查工作，根据《药品经营质量管理规范》，制定《药品经营质量管理规范现场检查指导原则》。

（2）本指导原则包含《药品经营质量管理规范》的检查项目和所对应的附录检查内容。检查有关检查项目时，应当同时对应附录检查内容。如果附录检查内容存在任何不符合要求的情形，所对应的检查项目应当判定为不符合要求。

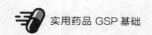

（3）本指导原则检查项目分三部分。批发企业检查项目共 256 项，其中严重缺陷项目（＊＊）10 项，主要缺陷项目（＊）103 项，一般缺陷项目 143 项；零售企业检查项目共 176 项，其中严重缺陷项目（＊＊）8 项，主要缺陷项目（＊）53 项，一般缺陷项目 115 项；体外诊断试剂（药品）经营企业检查项目共 185 项，其中严重缺陷项目（＊＊）9 项，主要缺陷项目（＊）70 项，一般缺陷项目 106 项。

（4）药品零售连锁企业总部及配送中心按照药品批发企业检查项目检查，药品零售连锁企业门店按照药品零售企业检查项目检查。

（5）药品生产企业销售药品，以及药品流通过程中其他涉及药品储存、运输的，参照本指导原则有关检查项目检查。

> **做一做**
>
> 关于《药品经营质量管理规范现场检查指导原则》的讨论见表 1-10。

表 1-10　《药品经营质量管理规范现场检查指导原则》讨论表

讨论项目	讨论结果
1. 批发企业检查项目共多少项	
2. 零售企业检查项目共多少项	
3. 体外诊断试剂检查项目共多少项	

2. 现场检查结果判定

药监部门从 GSP 现场检查专家库抽取现场检查专家组成专家组，依据《药品经营质量管理规范现场指导原则》进行检查。

现场检查后依据表 1-11 判定检查结果。

表 1-11　GSP 现场检查结果判定表

检查项目			结果判定
严重缺陷项目（＊＊）	主要缺陷项目（＊）	一般缺陷项目	
0	0	≤20%	通过检查
0		20%～30%	限期整改后复核检查
0	<10%	<20%	
≥1	—		不通过检查
0	≥10%	—	
0	<10%	≥20%	
0	0	≥30%	

注：缺陷项目比例数＝对应的缺陷项目中不符合项目数/（对应缺陷项目总数－对应缺陷检查项目合理缺项数）×100%。

3. 现场检查结论

药监部门根据 GSP 现场检查专家组的现场检查报告和现场检查结果，依据表 1-12 对现场检查的企业做出现场检查结论。

表 1-12 GSP 现场检查结论表

检查项目				结果判定
严重缺陷项目（＊＊）	主要缺陷项目（＊）	一般缺陷项目		
0	0	0		符合《药品经营质量管理规范》
0	0	药品批发企业	＜43	违反《药品经营质量管理规范》；限期整改
		药品零售企业	＜34	
		体外诊断试剂（药品）经营企业	＜33	
0	药品批发企业 ＜10	药品批发企业	＜29	
	药品零售企业 ＜5	药品零售企业	＜23	
	体外诊断试剂（药品）经营企业 ＜7	体外诊断试剂（药品）经营企业	＜22	
≥1	—	—		严重违反《药品经营质量管理规范》，撤销《药品经营许可证》
0	药品批发企业 ≥10	—		
	药品零售企业 ≥5			
	体外诊断试剂（药品）经营企业 ≥7			
0	药品批发企业 ＜10	药品批发企业	≥29	
	药品零售企业 ＜5	药品零售企业	≥23	
	体外诊断试剂（药品）经营企业 ＜7	体外诊断试剂（药品）经营企业	≥22	
0	0	药品批发企业	≥43	
		药品零售企业	≥34	
		体外诊断试剂（药品）经营企业	≥33	

4. 讨论

关于《药品经营质量管理规范》现场检查结果的讨论见表 1-13。

表 1-13 《药品经营质量管理规范》现场检查结果讨论表

讨论项目	讨论结果
1. GSP 检查项目分几类	
2. 符合 GSP 结果如何判断	
3. 撤销《药品经营许可证》结果如何判断	

活动三　药品 GSP 现场检查的严重缺陷项目

议一议

根据《药品经营质量管理规范》填表 1-14。

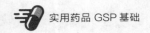

表 1-14 《药品经营质量管理规范》现场检查项目严重缺陷讨论表

讨论项目	讨论结果
1. 药品批发企业严重缺陷项目有几项	
2. 药品零售企业严重缺陷项目有几项	
3. 体外诊断试剂(药品)企业严重缺陷项目有几项	
4. 现场检查有严重缺陷项目的结果	

1. 药品 GSP 现场检查严重缺陷项目内容

(1) 药品批发企业严重缺陷项目 (共计 10 项)

《药品经营质量管理规范》部分

序号	条款号		检查项目
1	总则	＊＊00201	企业应当在药品采购、储存、销售、运输等环节采取有效的质量控制措施,确保药品质量,并按照国家有关要求建立药品追溯系统,实现药品可追溯
2		＊＊00401	药品经营企业应当依法经营
3		＊＊00402	药品经营企业应当坚持诚实守信,禁止任何虚假、欺骗行为
65	质量管理体系文件	＊＊03101	企业制定质量管理体系文件应当完备,并符合企业实际,文件包括质量管理制度、部门及岗位职责、操作规程、档案、报告、记录和凭证等
107	设施与设备	＊＊04902	储存疫苗的,应当配备两个以上独立冷库
135	采购	＊＊06101	企业采购药品应当确定供货单位的合法资格;确定所购入药品的合法性;核实供货单位销售人员的合法资格
143		＊＊06601	企业采购药品时应当向供货单位索取发票
145		＊＊06701	发票上的购、销单位名称及金额、品名应当与付款流向及金额、品名一致,并与财务账目内容相对应

药品经营企业计算机系统

条款号	检查项目	所对应附录检查内容
＊＊05805	企业计算机系统应当有符合《规范》要求及企业管理实际需要的应用软件和相关数据库	有符合《规范》及企业管理实际需要的应用软件和相关数据库。 1. 药品批发企业应当将审核合格的供货单位、购货单位及经营品种等信息录入系统,建立质量管理基础数据库并有效运用。 2. 质量管理基础数据包括供货单位、购货单位、经营品种、供货单位销售人员资质、购货单位采购人员资质及提货人员资质等相关内容。 3. 质量管理基础数据与对应的供货单位、购货单位以及购销药品的合法性、有效性相关联,与供货单位或购货单位的经营范围相对应,由系统进行自动跟踪、识别与控制。 4. 系统对接近失效的质量管理基础数据进行提示、预警,提醒相关部门及岗位人员及时索取、更新相关资料;任何质量管理基础数据失效时,系统都自动锁定与该数据相关的业务功能,直至数据更新和生效后,相关功能方可恢复
＊＊06101	企业采购药品应当确定供货单位的合法资格,确定所购入药品的合法性	1. 药品采购订单中的质量管理基础数据应当依据数据库生成。 2. 系统对各供货单位的合法资质,能够自动识别、审核,防止超出经营方式或经营范围的采购行为发生

（2）药品零售企业严重缺陷项目（共计 8 项）

《药品经营质量管理规范》部分

序号	条款号		检查项目
1	总则	＊＊00201	企业应当在药品采购、储存、销售、运输等环节采取有效的质量控制措施,确保药品质量,并按照国家有关要求建立药品追溯系统,实现药品可追溯
2		＊＊00401	药品经营企业应当依法经营
3		＊＊00402	药品经营企业应当坚持诚实守信,禁止任何虚假、欺骗行为
5	质量管理与职责	＊＊12101	企业应当具有与其经营范围和规模相适应的经营条件,包括组织机构、人员、设施设备、质量管理文件,并按照规定设置计算机系统
57	设施与设备	＊＊14504	经营冷藏药品的,有专用冷藏设备
68		＊＊14807	经营冷藏药品的,应当有与其经营品种及经营规模相适应的专用设备
80	采购与验收	＊＊15209	采购药品时,企业应当向供货单位索取发票
82		＊＊15211	发票上的购、销单位名称及金额、品名应当与付款流向及金额、品名一致,并与财务账目内容相对应

（3）体外诊断试剂（药品）经营企业严重缺陷项目（共计 9 项）

《药品经营质量管理规范》部分

序号	条款号		检查项目
1	总则	＊＊00201	企业应当在药品采购、储存、销售、运输等环节采取有效的质量控制措施,确保药品质量,并按照国家有关要求建立药品追溯系统,实现药品可追溯
2		＊＊00401	企业应当依法经营
3		＊＊00402	企业应当坚持诚实守信,禁止任何虚假、欺骗行为
39	人员与培训	＊＊02101	企业质量管理人员中应当至少 1 人为主管检验师,并具有检验学相关专业大学本科以上学历及 3 年以上体外诊断试剂检验工作经历,能独立解决经营过程中的质量问题
56	质量管理体系文件	＊＊03101	企业制定的质量管理体系文件应当符合企业实际,文件包括质量管理制度、部门及岗位职责、操作规程、档案、报告、记录和凭证等
111	计算机系统	＊＊05805	企业计算机系统应当有符合企业管理实际需要的应用软件和相关数据库
114	采购	＊＊06101	企业采购体外诊断试剂应当确定供货单位的合法资格;确定所购入产品的合法性;核实供货单位销售人员的合法资格
119		＊＊06601	企业采购体外诊断试剂时应当向供货单位索取发票
161	销售	＊＊09101	企业销售体外诊断试剂产品应当如实开具发票,做到票、账、货、款一致

2. 讨论

根据《药品经营质量管理规范现场检查指导原则》有关内容,填表 1-15。

表 1-15 严重缺陷项目内容讨论表

讨论项目	讨论结果
1. 药品批发企业严重缺陷项目内容	
2. 药品零售企业严重缺陷项目内容	
3. 体外诊断试剂(药品)经营企业严重缺陷项目内容	

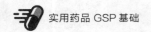

活动四　药品 GSP 现场检查材料的准备

药品 GSP 现场检查让企业始终处于动态的药品质量管理控制中，企业不能为应付检查去准备资料，应该在平时就做好药品质量管理规范的工作，按照《药品经营质量管理规范》的要求去实施。需要准备如下资料：

(1)《药品经营许可证》和营业执照复印件（新开办企业报送批准立项文件）；

(2) 企业实施 GSP 情况的自查报告；

(3) 企业负责人员和质量管理人员情况表；

(4) 验收、养护人员情况表；

(5) 企业经营场所、仓储等设施、设备情况表；

(6) 企业所属药品经营单位情况表；

(7) 企业药品经营质量管理制度目录；

(8) 企业管理组织、机构的设置与职能框图；

(9) 企业经营场所和仓库的平面布局图。

资料准备是企业实施 GSP 的一项具体工作。准备资料原则应依据有关文件提出的基本要求，认真做好资料整理工作。

学一学

南京××药店 GSP 现场检查自查报告

一、企业概况

我药店成立于 200×年×月×日，企业性质为个人独资企业，注册地址为南京市××区××路××号，注册资金为××万元。药店营业场所××平方米，仓库××平方米，办公及辅助区面积×平方米。目前共有人员×人，其中药学专业技术人员×人；质量管理员（兼验收员）×人，××学历，职称为××；养护员×人，××学历。药店经营范围为中药饮片、中成药、化学药制剂、抗生素、生化药品、二类精神药品，经营药品品种达××个，200×年实现销售××万元。为确保 GSP 检查，公司花费近×万元对内部硬件进行了较大规模的改造，添置了与门店要求相应的一系列硬件设施设备，并进一步健全和完善了各项管理制度。

二、企业 GSP 质量体系自查总结

（一）质量管理与职责

为全面开展、实施 GSP 认证工作，药店首先结合企业实际和 GSP 要求，修订和完善了××项质量管理制度和岗位质量职责，按照管理规定设置了计算机系统，并及时组织药店全体员工进行了学习和传达。为确保各项制度能够不折不扣地执行，我店每（年、半年、季度、月）组织对制度执行情况进行检查和考核，并做好记录，考核结果与员工奖金挂钩。

（二）人员管理

药店目前共有人员×人，企业负责人为××学历，××职称，具有执业药师资格，熟悉有关药品的法律法规。质量负责人××专业，××学历，××职称（资格），具有执业药师资格；质管部经理××学历，××职称（资格）。其他员工×名，均经药品监督管理部门培训考核合格后持证上岗。以上人员均持有健康证，并建立了健康档案。

药店自成立以来，每年年初制定年度培训计划，并按计划实施。一年来，药店自行组织各类培训×次，其中药品管理法制培训×次，药店质量管理制度培训×次，药品专业知识培训×次，参加药监部门组织的 GSP 培训×次，我店的执业药师每年参加省药监局组织的继续教育。

（三）文件

药店按照《药品管理法》《药品经营质量管理规范》等法律法规，制定了符合我店经营实际的各类质量管理文件，包括质量管理制度、岗位职责、操作规程、档案、记录和凭证等，并对管理文件定期审核、及时修订。

我店对人员进行各类文件的针对性培训，确保各岗位人员正确理解质量管理文件的内容，保证质量管理文件的有效执行。

我店建立了药品零售管理制度，如《药品采购管理》《药品验收管理》等30项；操作管理规程18项；岗位职责25项；建立了药品采购、验收、销售等相关记录；通过计算机系统记录时，按照操作规程，通过授权及密码登录计算机系统，进行数据的录入，保证数据原始、真实、准确、安全和可追溯。

（四）设施与设备

我店营业场所××平方米，仓库面积××平方米，环境整洁。营业场所、仓库、办公生活区分开。门窗结构严密，货架、柜台齐备。配备符合药品储存陈列的各项设施设备，主要有冰箱×台、地架×个、空调×台、温湿度计×只、鼠夹×个、避光用窗帘等。

（五）采购与验收

我店购进药品严格按照药品购进制度的规定和程序进行。对供货单位、购入药品及供货单位销售人员的合法性严格审核，与供货单位每年签订质量保证协议，并明确质量条款。购进药品均有合法票据，并建立了购进记录，票、账、货相符。

对购进的药品，验收人员根据原始凭证逐批验收，并建立验收记录。验收中，按照要求对药品的外观性状以及药品内外包装、标签、说明书、标识等内容进行详细检查，首营品种须有该批号药品的检验报告书，进口药品须提供加盖供货单位原印章的《进口药品注册证》和《进口药品检验报告书》，中药饮片必须标明品名、生产企业、生产日期。

（六）陈列与储存

陈列药品做到药品与非药品分开，处方药与非处方药分开，内服药与外用药分开，拆零药品和易串味药品专柜陈列，商品摆放整齐美观，类别标签放置准确、字迹清晰。对陈列药品按有关规定进行检查并记录，发现质量问题及时进行处理。

我店每××对储存药品巡检一次，并建立养护记录，对有效期在×个月内的药品，按月填报近效期药品催销表。每天上下午各一次定时对库房温湿度进行监测并记录，发现超出规定范围，及时采取调控措施。对养护用仪器设备定期检查维修，建立设备档案。

仓库划分了合格区、待验区、退货区和不合格区，并按要求实行了色标管理。

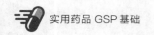
（七）销售管理

我店在销售中，遵守有关法律、法规和制度，营业员能正确介绍药品的使用方法和注意事项，营业时间内有执业药师在岗。按照国家有关规定进行药品的广告宣传。对实施电子监管的药品，在售出时都进行了扫码和数据上传。店堂内无非法药品广告。

（八）售后管理

营业场所内设有咨询台，店堂内明示服务公约，公布监督电话，设置了顾客意见簿。对顾客提出的批评或投诉能够认真对待，及时处理并做好记录。我店制定了不良反应报告制度，对发现的药品质量问题及时报告，并妥善留存作好记录。建立了药品召回记录。

我店于20××年××月按照GSP条款进行了全面自查，检查结果符合国家《药品管理法》和《药品经营质量管理规范》的要求。我们要始终坚持规范经营，确保药品经营质量不出现差错事故，做好各项工作，随时迎接上级部门的现场检查。

南京××药店

20××年×月×日

做一做

写一份××××药店 GSP 认证自查报告。

活动五　药品 GSP 现场检查应注意的问题

1. 企业需要准备的 GSP 现场检查资料

（1）总体汇报材料　企业实施 GSP 现场检查的总体汇报材料，主要由企业高层领导与职能部门组织完成。内容也可分三个部分。

① 企业概况　主要介绍企业与实施 GSP 的基本情况。

② 具体做法　介绍企业实施 GSP 的主要工作，包括组织领导、机构人员、教育培训、制度建设、硬件改造及质量管理、严格控制药品进、销、存的计算机软件程序等工作。

③ 整改工作　主要介绍在实施 GSP 现场检查过程中的阶段整改情况与进度。

（2）备查材料　对应 GSP 现场检查评定标准（批发、零售连锁、零售）的顺序，收集整理编写的备查材料，作为第一方面汇报材料的补充与详细说明，主要由相关职能部门组织完成。

（3）分部门材料　基层部门（各管理岗位、分支机构、内设机构）各自准备的材料，包括各主要部门实施 GSP 工作的情况，与 GSP 相关的职能工作情况及与评定标准对应部分的见证性原始记录与材料，由各部门分别完成，主要为现场检查做准备。

（4）其他材料　除了以上的汇报材料外，还应该准备企业的相关资质证照和机构、人员、设施、设备等的相关材料。

企业实施《药品经营质量管理规范》是一项日常工作，要常态化，各种材料要随时整理、归类、保存，已备现场检查之用。

2. GSP 现场检查资料准备注意事项

（1）GSP 现场检查资料　要在纵横两个方面与 GSP 规范、细则或认证检查评定标准对应。纵向要保持从申请表开始的各个上报资料的上下对应，在组织机构、人员职责、管理工作及各项数据等方面，要有连贯性、可追溯性。不能发生交叉错误。横向要注意各职能部门包括质量、仓储、业务之间的相关性与一致性，同时要注意材料内容与规范的相容性。

（2）企业概况 在准备这项材料时，可按企业名称、经营地址、经营范围、经营方式等进行逐项审核，重点在经营方式、范围上，超方式、超范围经营是严重缺陷，这一项的内容主要是在现场检查时会被发现，注意点是：

① 零售绝不要做批发，反之也相同；

② 要按药品经营许可证的范围经营，不能超过药监部门所批准的范围；

③ 经营地址要与许可证上的地址一致，不能任意迁址，否则将确认为异地经营，这也为严重缺陷。总之，许可证所有内容的变更均需批准后变更。

（3）现场汇报材料 这项材料要求用词精炼、准确、实事求是。在现场检查首次会议企业将作 20 分钟左右的汇报，如果措辞不慎，往往会有漏洞。

（4）主要人员情况 企业主要负责人与质量管理、验收、养护等岗位人员的基本情况。按照 GSP 的要求填写，关键是职称、在职在岗，检查时除查学历、职称证明外，更会查相关人员与劳动部门签订的劳动合同等。

（5）设施与场所情况 企业经营场所、仓库的设施、设备表按实际填写备查，如空调、除湿机、验收养护室的检测仪器等。关于营业场所、仓储的平面图，要按照企业的实际绘制并标明位置和温湿度。库区的合理设置直接关系到企业的现场检查结果。

（6）质量管理制度 关于质量管理制度，GSP 要求的共 21 项，企业可延伸出大于 21 项的更为具体的制度，管理制度也可包含各岗位职责及关键岗位的操作规程，如购进、首营企业、品种的审批、验收、养护、保管、销售、复核等岗位操作规程，在报表上可以全部列入。制度是 GSP 现场检查的关键所在，制度的好坏直接影响企业现场检查的结果。个别企业在药品 GSP 现场检查中，由于制订的制度发生偏差，被限期整改。用一句话来形容恰如其分："制度是企业的生命"。此项一定要引起企业的高度重视。

（7）机构 企业管理组织机构、职能框图，是具体体现企业管理、机构设置是否合理的形式；职能框图是质量管理体系在职能部门中的具体体现，能充分发现在所有职能部门中质量所处的位置，看企业是否重视质量，是否把质量放在第一位。这一图示可与质量方针等结合起来检查。

最后，强调一下企业出现的经营假劣药品情况。针对这个问题，企业应如实上报经营的全过程的有关资料及生产企业不合格的声明，全部材料一定要真实可信。另外，切莫隐瞒不报，否则将对药品 GSP 现场检查结果产生重大影响。

> **议一议**
> 药品 GSP 现场检查材料准备应注意哪些问题？

活动六　药品 GSP 现场检查的程序

阅读材料

药品 GSP 现场检查工作程序

一、检查的准备

（一）组织和人员

（1）药品监督管理局药品 GSP 认证管理办公室（以下简称认证管理机构）负责组织认证检查组，确定现场检查员，制定并组织实施现场检查方案。

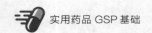

（2）检查组应由 3 人组成，检查组成员应是河南省药品监督管理局药品 GSP 认证检查员库中的检查员，并按《GSP 检查员选派办法》随机抽取，由组长 1 人、组员 2 人组成现场检查组。

（3）检查员在接到参加认证工作的通知后，如无特殊原因，不得拒绝参加。

（4）认证管理机构可根据检查对象的类型、规模等情况派遣人员参加，以监督现场检查方案的实施。

（5）企业所在地市级（或县级）药品监督管理部门负责选派 1 名观察员，协助检查组落实现场检查的有关事宜，并不得影响检查方案的实施。

（6）检查组对认证管理机构负责，按照认证管理机构统一安排实施现场检查。

（二）制定现场检查方案

认证管理机构负责制定现场检查方案。检查方案的内容包括检查时间、有关要求和检查组成员等。

二、通知检查

药监部门应在现场检查前，将《GSP 现场检查通知书》提前 5 个工作日告知被检查企业。同时抄送省、市药监管理部门。

三、现场检查

被检查企业应于检查员到达的当天，按照检查组要求提供认证申报资料、质量管理文件及员工花名册。实施现场检查前，检查方案由组长向检查员、观察员公开，集中阅读检查方案和相关资料，了解被检查单位状况，明确检查组分工及重点检查项目和检查方法。检查员及观察员不得私下与企业有关人员接触，不得向企业泄漏检查方案。

（一）首次会议

现场检查首次会议由组长主持，主要议程是介绍检查组成员，宣读检查纪律、检查方案，核实企业有无违规经营假劣药品情况，落实检查日程，说明检查注意事项，确认检查陪同人员等。现场检查陪同人员应是被检查企业负责人或是经营、质量管理部门负责人，应熟悉药品经营和质量管理的有关环节和要求，能准确回答检查组提出的有关问题。

（二）检查和取证

（1）检查组必须严格按照现场检查方案实施检查。

（2）检查组必须按照本程序及《GSP 现场检查项目》规定内容，准确全面地对企业进行现场检查，如实填写 GSP 现场检查不合格项目情况，对检查中发现的不合格项目如实记录。

（3）检查员对照检查项目现场核实，填写《药品 GSP 现场检查缺陷项目记录表》，并注重事实的准确描述，具有可追溯性（如访问对象，文件编号等记录），经检查员签字后生效。

（4）检查期间检查组认为现场检查方案或检查项目需要修改，需经认证机构批准后执行。

（5）检查组组长应充分听取组员意见，组员应服从组长的统一领导，体现集体智慧和民主集中制原则。检查组组长应及时掌握检查情况，控制检查进度，保证检查质量。

（6）检查过程中，如发现被检查单位有违法、违规行为，检查组应按照法定程序查实、取证，移交当地药品监督管理部门按法定程序处理。检查组应将查实取证情况以书面形式报告给认证管理机构。

（三）综合评定

（1）情况汇总 全部检查结束后，由组长组织评定汇总，撰写现场检查报告。检查组应根据检查项目和评定标准客观公正地逐项作出评定及综合评定，作出综合评定意见。

（2）项目评定　检查组应根据检查标准，对检查项目进行评定，填写《药品 GSP 现场检查评定表》，形成现场检查不合格项目情况表，不合格项目情况表的内容应简明扼要、客观准确，属缺陷项目的，直接否定；属特殊情况的，予以说明。

（3）拟定现场检查报告　根据现场检查情况、综合评定意见及评定结果，由检查组成员提出意见，检查组组长拟定检查报告。

（4）通过检查报告　检查报告应经检查组成员全体通过，并在报告上签字。综合评定期间，被检查单位及观察员应予回避。

（四）末次会议

（1）检查组于检查终结应召开检查组成员、参加现场检查工作的有关人员和被检查企业有关人员的末次会议，向被检查单位通报检查情况，检查组组长宣读综合评定结果。对提出的不合格项目，由检查组全体成员和被检查企业负责人在不合格项目情况表上签字，双方各执一份。

（2）检查组对提交药监部门的现场检查报告，应由检查组全体成员签字确认。

（五）异议的处理

（1）企业对检查结果产生异议，可向检查组提出说明或做出解释。如双方未能达成共识，检查组应对异议内容予以记录，经检查组全体成员和企业主要负责人双方签字确认后，与检查报告等有关资料一并送交药监部门。

（2）被检查单位对不合格项目情况表提出异议，检查组应给予解释和说明。对有异议的问题，必要时可重新核对。

（3）如果检查单位对不合格项目情况表拒绝签字，检查组应在现场检查报告中予以说明，并附观察员意见。

（4）现场检查资料的提交检查完毕，检查组必须及时将《GSP 现场检查报告》《GSP 现场检查不合格项目情况表》《药品 GSP 现场检查缺陷项目记录表》《药品 GSP 现场检查评定表》、检查员记录及相关证据材料按《现场检查资料目录》提交药监部门。

（六）追踪检查

对限期整改的企业申请复查，应于 5 个工作日前将《GSP 现场追踪检查通知书》发至被检查企业，同时抄送省、市药品监督管理局。检查组须按照追踪检查方案及《GSP 现场检查项目》对企业进行全面的现场检查，并重点核实整改项目落实情况。检查结束，出具《GSP 追踪现场检查报告》，其他事宜按本程序执行。

（七）纪律要求

（1）检查组全体成员应严格遵守《药品 GSP 认证现场检查纪律》。在检查期间如发生违反规定行为，组长和组员均有责任和义务向药监部门报告。

（2）检查组全体成员应于现场检查的前一天抵达被检查单位所在地，应于检查完的当天或第二天离开被检查单位。

（3）现场检查员检查期间只确认被检查企业实施 GSP 情况，不得提供技术咨询及现场检查技术指导。

（4）检查员及现场检查管理机构人员不得索取被检查单位与现场检查有关的管理软件资料，对被现场检查单位提供的有关资料负有保密责任。

（5）检查组成员及观察员离开之前，应将企业提供的现场检查汇报材料、质量管理文

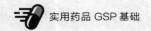

件、员工花名册及提交的其他材料返还被检查企业。

做一做

（1）药监部门按照《GSP 检查员管理办法》，选派（　　　）名 GSP 检查员组成现场检查组。检查组实行（　　　）负责制。

（2）检查组检查完后，检查组须及时将哪些材料提交药监管理部门？

① （　　　　　　　　　　　　　）

② （　　　　　　　　　　　　　）

③ （　　　　　　　　　　　　　）

④ （　　　　　　　　　　　　　）

⑤ （　　　　　　　　　　　　　）

（3）对提出的不合格项目，由（　　　　　　　　　　）和（　　　　　）在不合格项目情况表上签字，双方各执一份。

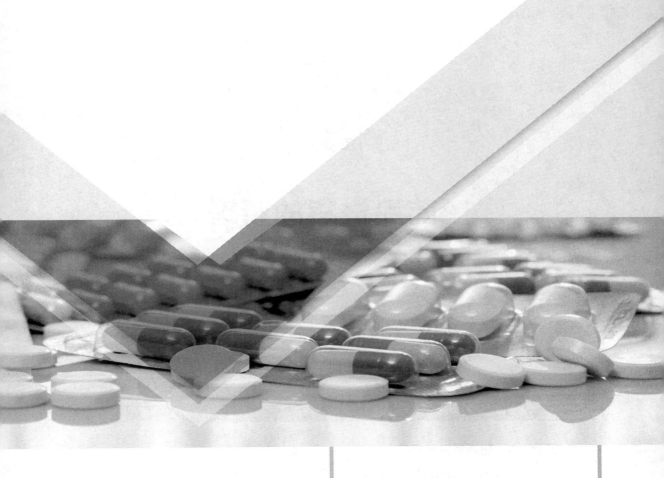

项目二

药品购进的管理

项目说明

本项目共完成五个任务，任务一通过几个案例分析，使同学们熟知进货的原则和程序；任务二使同学们知道有关药品采购管理的内容；任务三使同学们会选择和评价供应商；任务四使同学们熟悉首营品种及如何审核首营品种；任务五使同学们会做采购记录，知道发票管理，熟知进货情况质量评审的相关内容。

任务一

药品进货的管理

任务目标　明确进货的原则。
　　　　　　　知道进货的程序。

活动一　案例分析

1. 案例 2-1　药房销售假药案

2013 年 6 月，80 岁高龄患有高血压、气管炎及皮炎等多种疾病的顾某，让家人到某大药房购买了一盒血毒清胶囊，顾某服用后，感到不适，就停止服药。7 月 10 日，顾某高烧不退，被送至医院。7 月 27 日，顾某因抢救无效死亡。死者家属一纸诉状将这家药房告到法院，要求该药房对顾某之死承担赔偿责任。

经查，血毒清胶囊中含有乙双吗啉，服用乙双吗啉可引起再生障碍性贫血等不良反应。某大药房销售的血毒清胶囊，经市药品检验部门检验认定系盗用他人批准文号生产的假药，其乙双吗啉的含量高于国家标准。法院审理认为，被告某大药房违法销售假药，致使顾某死亡。据此，最终判决该大药房赔偿原告医疗费、护理费、死亡赔偿金等。

2. 案例 2-2　黄金周感冒药卖到脱销，一上班各药店忙着进货

阴雨连绵的"十一"黄金周使不少市民患了感冒。长假期间，某市各药店内购买感冒药的人剧增，一些感冒药畅销品种因销售集中卖到脱销。

在某居民区附近的一家药店，买感冒药的顾客很多，营业员一边开单子一边说："这两天感冒药卖得挺快，有几种都快没货了，好在感冒药的替代品种比较多，没有这一种就给顾客推荐另一种。"据了解，"十一"前某市各药店均集中采购了一批药品，假期不再购进新药，因感冒药销售集中，很多药店的畅销品种脱销，货品不全。8 日一上班，各药店的采购人员迅速投入工作采购感冒药。

> **议一议**
> 结合案例 2-1、案例 2-2，分析表 2-1 中的相关主题。

表 2-1　案例分析记录表

	分析主题	分析结构
案例 2-1	顾某死亡的主要原因是什么	
	药店能不能避免此事件的发生	
	你觉得药店以后应该怎么避免类似事件发生	
	（提示：重点从进货环节考虑）	
案例 2-2	各药店大量购进感冒药的原因是什么	
	你对此案例有什么感想	

活动二　☆进货的原则

通过案例 2-1 和案例 2-2 分析得知，进货环节是药品经营企业控制药品质量的第一关，购进药品的质量对企业经营的后续环节如验收、储存、销售将产生直接影响，甚至影响整个企业的生存。因此，药品经营企业应严把进货关，在进货中要严格遵循以下原则。

1. 质量第一

药品是特殊的商品，是人们用于预防、治疗、诊断疾病的物质。药品的质量至关重要，药品质量合格与否，直接关系到患者的生命安全。因此，企业应该始终将质量放在选择药品和供货单位条件的首位。

2. 按需进货

购进药品的目的是为了销售，任何商品的销售都应符合市场规律。市场的供求状况直接决定了一种商品的销售前景。药品的销售也分淡季和旺季，就像上述第二个案例感冒流行的时候，感冒药的需求肯定要增多，就应该提前备好货；相反，到了销售淡季，就应该少进货，改进其他产品。

3. 择优选购

"物美价廉"是人们在购买商品时一种普遍的心理，药品的购进当然也不例外。因此，企业在购进药品时，还应该优中选优，挑选性价比高的药品来保证销量。

活动三　情景模拟

小明今天感冒了，他决定自己到药店购买药品服用，小明需要怎么做才能购买到适合他的药品？

请同学们帮小明设计一份购买药品的流程图，以便参考。

活动四　☆进货的要求

相比个人购买药品，药品经营企业在购进药品时，数量更大，目的是为了销售，所以应该符合相关要求来保证购进药品的质量。

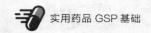

1. 确定供货单位的合法资格

供货企业的合法资格主要指企业应具有"两证一照"，即《药品生产许可证》或《药品经营许可证》《GMP认证证书》或《GSP认证证书》《营业执照》，业务部门应索取以上证书的复印件，复印件上应加盖企业的原印章；还应注意审核其证照的有效期和生产或者经营范围。业务部门应收集供货方所有资料，建立合格供应商档案，实行动态管理，并列出合格供应商清单，企业可与之发生业务往来。首营企业审核后，列入合格供应商清单，方可发生业务关系。

2. 确定所购入药品的合法性

企业要严格审核购进药品的合法性，绝不能购进假药和劣药，按照《药品管理法》的规定，经营假劣药品，除罚没所得外，情节严重的将吊销《药品经营许可证》。审核时要从以下角度全面考查。

（1）该药品是合法企业所生产或经营的药品。

（2）该药品具有法定的质量标准。

（3）除部分中药材和中药饮片外，该药品有法定的批准文号和生产批号。

（4）进口药品应有符合规定的《进口药品注册证》或《医药产品注册证》和《进口药品检验报告书》。

（5）该药品的包装和标识符合有关规定的储运要求。

（6）中药材应标明产地。

（7）特殊管理药品应该从具有法定资格生产或经营的企业购进。

议一议

经营企业购入假劣药会有什么后果？

知识拓展

知识拓展

一、假药与劣药

《药品管理法》的规定如下。

1. 假药

有下列情形之一的，为假药：

药品所含成分与国家药品标准规定的成分不符；

以非药品冒充药品或者以他种药品冒充此种药品；

变质的药品；

药品所标明的适应证或者功能主治超出规定范围。

2. 劣药

有下列情形之一的，为劣药：

药品成分的含量不符合国家药品标准；

被污染的药品；

未标明或者更改有效期的药品；

未注明或者更改产品批号的药品；

超过有效期的药品；

擅自添加防腐剂、辅料的药品；

其他不符合药品标准的药品。

议一议

假药和劣药的区别是什么？各举些实例。

二、药品批准文号

1. 意义

生产企业生产合法性的标志。生产新药或者已有国家标准的药品的（除没有实施批准文号管理的中药材和中药饮片外），须经国务院药品监督管理部门批准，核发药品批准文号。药品生产企业在取得药品批准文号后，方可生产该药品。

2. 格式

准生产药品批准文号格式国药准字＋1位字母＋8位数字。试生产药品批准文号格式：国药试字＋1位字母＋8位数字。

说明：①化学药品使用字母"H"，中药使用字母"Z"，通过国家药品监督管理局整顿的保健药品使用字母"B"，生物制品使用字母"S"，体外化学诊断试剂使用字母"T"，药用辅料使用字母"F"，进口分包装药品使用字母"J"。

②数字第1、第2位为原批准文号的来源代码，其中"10"代表原卫生部批准的药品，"20""19"代表2002年1月1日以前国家食品药品监督管理总局批准的药品，其他使用各省行政区划代码前两位的，为原各省级卫生行政部门批准的药品。第3、第4位为换发批准文号之年公元年号的后两位数字，但来源于卫生部和国家食品药品监督管理总局的批准文号仍使用原文号年号的后两位数字。数字第5～8位为顺序号。

各省、自治区、直辖市的数字代码前两位分别是11—北京市，12—天津市，13—河北省，14—山西省，15—内蒙古自治区，21—辽宁省，22—吉林省，23—黑龙江省，31—上海市，32—江苏省，33—浙江省，34—安徽省，35—福建省，36—江西省，37—山东省，41—河南省，42—湖北省，43—湖南省，44—广东省，45—广西壮族自治区，46—海南省，50—重庆市，51—四川省，52—贵州省，53—云南省，54—西藏自治区，61—陕西省，62—甘肃省，63—青海省，64—宁夏回族自治区，65—新疆维吾尔自治区。

3. 核实供货单位销售人员的合法资格

企业应索取与本企业联系药品销售事宜的供货单位销售员的有关证明资料，并进行合法性资格审核。对供货单位销售人员应建立相应的档案（表2-2），并对其实行动态管理，对不再具备合法资格的销售人员应及时采取有效措施，停止业务往来。审核并留存的资料主要有：

（1）加盖供货单位公章原印章的销售人员身份证复印件；

（2）加盖供货单位公章原印章和法定代表人印章或者签名的授权书，授权书应当载明被授权人姓名、身份证号码，以及授权销售的品种、地域、期限；

（3）供货单位及供货品种相关资料；

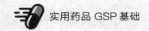

表 2-2   供货单位销售人员档案表

供货单位	销售人员姓名	法人授权委托书	身份证复印件	从业资格	联系电话	备注

（4）签订质量保证协议和采购合同，内容详见任务二的活动三；

（5）到货验收后，采购部门及时索要发票，做好采购记录。

任务二

药品采购的管理

任务目标　知道药品采购计划的内容，了解采购计划的编制方法。

知道药品的来源，了解药品采购的方式。

明确质量保证协议的主要内容。

感受采购人员管理的重要性，明确采购人员的条件和职责。

活动一　编制药品采购计划

做一做

　　小明是医药公司的一名采购员，到 9 月底了，他要制订新的采购计划，哪些因素会影响到采购计划？请你制订一份月度采购计划。

1. 编制采购计划时应考虑到的因素

（1）**国家的法律法规和方针政策**　国家的法律法规和方针政策是影响采购的一大因素，如医疗体制的改革、公费医疗政策的改变，就业人口的增加，政府有关部门的指令，都会影响采购工作。因此，采购计划编制必须遵守国家的法律法规和方针政策。

（2）**药品质量**　药品是防病治病的特殊商品，其质量高低不仅直接关系到千百万人民的健康，而且关系到企业的信誉，这是关系到企业生死存亡的大问题，所以药品质量的优劣是影响采购的一个重要因素。

（3）**药品价格**　药品的产地不同，生产企业不同，药品价格也不同。同等情况下，只要是质量合格的药品，价格较低的药品，销售量相对较多。

（4）**供货商的信誉**　企业信誉的具体表现为购销合同履约率的高低、交货期的长短、产品的质量、售后服务等，企业信誉的高低对于采购计划能否实现起着重要作用。

（5）**资金**　充足的资金、较高的资金利润率、较短的资金回收期是保证采购工作取得高效益的关键。因此，在采购工作中，要考虑到资金的时间价值。

（6）**市场变化趋势**　如人口不断增长，城镇居民的收入，公费医疗政策，灾情、疫情等

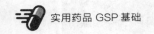

因素在不断变化，医药市场也处在不断变化之中。因此，在制订采购计划时，要十分重视市场因素的变化，不断满足人民防病治病的需求。

（7）库存数量　药品均有一定的有效期，不宜储存过长时间，另外库存数量多少在一定程度上可以反映药品的销售情况，因此，在编制采购计划时，就要使购入药品与库存数量相适应。

2. 采购计划编制的要求

> **做一做**
>
> 填写药品采购计划审批表（表2-3）。

表2-3　药品采购计划审批表

计划期限：自_____年_____月_____日至_____年_____月_____日

	商品名称	剂型	规格	包装	产地	生产单位	供货单位	购入货价	购进数量	市场状况
采购部门										
	负责人（签章）： 　　年　　月　　日									
质管部门审批意见	负责人（签章）： 　　年　　月　　日									
主管领导审核意见	负责人（签章）： 　　年　　月　　日									

药品采购计划是经营企业在一定时间内确定采购药品的品种、数量、采购时间的重要依据，因此采购计划的好坏对采购工作质量有十分重要的作用。

（1）编制的原则　应以药品质量作为重要依据，贯彻质量否决权制度。

（2）编制与审核部门　采购部门编制，质量管理部门审核。

（3）分类　依据计划的期限可分为年度、季度、月度采购计划；临时采购清单。

3. 采购计划的编制方法

（1）基本方法——综合平衡法　利用平衡公式、编制平衡表、召开平衡会议等具体做法进行综合平衡法编制计划。药品采购计划就是一个药品收支平衡表。药品采购计划中的平衡关系是：期初库存＋购入＝调出＋期末库存。

召开平衡会议就是诸如召开计划会议、订货会议、补货会议、计划衔接会议等，使有关方面的计划衔接起来，达到在一定条件下的平衡。

（2）辅助方法

① 比例法：即以有关指标之间长期形成的比较稳定的比例关系为基础，并把计划期的变动因素考虑进来，推算出有关的计划指标。

② 动态法：即根据某一指标的历史发展变化趋势和计划期因素，推算出计划指标。其计算方法是：计划期某项指标＝报告期该项指标×（1＋增长速度）。

③ 定额法：即根据有关先进可靠的经济定额来确定计划指标的方法。

④ 比较法：即同一指标，与不同历史时期的水平进行比较，或与同类企业、同一地区、同行业的水平进行比较，通过比较的方法，鉴定指标是否正确。分析比较时，要注意指标的可比性，同时注意本企业与对比企业的具体差别。

活动二　　选择药品采购的渠道和方式

> **议一议**
>
> 　　根据原有学过的知识，药品经营企业可以从哪里采购药品？

1. 订购和选购

所谓订购是买卖双方根据市场需要，签订订购合同，按合同产销。选购是从企业现有的产品中选择购买。采购的药品是由药品经营企业自己选择的，采购的数量和品种是药品经营企业根据市场需要和本企业经营能力提出来的。

2. 代批代销

代批代销指药品经营企业受药品生产企业或经营企业的委托办理的一种销售业务。在药品销售出去以前，药品所有权归委托单位，在药品销售出去以后结算货款。

3. 代理制

药品经营企业在自愿的基础上，通过合同或契约的形式建立的产品进入流通领域，并由药品经营企业在一定区域内实行垄断或独家经营，实现"风险共担，利益共享"的一种组织形式。

4. 招标采购

药品经营企业将药品需求信息通知药品生产企业或经营企业，药品经营企业根据投标方提供的价格进行选择，价格最低、质量最优者中标。中标后，双方签订合同，合同履行货到仓库后，由验收员进行质量验收，验收合格后，由财务复核入账付款。此种方法成为经营企业日益青睐的一种方法。

5. 网上采购

伴随电子商务的发展，药品经营企业可以直接在网上采购药品，通过信用工具结算，大大降低了商业流通成本，同时，药品经营企业可以在短时间内获得市场信息，并在最短时间内完成采购，有利于药品经营企业抓住市场机遇，提高经济效益。

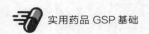

活动三　签订质量保证协议和采购合同

1. 质量保证协议（样例）

【附】

采购合同和
质保协议

药品经营质量保证协议书（样例）

甲方（供货方）：　　　　　　　　　　乙方（购货方）：

注册地址：　　　　　　　　　　　　　注册地址：

为加强药品经营质量管理，严把进货渠道关，确保人民用药安全有效，根据现行《中华人民共和国药品管理法》《药品经营质量管理规范》等有关法律法规，经双方协商后制定本协议。

一、甲方质量责任

1. 甲方负责向乙方提供其合法真实的《药品生产许可证》、营业执照及其年检证明、《税务登记证》和《组织机构代码证》复印件并加盖原印章。另提供相关印章、随货同行单（票）样式、银行开户户名、开户银行及账号。

2. 甲方销售业务人员须向乙方提供有其公司法人代表印章或者签名的药品销售业务人员"授权书"原件及加盖甲方公章原印章的销售人员身份证复印件。授权书应当载明被授权人姓名、身份证号码，以及授权销售的品种、地域、期限。

3. 甲方须提供所售药品的生产批件、质量标准及出厂检验报告书等相关资料，供应进口药品时，须提供《进口药品注册证》及同批号的《进口药品检验报告书》复印件。进口血液制品应提供《生物制品进口批件》和同批号的《进口药品检验报告书》复印件。中国香港、澳门和台湾地区企业生产的药品必须提供《医药产品注册证》及同批号的《进口药品检验报告书》复印件。以上复印件均应加盖甲方质量管理机构原印章。

4. 甲方应向乙方提供符合质量标准的合格药品。药品的包装、标签、说明书等应符合国家的有关规定，其包装能确保药品质量和货物运输要求。

5. 甲方所供药品须有注册商标。整件药品内必须附药品合格证明。

6. 甲方向乙方提供中药材须标明品名、产地、供货单位、供货日期，中药饮片须标明品名、产地、生产企业、生产日期，实行批准文号管理的中药材和中药饮片的品种还需标明批准文号。

7. 甲方提供的药品因质量问题（包括包装质量）而造成乙方的一切损失，由甲方负责，如双方对药品质量产生争议，以法定检验部门的检验报告为准。

8. 药品运输的质量保证及责任，甲方要保证药品质量，严格按包装标识运输；甲方应根据乙方所需品种确保按期到货。药品在运输途中所造成的一切损失或损坏，由甲方负责。

9. 甲方应负责乙方药品距离有效期 6 个月以内的退货。

10. 甲方因产品的质量标准发生变化及药品改变包装等，应及时通知乙方，并出具加盖公章的书面证明材料。

11. 甲方应当按照国家规定给乙方开具发票；发票应当列明药品的通用名称、规格、单位、数量、单价、金额等；不能全部列明的，应当附《销售货物或者提供应税劳务清单》，并加盖甲方发票专用章原印章、注明税票号码。发票上的购、销单位名称及金额、品名应当与付款流向及金额、品名一致，并与财务账目内容相对应。

二、乙方质量责任

1. 乙方在经营甲方提供的药品时，若发生质量问题，应及时通知甲方并提供详细、确定的质量信息。配合甲方做好调查取证和善后处理工作。

2. 乙方在向甲方购进药品时，应向甲方提供合法、有效的企业资格证书（证照复印件、加盖乙方原印章）并提供采购人员合法资格的验证资料。

3. 乙方应按 GSP 有关规定储存甲方所供药品，由于乙方储存不当造成的药品质量问题由乙方自行负责。

注：1. 甲、乙双方均应为其提供资料的真实性、有效性负责，由此引发的一切问题，双方各负其责。

2. 本协议一式两份，甲、乙双方各执一份，每份具有同等的法律效力，未尽事宜，协商解决。协议自签订之日起生效，有效期一年。

甲方：   乙方：
（盖章）代表：   （盖章）代表：
签订日期： 年   月   日   签订日期： 年   月   日

议一议

根据以上质量保证协议样例，请同学们分组讨论质量保证协议应包括哪些基本内容？

2. 质量保证协议的主要内容

（1）明确双方质量责任。

（2）供货单位应当提供符合规定的资料且对其真实性、有效性负责。

（3）供货单位应当按照国家规定开具发票。

（4）药品质量符合药品标准等有关要求。

（5）药品包装、标签、说明书符合有关规定。

（6）药品运输的质量保证及责任。

（7）质量保证协议的有效期限。

3. 采购合同

采购合同是供需双方经过谈判协商一致而签订的"供需关系"的法律性文件，合同双方都应遵守和履行。

学一学

采购合同样例如下。

×××公司药品采购合同

供方：_____   需方：_____
签订时间：_____   签订地点：_____
合同编号：_____

根据《中华人民共和国合同法》和有关法律、法规规定，经双方协商一致签订本合同。

1. 商品的品名、规格、价格（单位：人民币元），不够填写，可另附页。

编号	品名	规格	单位	数量	无税批发价	扣率	无税金额	交货日期	执行情况	备注

合计金额：　　　　　　　＋税额（%）　　　　　＝　　　　元

2. 包装标准：供方负责提供商品的包装。包装必须适合本合同规定的运输方式和商品的理化性质要求，并应标明商品名称、规格、生产厂家、内包装数量、重量、批号、有效期、保质期，确保牢固，并以适当方式密封并能够防潮、防破损。

3. 说明书和标签：商品的说明书和标签均应符合国家有关规定，清晰明了，不致造成误用。

4. 质量标准：供方所提供的商品必须符合国家有关产品质量标准，每批产品均应提供合格检验报告，药品附产品合格证。进口药品必须提供相应批号的合格进口药品口岸检验报告书及进口药品注册证的复印件并加盖供货方质量管理或质量检验机构红章。

5. 交货地点：_____。

6. 交货方式：①供方送货；②需方自提；③其他方式_____。

7. 运输方式：①火车；②汽车；③其他方式_____。

8. 结算方式

代销：①实销实结；②其他方式_____。

购销：①现款；②货到_____天结；③批结；④隔批结；⑤其他方式_____。

9. 支付方式

①银行支票；②银行汇票；③承兑汇票；④电汇；⑤其他方式_____。

10. 发票：供方应给需方提供_____%的增值税发票。

11. 供方在本合同签订时应提供下列有效复印件并加盖供货单位公章，保证其真实性和有效性。

①营业执照；②药品生产许可证/药品经营许可证；③药品批准文件；④产品质量标准；⑤产品质量检验报告书；⑥产品价格批文；⑦其他_____。

12. 有效和修改：本合同于年____月____日____经双方的授权代表人签字并加盖各方公章后生效，有效期至____年____月____日止。合同到期后，继续合作的，双方可续签合同。本合同的任何修改、补充应以书面形式进行，并经双方的授权代表签字并加盖公章后方为有效。

13. 其他约定事项_____。

14. 其他：①本合同一式三份，供方一份，需方药品部和财务部各一份；②本合同未尽事宜，由双方在执行过程中协商解决。

需方（公章）：　　　　　　　　　供方（公章）：

单位名称：　　　　　　　　　　　单位名称：

地址：　　　　　　　　　　　　　地址：

法人代表（委托代理人）：　　　　法人代表（委托代理人）：

电话：　　　　　　　　　　　　　电话：

传真：　　　　　　　　　　　　　传真：

开户银行：　　　　　　　　　　　开户银行：

账号：　　　　　　　　　　　　　账号：

税号：　　　　　　　　　　　　　税号：

　　　　　　　　　　　　　本合同共三联　第一联：需方药品部

　　　　　　　　　　　　　　　　　　　　第二联：需方财务部

　　　　　　　　　　　　　　　　　　　　第三联：供方财务部

（1）订立合同的原则

① 合同签订人的有关法定资格：签订合同的当事人必须是法定代表人（法人代表）或是持有法定代表人委托授权书的人。委托授权书规定的授权范围等内容均应明确，否则签订的合同在法律上是无效的。

② 合法的原则：必须遵照国家的法律法规、方针政策签订合同，其内容和手续程序符合有关合同管理的法律及其具体条例和实施细则与要求。国家保护合法合同，取缔和打击非法合同。

③ 调查和研究：签订合同的供求双方都应该认真进行调查和市场预测工作，认真考虑对方是否具备履行合同的各种条件，尤其对第一次打交道的企业必须切实、认真地进行调查研究，不能单凭产品样品就贸然签订合同，签订合同之前要对其管理能力、质量保证能力、厂房设备条件、技术条件、劳动生产效率、生产能力以及资金、原材料、辅助材料、能源等方面情况做尽可能深入的调查，这样才能为签订合同提供可靠依据，也为最终实现合同打下稳固的基础。

④ 平等互利原则：平等是指签订合同的当事人的法律地位平等，互利是指签订合同的双方当事人在经济活动中都有利益可得，彼此权利义务相平衡。

⑤ 协商一致原则：签订合同是双方的法律行为，双方当事人的意愿表达一致，合同才能成立。

⑥ 等价有偿原则：等价有偿反映了社会主义经济组织之间，公平合理的经济协作和商品交换关系。因此，合同必须是等价有偿的。

（2）药品采购合同的主要内容

① 供需双方企业的名称：合同中必须注明供需双方企业的名称，名称应与所盖企业公章或合同章一致。

② 质量条款：企业与供货方应签订质量保证协议，可不必在每份合同上都写明质量条款，只需说明按双方另行签订的质量保证协议执行即可。

③ 盖公章或合同章：企业签订采购合同时，应使用公章或合同专用章，而不是使用业务科室章或单位行政公章。

④ 药品信息：合同中应包含药品信息，药品信息包括品名、剂型、规格、单位、数量、

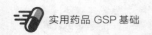

价格等内容。

⑤ 交货时间、方式、地点：交货时间可写明在某一具体日期前交货，交货方式如委托第三方物流配送，承运方应提供与委托方签订的运输协议，交货地点应具体。

⑥ 结算方式：常见的结算方式有一次性付款、分批付款、委托收款、支票、电汇、汇票等，另外应有明确的结算日期。

⑦ 违约责任：供需双方应详细约定违约责任的条款、承担方式、赔偿范围及违约金，以确保合同双方能自觉履行合同义务，保障合同双方的合法权益。

⑧ 有效期限：一般会在合同中明确约定合同自某时开始至某时截止或者至签字之日起到某时截止，还有约定是某个事项完成之日截止，没有明确的时间限定。

活动四 ☆药品采购人员管理

1. 案例 2-3 齐齐哈尔第二制药厂假药案

钮××是齐二药厂的采购员，初中毕业。2005 年 9 月，钮××没有对供货方进行考察，也没有要求供货方提供样品进行检验，在采购辅料"丙二醇"时，在未确切核实供应商王××供货资质的情况下，即通过电话联系向其购买"丙二醇"。期间，钮××也曾担心上当受骗从而影响生产和销售，但对于产品质量他却"从来没担心过"，因为他认为，药品质量是检验部门的事情，跟采购没什么关系，不是他负责的范围，他也自称"完全看不懂供货商提供给他的质量检验报告"。据悉，该厂负责采购药品原料、辅料的只有初中毕业的钮××一人。

议一议

请同学们结合案例 2-3 分析表 2-4 相关问题。

表 2-4 分析案例 2-3

讨论项目	讨论结果
1. 钮××的行为有什么问题	
2. 采购人员的行为与药品质量有无关系	
3. 通过上述案例你认为应该如何避免类似事件的发生	

2. 采购人员的条件

（1）专业及学历要求 应当具有药学或者医学、生物、化学等相关专业中专以上学历。

（2）培训要求 应当接受与其职责和工作内容相关的岗前培训和继续教育。

3. 采购人员职责

（1）应认真学习和遵守《药品管理法》及其实施办法和配套法律法规，以及《商标法》《中华人民共和国合同法》等法律、条例、规定和企业质量管理方面的制度，按照 GSP 的要求，在业务工作全过程必须做到依法经营，保证商品质量。

（2）应了解药品供货企业的质量保证能力，必要时会同质量管理部门进行实地考察。

（3）应该熟悉业务流程，树立"质量第一"的原则，严把质量关。购进药品时必须收取药品的生产批文、药品质量标准、标签、说明书、药品检验报告、包装样品等。

（4）应做到"六进二有底"。"六进"是指：优质产品优先进，紧俏产品计划进，一般品种平衡进，急救品种及时进，季节品种提前进，有效期品种分批进；"二有底"是指：市场信息和库存动态有底。

（5）首营企业及首营品种的经营，按国家药品监督部门有关规定进行，此内容将在以后详细阐述。

任务三

供应商的选择

任务目标 　熟知供应商选择和评价的流程；知道对供应商的要求。
　　　　　　知道对供应商应该调查哪些内容；了解评价供应商的方法。
　　　　　　知道什么是首营企业及首营企业的审核要求。
　　　　　　会填写合格供应商档案表及清单。

活动一　供应商选择与评价

供应商选择与评价的流程

　　药品经营企业在制订采购计划、组织进货过程中，必然面临供应商的选择问题，选择好的供应商是保证药品质量的重要环节。供应商的选择与评价流程如下：

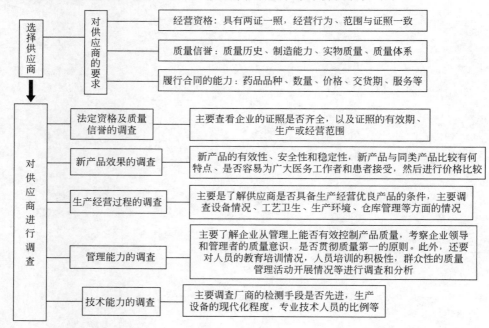

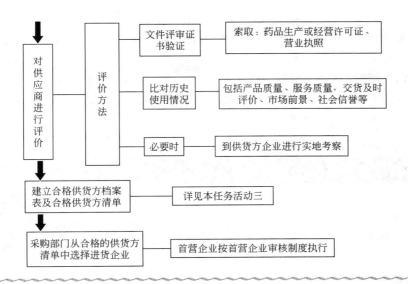

请同学们分组讨论表 2-5 所列问题。

表 2-5　选择供应商

讨论主题	结果
1. 对供货商进行调查和评价的主要目的是什么	
2. 对供货商进行调查和评价的部门应该是哪两个部门	
3. 在对供应商进行调查和评价时应主要索取供货商的哪些证件	
4. 必要时采购方应组织到供货方实地考察，指哪些情形	
5. 请同学们根据以上流程，用自己的话复述供应商选择的流程	

知识拓展

ISO 质量管理体系

《药品管理法》要求药品生产企业要符合 GMP 要求，药品经营企业要符合 GSP 要求，但是 GMP 适用于药品制剂生产的全过程、原料药生产中影响成品质量的关键工序，GSP 适用于药品经营的专营或兼营企业，所以二者在企业全面质量管理中的应用还有局限性。如何让企业的质量管理有更好的持续的发展，有必要引入多种质量管理理念，其中 ISO 质量管理体系经过了长期实践检验，集合了多国、多行业的质量管理精华，可以提供一种很好的理念和工作标准。

ISO 质量管理体系是由国际标准化组织为促进国际间的合作和工业标准的统一，按照一定程序发布的一系列工业标准的总称。ISO9000 族标准是国际标准化组织（ISO）于 1987 年颁布的在全世界范围内通用的关于质量管理和质量保证方面的系列标准。1994 年，国际标准化组织对其进行了全面的修改，并重新颁布实施。2000 年，ISO 对 ISO9000 系列标准进行了重大改版。ISO9000 中 9000 代表标准代号。

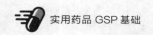

药品生产企业可以通过 ISO9001:2000（2000 代表版本）体系认证，ISO9001 适用于组织需要证实其提供满足顾客和适用法规要求的产品的能力时；还可以通过 ISO14001 体系认证，是组织规划、实施、检查、评审环境管理运作系统的规范性标准。药品经营企业可以通过 ISO9002:2000 体系认证（《质量体系生产安装和服务的质量保证模式》），也可以通过 ISO14001 体系认证。

活动二　☆首营企业的审核

1. 首营企业的定义

首营企业是指购进药品时，与本企业首次发生供需关系的药品生产或经营企业。

首营企业的审核

2. 首营企业的审核要求

（1）审核的内容包括两方面　确定企业的合法资质和质量保证能力。

（2）审核的部门　由质量管理机构会同业务部门共同进行审核。

（3）审核的方法　主要是资料审查，必要时实地考察。明确需要考察的情况、实地考察的责任部门及考察合格的标准。

> **想一想**
>
> 首营企业为什么要经过严格审核后，方可建立供需关系？

3. 审核首营企业应收集的资料

（1）企业资质证明材料

① 《药品生产许可证》或者《药品经营许可证》复印件。

② 营业执照、税务登记、组织机构代码的证件复印件及上一年度企业年度报告公示情况。

③ 《药品生产质量管理规范》认证证书或者《药品经营质量管理规范》认证证书复印件。

④ 相关印章、随货同行单（票）样式。

⑤ 开户户名、开户银行及账号。

以上资料应当加盖企业公章原印章，并确保真实、有效。

（2）供货方销售人员的证明材料　加盖供货单位公章原印章的销售人员身份证复印件、授权书、供货单位及供货品种相关资料。

4. 填写《首营企业审核表》

《首营企业审核表》见表 2-6。

通过审核的企业，且由质量管理部门将该企业列入《合格供应商清单》中，业务部门才能从该企业进货。

> **做一做**
>
> 请同学们根据首营企业审核的内容，设计一份首营企业审核的程序。

表 2-6　首营企业审核表

填报部门：_____　　　　　填报人：_____　　　　　编号：_____

供货企业全称		法定代表人		企业类型	
企业地址		邮政编码			
注册地址					
生产或经营许可证号		发证机关			
生产或经营范围					
发证日期		有效期			
营业执照登记机关		营业期限			
注册号		注册资金			
供货企业联系人		身份证号		联系电话	
企业质量信誉		企业供货能力审核			
企业质量保证体系情况					
采购部经理意见					日期：　年　月　日
质量管理部门审核意见					日期：　年　月　日
企业负责人审批意见					日期：　年　月　日

5. 审核内容

（1）企业资料的审核

① 所有资料是否加盖供货企业原印章。

② 两证一照：真实性核实，登录发证机关网站，核对内容；证件内容核实：主要核实范围、有效期，不同证件相同项目内容是否一致。

③ 相关印章是否齐全，随货同行单（票）为空白样式，盖出库专用章。

④ 开户户名与许可证单位名称是否一致。

（2）企业销售人员资料的审核

① 资料是否加盖企业原印章。

② 身份证复印件：与本人、原件核对。

③ 授权书：法定代表人印章或者签名，与备案是否一致；应当载明被授权人姓名、身份证号码，以及授权销售的品种、地域、期限；与身份证是否一致；核实原件，留存复印件。实行网上备案的区域，可登录首营企业所在地药监局网站核实。

如需对供货单位的质量保证能力进一步确认时，质量管理部门可会同采购部门进行实地

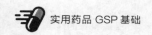

考察，全面详细了解企业的质量管理体系、生产经营状况等。

活动三　填写供应商档案表及清单

1. 填写供应商档案表

质量管理部门根据对供应商调查和评价的结果，建立合格供应商档案，填写《合格供应商档案表》，见表 2-7。

表 2-7　合格供应商档案表

编号：_____

供应商名称		地址			
法定代表人		联系电话		邮政编码	
许可证编号		营业执照编号			
生产/经营范围		经营方式			
企业概况	年产值	获得主要荣誉		技术人员数	
产品状况	主要产品：		质量状况：		
质量保证情况	质量机构名称	质量认证情况		质量管理与制度 （按 GMP 或 GSP 管理）	
质量负责人情况	姓名	性别		职务	
	文化程度	技术职称		质量工作年限	
综合评价	审核以上这些资料符合规定，可以列入合格供应商档案 质量负责人： 　　年　　月　　日				总经理： 　　年　　月　　日
附件	药品生产/经营许可证复印件　　　　　　　　□ 营业执照复印件　　　　　　　　　　　　　□ 《质量保证协议书》　　　　　　　　　　　□ 销售人员法人授权委托书　　　　　　　　　□ 身份证复印件　　　　　　　　　　　　　　□ 其他证明文件：				

2. 整理供应商清单

质量管理部门依据《合格供应商档案表》形成《合格供应商清单》（表 2-8），并在有效期限内作为业务经营部门选择供应商的依据。

表 2-8　合格供应商清单

质量管理部　　　　　　　有效期：自_____年_____月_____日至_____年_____月_____日

企业名称	经营范围	企业类型	地址	邮编	法定代表人	供货企业联系人	联系电话
说明	合格供应商清单需经质量管理部门盖章并在有效期内有效						

任务四

首营品种的经营管理

任务目标
能判断什么是首营品种。
知道首营品种审核的程序。
会填写首营品种经营审批表。
熟悉药品质量档案收集的资料。

活动一 ☆什么是首营品种？

首营品种是指本企业首次采购的药品。首营品种包括向不同企业购买的同一品种的药品。如果既向生产单位购进又向经营单位购进同一品种、规格、批号的药品也应作为首营品种；新剂型、新规格、新包装也属于首营品种。

> **练一练**
> 请同学们根据以上概念，判断以下情况涉及的药品是不是首营品种。

（1）××医药公司第一次向甲药厂购进生产批号为 080202 的××药品，后又向乙医药公司第一次购入同批次、同规格的同一药品，那么向乙企业购进的药品属不属于首营品种？

（2）××药店曾经向××药厂购入过××药品，后又向同一药厂购入同一药品时，该药品已经更换包装或者剂型，新的药品是不是首营品种？

（3）××药店经营硝苯地平片，规格是 10 毫克/片，后又购进规格为 5 毫克/片的硝苯地平片，新规格的药品是不是首营品种？

活动二 ☆首营品种的审核

> **议一议**
> 为什么首营品种必须经审核后方可经营？

1. 审核的目的

确定将购入的药品是合法的药品，同时了解药品的质量、储存条件等基本情况，以明确企业有无经营该品种的条件和能力。

2. 审核的范围

新品种、新规格、新剂型、新包装。

3. 首营品种试销期

首营品种试销期一般为二年。在试销期间，业务部门要充分做好市场需求调查，了解发展趋势，收集用户评价意见，做好查询处理记录。试销期满后，由业务部门提出试销总结报告，经质量管理和物价部门核定后，报企业负责人批准为正式经营品种。

首营品种的审核

活动三 ☆首营品种审核的程序

> **做一做**
>
> 请同学们根据首营企业审批表，设计首营品种的审核程序。

1. 业务部门索取资料

（1）国产药品

① 药品生产许可证或者经营许可证和营业执照复印件，GMP 或 GSP 认证证书复印件（如同属首营企业只需收取一份即可）。

② 药品生产批准证明文件的复印件，包括《药品注册批件》或《再注册批件》《药品补充申请批件》复印件。

③ 药品质量标准复印件。

④ 药品包装、标签、说明书实样或复印件。

⑤ 近期药品检验机构或药品生产企业的检验报告书。

⑥ 国家药品监督管理部门规定批签发的生物制品应提供《生物制品批签发合格证》。

（2）进口药品

①《进口药品注册证》《医药产品注册证》或者《进口药品批件》复印件；进口麻醉药品、精神药品还应取得《进口准许证》复印件。

② 进口药品通关单、《进口药品检验报告书》复印件。

③ 质量标准复印件。

④ 药品包装、标签、说明书的实样或复印件。

⑤ 进口分包装药品需提供《药品补充注册批件》复印件，进口药材要提供《进口药材批件》复印件。

注：以上资料须每页加盖供货方原印章。

> **想一想**
>
> 如何核实以上资料的真实性和有效性？

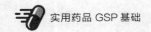

2. 填写《首营品种审批表》

采购员收集齐资料后，填写《首营品种审批表》，填写完后，由采购部负责人审核并签署意见，连同资料送质量管理部门审核。

> **做一做**
>
> 填写《首营品种审批表》（表2-9）。

表2-9　首营品种审批表

药品通用名	生产厂家		
商品名	规格： 剂型：	单位： 中包装：	装箱： 规格：
零售价(单位)：	有效期：	储存条件：	
批发价：	批准：	质量：	
采购价：	文号：	标准：	
	药品主要用途	药品性状	
药品属性	化学原料药□　化学药制剂□　抗生素原料药□　抗生素制剂□　生化药品□ 生物制品□　中成药□　中药材(饮)□　抗结核药□　特殊管理药品□ 二类精神药品□　其他□		
药品分类	非处方药：OTC乙□　　OTC甲□ 处方药：RX□		
所附资料	1. 药品生产许可证和营业执照□　2. 药品生产批件或药品注册证明件□　3. 质量标准□　4. 样品与样品同批号出厂检验报告书□　5. 包装、标签、说明书备案证明件□　6. 非处方药审核登记证书□　7. 物价单□　8. 商品名批复件□　9. 其他补充资料		
	供方业务员：　　　　电话：　　　　是否在委托授权范围内：是□　否□		
采购部门意见	负责人　　　　年　月　日		
质管部审核意见	负责人　　　　年　月　日		
公司负责人意见	同意经营，加强质量、市场考核□ 暂缓经营□ 签名：　　　　年　月　日		

3. 质量管理部审核

主要审核资料是否齐全，是否加盖企业原印章，资料内容是否一致，是否在有效期内，药品与企业的生产/经营范围是否一致；资料真实性，可登录发证机关网站，对比查询证件内容。

资料审核结束后，由质量管理部负责人签署审核意见。

4. 质量负责人审批

质量负责人根据质量管理部门的审核意见做最后的审批，决定是否同意购进，转质量管理部门。

5. 将药品信息录入计算机系统

经质量负责人审批通过的药品，质量管理部门要在计算机系统中录入药品相关信息，并不断更新内容。

6. 建立药品质量档案

质量管理部门将企业负责人审核批准的《首营药品审批表》及以下资料一起作为药品质量档案保存。

（1）药品质量标准。

（2）药品批准文号。

（3）新药证书。

（4）标签、说明书及检验报告书。

（5）药检部门抽检资料。

（6）用户意见反馈表。

（7）入库验收及在库检查等质量信息汇总表。

（8）药品质量档案表（表 2-10）。

表 2-10 药品质量档案表

建档日期：年 月 日

药品名称		剂型	
商品名或学名		规格	
生产企业			
批准文号		生产批号	
有效期		检验标准	
外观质量检查情况			
包装、标签、说明书情况			
临床疗效情况反映			
质量查询情况			
用户访问情况			
质量标准变更情况			
抽检化验情况			
库存质量考察情况			

任务五

采购记录及进货情况质量评审

任务目标　知道采购记录的内容，会填写采购记录。
　　　　　知道采购应索要发票，理解其重要性。
　　　　　知道进货质量评审的程序、目的及评审内容。

采购记录和进货
情况质量评审

活动一　采购记录

想一想

　　小明采购完一批药品后，按规定应该有采购记录，请帮他做一份采购记录。

1. 采购记录样例（表 2-11）

表 2-11　采购记录

购货日期	品名	剂型	规格	单位	……	……	……

2. 采购记录的内容

至少应当有药品的通用名称、剂型、规格、生产厂家、供货单位、数量、价格、购货日期等，购买中药材、中药饮片还应当标明产地。

3. 形式

计算机系统自动生成，按日备份。

4. 要求

真实、完整，可追溯。

5. 保存期限

至少 5 年。

活动二　　发票管理

1. 发票的内容

采购药品时，企业应当向供货单位索取发票。发票应当列明药品的通用名称、规格、单位、数量、单价、金额等；不能全部列明的，应当附《销售货物或者提供应税劳务清单》，并加盖供货单位发票专用章原印章、注明税票号码。

2. 发票的要求

发票上的购、销单位名称及金额、品名应当与付款流向及金额、品名一致，并与财务账目内容相对应。

发票按有关规定保存5年。

议一议

为什么药品经营企业购进药品应索要发票，按规定建立采购记录，做到票、货、账、款相符，并按规定保存采购记录？

知识拓展

发票相关知识

1. 发票

是指在购销商品、提供或者接受服务以及从事其他经营活动中，开具、收取的收付款凭证。

2. 发票种类

普通发票和增值税专用发票。普通发票，主要由营业税纳税人和增值税小规模纳税人使用，增值税一般纳税人在不能开具专用发票的情况下也可使用普通发票。

增值税专用发票是国家税务部门根据增值税征收管理需要而设定的，专用于纳税人销售或者提供增值税应税项目的一种发票。专用发票既具有普通发票所具有的内涵，同时还具有比普通发票更特殊的作用。它不仅是记载商品销售额和增值税税额的财务收支凭证，而且是兼记销货方纳税义务和购货方进项税额的合法证明，是购货方据以抵扣税款的法定凭证，对增值税的计算起着关键性作用。

3. 票面内容

发票一般包括：票头、字轨号码、联次及用途、客户名称、银行开户账号、商（产）品名称或经营项目、计量单位、数量、单价、金额，以及大小写金额、经手人、单位印章、开票日期等。实行增值税的单位所使用的增值税专用发票还应有税种、税率、税额等内容。1993年1月1日全国实行统一发票后，发票联必须套印"发票监制章"，形状为椭圆形，长轴为3厘米，短轴为2厘米，边宽0.1厘米，内环加一细线。上环刻制"全国统一发票监制章"字样，下环刻有"税务局监制"字样，中间刻制监制税务机关所在地省（市、区）、市（县）的全称或简称，字体为正楷，印色为大红色，套印在发票联票头中央。

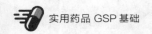

4. 基本联次

发票的基本联次为三联，包括存根联、发票联、记账联。存根联由收款方或开票方留存备查；发票联由付款方或受票方作为付款原始凭证；记账联由收款方或开票方作为记账原始凭证。

活动三　☆应对药品采购的特殊情况

1. 药品直调

（1）药品直调　药品直调是指企业将已采购的药品不入本企业仓库，直接从供货单位发送到购货单位。

（2）药品直调的条件

① 原则上不允许直调。但发生灾情、疫情、突发事件或者临床紧急救治等特殊情况，以及其他符合国家有关规定的情形，企业可采取直调方式。

② 建立专门的采购记录，保证有效的质量跟踪和追溯。

想一想

为什么原则上不允许采用直调方式采购药品？

2. 特殊管理药品的采购

购进特殊管理的药品，应严格按照国家有关管理规定进行，主要依据《麻醉药品和精神药品管理条例》《医疗用毒性药品管理办法》《放射性药品管理办法》。应根据本企业经营特殊管理药品的合法资质，按照相关规定向具备合法生产或经营麻醉药品、精神药品、医疗用毒性药品、放射性药品资质的企业依法购进。

活动四　进货情况质量评审

企业应当定期对药品采购的整体情况进行综合质量评审，建立药品质量评审和供货单位质量档案，并进行动态跟踪管理。

1. 评审要求

（1）评审目的　对企业经营药品质量和供货方进行综合的评定、对比与分析，评审出合格供应方，为以后的购进决策提供依据。

（2）评审部门　质量管理机构会同采购部门、仓储部门进行。

（3）评审依据　《药品经营质量管理规范》、企业质量管理制度、质量信息质量记录等。

（4）评审频次　每年至少一次。

2. 药品进货情况质量评审程序（样例）

【附】

药品进货情况质量评审程序

编号：	题目：药品进货情况质量评审程序		共　页
起草日期：	审阅日期：		第　页
起草部门：	审阅部门：	执行日期：
起草人：	审阅人：	批准人：
变更记录：		变更原因及目的：

1　制定目的：对企业所经营药品的质量和供货方进行综合的评定、对比与分析，评审出合格供应方，为以后的购进决策提供依据。

2　制定依据：《药品经营质量管理规范》第七十一条。

3　适用范围：适用于对购自药品生产企业的药品进货情况和购自药品经营企业的药品进货情况进行质量评审。

4　职责：质管部门组织评审，采购部门和仓储部门参与。

5　评审内容

5.1　对供货方的评审

5.1.1　供货方的法定资格及质量保证能力：供货方的药品生产或经营许可证、营业执照、质量体系认证和运行情况。

5.1.2　供货方的质量信誉：采购合同、质量保证协议的执行情况，准确到货率和准时到货率，售后服务质量，质量查询。

5.1.3　供货方销售人员的合法资格：法人委托授权书的授权时间、地点范围情况，本人身份证复印件。

5.2　对药品的质量评审

5.2.1　药品合法性：药品批准文号、质量标准、包装、标签、说明书等情况。

5.2.2　药品质量的可靠性：药品拒收情况；药品验收合格率；在库养护情况；销后退回情况；质量投诉记录；药监部门有关药品不良反应通报情况；药监部门的违法通报情况；药监部门的抽检合格率。

6　评审实施

6.1　评审频次

6.1.1　正常情况下，药品进货情况质量评审每年度进行一次。

6.1.2　如遇供方质量管理体系发生重大变化、供方生产或经营的品种（尤其是同一品种或同类别品种）发生质量事故等特殊情况，应及时对所购进药品的有关情况进行质量评审。

6.1.3　首营品种经试销后转为正式经营品种时，也应经过进货质量评审。

6.2　评审参加人员

6.2.1　质量评审工作由质管部负责组织进行。

6.2.2　评审参加人员应包括：

6.2.2.1　公司总经理、质量负责人；

6.2.2.2 业务部经理、业务主办、销售部经理；

6.2.2.3 质管部经理、质管员、验收员；

6.2.2.4 储运部经理、保管员及养护员。

6.3 评审办法

根据评审依据，质管部制定《药品进货质量评审表》，各相关部门及人员按要求填写评审表，质管部汇总、写出进货评审报告，报告经相关部门和负责人审阅批准后，存档。

7 评审结果

7.1 药品进货情况质量评审结果应由质管部进行记录并按规定保存 5 年。

7.2 质量评审结果为调整采购进货计划或更换供货厂商的质量依据。

想一想

根据以上进货质量评审程序和药品购进管理的相关内容，设计《药品进货质量评审表》，并写出一份进货质量评审报告。

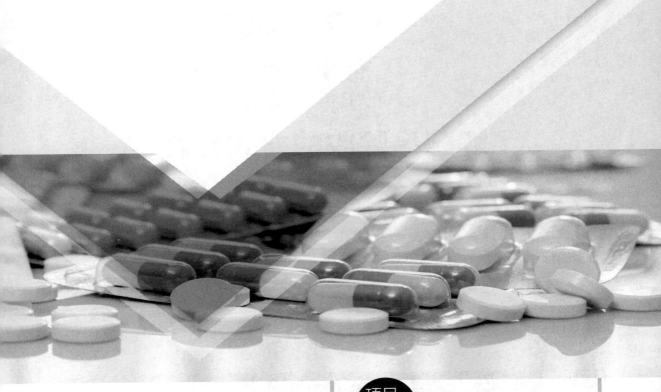

项目三

药品验收的管理

本项目共完成五个任务,任务一从几个实际案例出发,使同学们了解药品验收的重要性,并了解收货及验收的方式,熟知药品收货及验收的程序以及验收人员应具备的素质;任务二使同学们掌握药品验收的内容;任务三使同学们熟知如何填写记录以及了解验收时应该注意的问题;任务四使同学们掌握特殊管理药品,中药材、中药饮片,进口药品的验收方法;任务五使同学们掌握药品入库的程序及要求。

药品的出入库及
养护管理

任务一

了解药品验收的方式和程序

任务目标 知道药品验收的依据和方式。
知道药品收货的类型和要求。
熟知药品收货和验收的程序。
知道验收员应具备的素质。
知道验收的环境和设备。

活动一　阅读案例

1. 案例 3-1　和胃整肠丸假药案

2013 年 6 月 9 日，根据厂方代表的举报，某市药品监督管理局对××街药品商场从非法渠道购进并销售假药"和胃整肠丸"的有关情况进行了查处。现场检查发现，该药品商场柜台内存放有标示泰国某药厂生产的"和胃整肠丸"3 盒，货值金额为 102 元。当事人现场无法提供该批药品的购进验收记录、购货凭证、供货方的资质及药品证明材料，该产品为假冒产品。

2. 案例 3-2　非法购进验收生物制品案

2014 年 3 月 12 日，某地药监局发现一家卫生院购进的人血白蛋白供货单位无资质。

该卫生院于 2013 年两次从江苏省某药业有限公司业务员陆某手中购进人血白蛋白 53 支。经核查，供货单位经营范围无生物制品项，不具有经营人血白蛋白的资质；陆某系该公司业务员，但提供的发票已停止使用，系陆某自行开具的；卫生院不能提供发票所附的销售清单。对该卫生院从无证单位（个人）购进药品的行为，药监局对其进行了行政处罚。

原来，由于生物制品生产货源相对紧张，供应网点少，市场需求和货源供应矛盾较突出，加之生物制品价位高，利润空间大，暴利驱使不法分子铤而走险。另外，一些药品使用单位法制意识淡薄，未履行药品购进质量验收程序，从业人员对药品来货验收不履行程序，从非渠道购进生物制品，给不法分子提供了可乘之机。

3. 案例 3-3　AA 注射液案

2012 年 10 月 24 日，执法人员对九江市某医疗机构进行监督检查，在该医疗机构药品仓库现场检查发现 AA 注射液（贵州××制药生产，批号：20120912）60 盒（5 支/盒），经查该药品供货单位为湖北某药业有限公司，业务员为毛某，在该药品的外包装箱上的产品货运单上显示该药品是从贵州贵阳发货至九江市。通过与武汉市药品监督管理局核查证实，毛某提供的湖北某药业有限公司法人授权委托书上所盖的公章与公司在 2011 年 7 月 15 日启用的新公章不一致。该药品未经过湖北某药业有限公司入库验收及出库，属个人销售药品行为。九江市某医疗机构通过违法渠道购进药品的行为，违反了《药品管理法》第三十四条的规定，依法给予行政处罚。

议一议

通过以上三个案例，讨论案例造成的后果及解决措施，填表 3-1。

表 3-1 药品验收讨论表

分析主题	分析结果
1. 你对这些案例有什么感想	
2. 这些事故造成的后果是什么	
3. 如何避免	

活动二　药品验收的依据和方式

1. 案例 3-4　门店质量管理重在细节

吉林大药房作为"全国百城万店无假货示范店"和"无假药药店"，是直接面对消费者的药品连锁零售企业。在做好各个环节的细节质量管理工作上，其经营人员深感门店药品质量管理的重要性。作为药品经营企业，在药品的采购、验收、储藏、运输、销售与售后管理等各环节中，质量的细节管理无处不在。

"严把药品进店关"，已成为员工们日常工作中一个十分重要的工作任务。门店对每次药品到货的验收，都严格按照药品质量管理制度，至少由 2 人以上进行验收，按照配送凭证，逐品与实物核对品名、规格、批号、效期等内容。门店验收不同于入库验收，整包装到货的很少，所以核对单品很重要，一旦发现有药品混装、短支缺量、包装破损、效期有误等问题，马上与配送中心取得联系、协调解决。

说到对药品批号的验收，有一个服务案例可以证明其重要性。曾经有一位顾客在吉林大药房某连锁店购买了 2 盒安神补脑液，几天后返回药店说买重了要求退货。经店长了解情况后同意给予处理。结果在做退货验收时营业员发现，顾客拿来的药品大包装上的批号与售出的批号相同，但小包装上的批号与大包装不一致，说明里边的药品根本不是从这里购买的，而是将在外店购买的进行冒充。顾客没有想到药店对药品质量的管理这么细致，所以非常尴尬地离开了。

正是员工们对这些细节工作的重视和执行，才换回了顾客对大药房药品质量的满意度。

想一想

药品零售企业在药品验收工作上要注意哪些方面的问题，填表 3-2。

表 3-2   药品零售企业在药品验收时应注意的问题

分析主题	分析结果
1. 包装	
2. 标签说明书	
3. 批号	

2. 药品收货和验收的依据

根据 GSP 第七十二条，企业应当按照规定的程序和要求对到货药品逐批进行收货、验收，防止不合格药品入库。

3. 药品验收的重要性

药品是防病、治病、诊断、保健和计划生育等需要的特殊商品。经营药品必须坚持质量第一的原则，把好药品入库、出库质量关，防止不合格药品流入市场。药品验收是药品经营企业保证药品质量的重要措施之一；是保证入库药品数量准确，质量完好，防止不合格药品和不符合包装要求的药品入库有效方式；是在药品经营活动中，技术要求最高的一个环节，也是做好药品质量工作的一个重要的环节。

从近年药监部门基层监管的实践中不难发现，凡是药品购进验收做得好的单位，特别是药品零售门店（包括零售单体店和连锁店），药品的质量都得到了较好保证，把好药品验收关，就是把好了药品购进质量关。

4. 药品的验收方式

有实地验收和入库验收两种形式。

实地验收：就是指验收人员到给本企业提供药品的生产或经营企业进行的验收，又称下厂验收。

一般来说，下列产品必须进行实地验收：

（1）大批量的本地区的地产产品。

（2）就厂直调产品。

GSP 第八十二条：企业按本规范第六十九条规定进行药品直调的，可委托购货单位进行药品验收。购货单位应当严格按照本规范的要求验收药品，并建立专门的直调药品验收记录。验收当日应当将验收记录相关信息传递给直调企业。

（3）大型医疗器械产品。

（4）需要使用专检仪器或设备检验的产品。

下列产品可进行入库验收：

（1）批量较少、质量稳定、要求简单的产品。

（2）远离本企业的生产经营企业提供的产品。

5. 注意事项

实地验收时，对产品的内在质量，除可以当场检验的项目之外，其他项目可按规定标准，查对有关的化验报告或测试报告。验收后，化验报告或测试报告应随货同行，经仓库核对收货后，再转交本企业质量检验机构核对并保存，化验报告和测试报告的保存期与检验记录的保存期相同。

入库验收时，除对产品进行必要的质量验收外，还要将供货企业提供的化验报告或测试报告提交到本企业质量检验部门进行核查。

知识拓展

　　《药品管理法》第五十六条规定，药品经营企业购进药品，应当建立并执行进货检查验收制度，验明药品合格证明和其他标识，不符合规定要求的，不得购进和销售。

活动三　☆药品收货的要求

1. 法规依据

　　依据 GSP 第七十三条、第七十五条。

　　药品到货时，收货人员应当核实运输方式是否符合要求，并对照随货同行单（票）和采购记录核对药品，做到票、账、货相符。

　　收货人员对符合收货要求的药品，应当按品种特性要求放于相应待验区域，或者设置状态标志，通知验收。冷藏、冷冻药品应当在冷库内待验。

2. 收货类型与目的

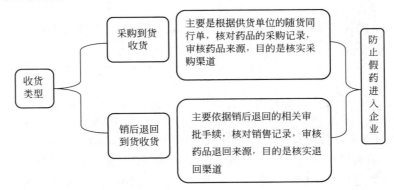

3. 收货的方式

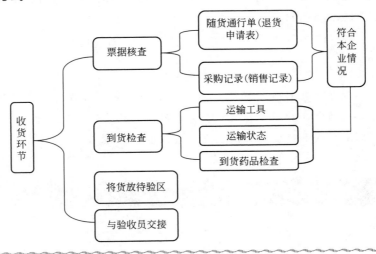

想一想

　　同学们，你们知道什么是随货同行单吗？见图 3-1。

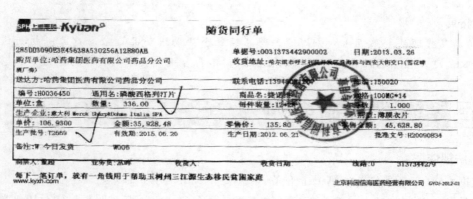

图 3-1　随货同行单

随货同行单的内容要求如下。

（1）随货同行单（票）应当包括供货单位、生产厂商、药品的通用名称、剂型规格、批号、数量、收货单位、收货地址、发货日期等内容，并加盖供货单位药品出库专用章原印章。

（2）存在的问题：①内容不全；②无原印章；③手写；④品名不符、数量不符、批号不符。

练一练

同学们，你们知道什么叫核实运输方式吗？联系实际，我们在工作中应该怎么做呢？

按照 GSP 的规定，药品到货时，收货人员应核实运输方式是否符合要求，并对照随货同行单（票）和采购记录核对药品，做到票、账、货相符。检查运输工具，包括车厢是否密闭，起运日期，委托运输证明，冷藏车、冷藏箱和保温箱的途中温度和到货温度。

核实运输方式是指根据本规范核对运输工具是否是封闭式货车、温度控制状况以及有其他运输管理要求的工具是否符合规定。

知识拓展

什么是收货？

收货指药品经营企业对到货药品，通过票据的查验，对货源和实物进行检查和核对，并将符合要求的药品按照其特性放入相应待验区的过程。包括票据之间核对、票据与实物核对、运输方式和运输条件的检查及放入待验区等。

活动四 ☆**药品验收的条件**

议一议

某药品经营企业招聘验收员，同学们请试想一下，要想成为一名合格的验收员应该具备什么样的职业素质？填表 3-3。

表 3-3　验收员的条件

分析主题	分析结果
1. 学历方面	
2. 身体素质方面	
3. 其他	

1. 验收人员条件

（1）从事验收、养护工作的，应当具有药学或者医学、生物、化学等相关专业中专以上学历或者具有药学初级以上专业技术职称。

（2）从事中药材、中药饮片验收工作的，应当具有中药学专业中专以上学历或者具有中药学中级以上专业技术职称；直接收购地产中药材的，验收人员应当具有中药学中级以上专业技术职称。

（3）从事质量管理、验收工作的人员应当在职在岗，不得兼职其他业务工作。

（4）质量管理、验收、养护、储存等直接接触药品岗位的人员应当进行岗前及年度健康检查，并建立健康档案。患有传染病或者其他可能污染药品的疾病的，不得从事直接接触药品的工作。身体条件不符合相应岗位特定要求的，不得从事相关工作。

（5）验收人员应经过专业培训，熟悉药品性能，具有一定的独立工作能力，视力在 0.9 或 0.9 以上（不包括校正后），无色盲、色弱疾患。定期接受公司组织的员工继续教育。

2. 验收环境

必须要有与经营业务相适应的专门验收场所和符合卫生条件的检查室。

验收养护室应环境洁净，地面、墙壁平整光滑，面积按小型 20 平方米、中型 40 平方米、大型 50 平方米分别安排。见图 3-2。

图 3-2　验收养护室

具有温湿度调控设施，以防潮控温。光线充足并配备符合规定要求的照明设施。具有防尘、防虫、防污染设施和必要的消毒设施，防止任何可以对药品造成的污染，确保药品质量。

3. 验收设备

应配备千分之一电子分析天平、量具、白瓷盘、崩解仪、澄明度检测仪、标准比色液等。企业经营中药材、中药饮片的还应配置水分分析仪、紫外荧光灯、解剖镜或显微镜。见图 3-3。

(a) 澄明度检测仪

(b) 千分之一电子分析天平

图 3-3　验收设备

4. 职业素质

新版 GSP 对验收人员的资质要求见表 3-4。

表 3-4　新版 GSP 对验收人员的资质要求

序号	岗位	专业	学历	职称(执业资格)	上岗条件	备注
1	验收员	药学或医学、生物、化学等相关专业	≥中专	或≥药学初级		二选一
2	中药材、中药饮片验收员	中药学	≥中专	或≥中药学中级		二选一
3	直接收购地产中药材验收员	中药学	无	≥中药学中级		二项同时满足
4	疫苗技术人员(质管和验收)	预防医学、药学、微生物学、医学等	≥本科	≥中级	3 年以上疫苗管理或技术工作经历	四项同时满足
5	特殊管理和冷藏冷冻的药品储运人员	无	无	无	法规和专业知识培训并经考核合格后上岗	

活动五　☆药品收货和验收的程序

> **议一议**
>
> 　　假设在 GSP 认证过程中，GSP 检查员对验收员现场提问：验收的程序是什么？如果你是一名验收员，你该如何回答？

1. 企业验收程序

企业具备一个合理的验收程序，并严格遵照执行是确保验收工作质量的基础，一般来说，验收程序应主要包括以下三个环节。

（1）检查书面凭证　药品入库时先进入待验区，由验收员根据购货凭证、清单，首先清点大件数量，然后逐一核对品名、规格、数量、效期、生产厂名、供货厂商、批号、批准文号、注册商标、合格证。药品到货后，验收人员对上述内容进行逐项审查，确定这些单据的真实性、规范性，以及它们和所到药物的一致性。

（2）外观检验 审查完书面凭证之后，对照书面凭证从外观上逐项核对所到药品的品名、批号、厂家、商标、包装有无破损、有无受到污染等情况，大致判定所到货物的品质。

如发现品名、规格、包装、标签和说明书等不符合规定或外观质量不合格，验收员可坚持质量否决权拒绝收货，如疑为内在质量问题可与供货方联系处理。

（3）填写验收记录 待验药品应在 5 日内验收完毕，认真做好验收记录。并在入库通知单及购货凭证上加盖"质量验收专用章"，以便仓储部办理入库手续，财务部凭盖有质量验收专用章的购货凭证付款。

议一议

你所知道的药品验收包括哪些内容？填表 3-5。

表 3-5　药品验收的内容

分析主题	分析结果
1. 入库时	
2. 书面凭证	
3. 记录	

2. 药品收货程序流程

药品质量检查收货程序如下。

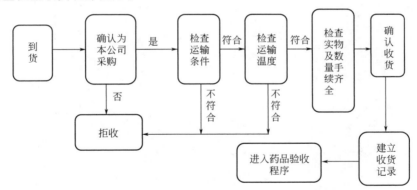

3. 药品验收程序流程

药品质量检查验收程序如下。

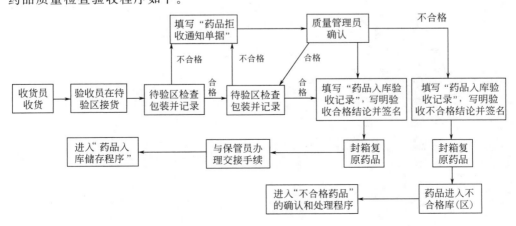

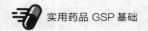
知识拓展

关于待验区的要求

收货人员对符合收货要求的药品，应当按品种特性要求放于相应待验区域，或设置状态标志，通知验收。冷藏、冷冻药品应当在冷库内待验。

任务二

药 品 验 收

药品验收

任务目标　知道药品检验报告单的验收方法。
熟知药品的抽样原则。
掌握药品的内、外包装检查方法。
熟知药品说明书、标签的验收方法。
掌握药品外观性状的检查方法。

药品验收

活动一　☆药品检验报告单的验收

1. 案例 3-5

河北省食品药品监督管理局于 2012 年 8 月 2 日下发了《关于销售胶囊剂药品必须查验药品检验报告电子版的通知》。通知指出，近期发现个别地区出现伪造胶囊剂纸质药品检验报告的现象，给公众用药安全带来严重危害。为汲取三聚氰胺奶粉事件后期处置过程的教训，落实国家对胶囊剂药品"批批检"的要求，确保胶囊剂药品质量，所有胶囊剂药品必须查验药品检验报告电子版后方可销售。各级药品监督管理部门要督促涉药单位及时做好检验报告数据上传和查验工作。

> **议一议**
>
> 什么是药品检验报告单（图 3-4）？在药品验收过程中，它起着什么样的作用？

依据 GSP 第七十六条规定，验收药品应当按照药品批号查验同批号的检验报告书。供货单位为批发企业的，检验报告书应当加盖其质量管理专用章原印章。检验报告书的传递和保存可以采用电子数据形式，但应当保证其合法性和有效性。

2. 验收要求

（1）药品验收应查验同批号的检验报告书　普通药品查验同批号的出厂检验报告书，批签发生物制品查验生物制品批签发合格证，进口药品查验进口药品检验报告书，进口药材查验进口药材检验报告书，进口批签发生物制品查验口岸药品检验所核发的批签发证明。

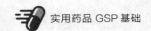

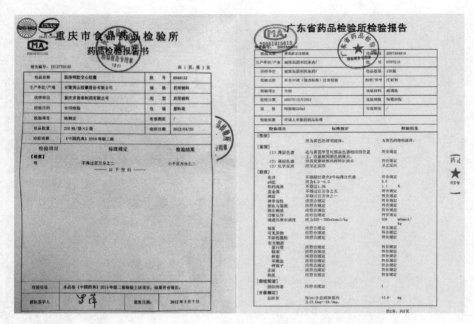

图 3-4　药品检验报告单

（2）**从生产企业购进药品**　应查验出厂检验报告书原件；从批发企业购进药品应查验加盖供货单位质量管理专用章原印章的检验报告书原件或复印件。

（3）**采用电子数据形式传递和保存的**　应经过合法性和有效性验证。

（4）**无药品检验报告书收货的**　检查方法：现场抽取若干药品，查同批号药品检验报告书齐全度。

（5）**无同批号药品检验报告书的**　不得验收。

【附】

证明（实例）

尊敬的××××公司××分公司：

　　因我公司目前质检报告属于电子质检报告单，使用的是网络平台，包括产品销售合同和产品质检报告，可以自行打印。给贵公司带来的不便敬请谅解！特此证明！

　　网址：http://61.×××.117×××/index blue.jsp。××××公司用户名：××××××；密码：123456。

××××公司

活动二　☆药品抽样的原则

1. 案例 3-6　杭州药监抽样捐赠药品，杜绝问题药品运往灾区

四川汶川发生大地震后，杭州市食品药品监督管理局积极采取措施，确保杭州捐赠药品迅速、及时地运抵灾区，做到不使一批不合格药品出运。

截至 2008 年 5 月 18 日，杭州市食品药品监督管理局已对本市捐赠的 42 个品种、55 个批次的药品进行了监督抽样。从现已检测的结果来看，捐赠药品的质量绝大部分是合格的，但也发现了少量的物理指标不合格和有效期不到六个月（国家食品药品监督管理总局规定，捐赠药品有效期必须在六个月以上）的问题药品。

该局已立即责成捐赠单位不惜一切代价、采取一切有效手段，迅速召回这些捐赠药品，绝不使其运往灾区。

议一议

请同学们根据事例，填表 3-6。

表 3-6　药品的抽样及重要性

分析项目	分析结果
1. 为什么要进行药品的抽样？	
2. 在抗震救灾的特殊时期,药品抽样的重要性表现在哪些方面?	
3. 如何进行抽样？	

2. 样品抽取

依据 GSP 第七十七条：企业应当按照验收规定，对每次到货药品进行逐批抽样验收，抽取的样品应当具有代表性。

抽样原则列举如下。

(1) 外观质量检查抽样　按批号从完整包装中抽取样品，样品应具有代表性和均匀性。

(2) 抽取的件数　每批在 50 件以下（含 50 件）抽取 2 件，50 件以上每增加 50 件多抽 1 件，不足 50 件以 50 件计。

(3) 在每件中从上、中、下不同部位抽 3 个以上小包装进行检验，如外观有异常现象需复验时，应加倍抽样复查。

(4) 一般抽取的数量　片剂、胶囊等抽样 100 片（粒）；注射液 1～20 毫升抽样 200 支，50 毫升或 50 毫升以上抽样 20 支（瓶）；散剂 3 袋（瓶），颗粒剂 5 袋（块）；酊剂、水剂、糖浆剂等分别为 10 瓶；气雾剂、膏剂、栓剂分别为 20 瓶（支，粒）。

(5) 整件药品验收方法及抽样比例　每件整包装中抽取 3 个最小包装样品验收（至少 3 个），如外观检查有异样现象需复验时，应加倍抽样复查。

做一做

送来 5 件货，其中 2 件一个批号，3 件一个批号，如何抽样？

知识拓展

按照 GSP 的要求，同一批号的药品应当至少检查一个最小包装，但生产企业有特殊质量控制要求或打开最小包装可能影响药品质量的，可不打开最小包装；破损、污染、渗液、封条损坏等包装异常以及零货、拼箱的，应当开箱检查至最小包装；外包装及封签完整的原料药、实施批签发管理的生物制品，可不开箱检查。

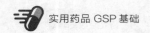

活动三	☆药品包装的验收

1. 法律依据

根据 GSP 第七十八条。

验收人员应当对抽样药品的外观、包装、标签、说明书以及相关的证明文件等逐一进行检查、核对；验收结束后，应当将抽取的完好样品放回原包装箱，加封并标示。

验收药品包装的标签和所附说明书上，有生产企业的名称、地址，有药品的品名、规格、批准文号、生产批号、生产日期、有效期等；标签或说明书上还应有药品的成分、适应证或功能主治、用法、用量、禁忌、不良反应、注意事项以及储藏条件等。

2. 包装检查

药品包装是药品质量的一个重要方面，根据我国《药品管理法》第四十八条规定：药品包装应当适合药品质量的要求，方便储存、运输和医疗使用。

根据这个规定，药品在入库验收时，对包装的检查，（分外包装和内包装）是指药品包装时对药品外在质量要求和内在质量的保护。

（1）外包装检查

① 什么是药品的外包装？外包装（运输包装）是指内包装外面的木箱、纸箱、木桶、铁桶等包皮以及衬垫物、防潮（寒）纸、麻袋、塑料袋等包装物。药品包装（包括运输包装）必须加封口、封签、封条或使用防盗盖、瓶盖套等。

② 外包装的检查内容见表 3-7。

表 3-7　外包装的检查内容

项目主题	一般项目	必须项目	特定项目
项目内容	外包装物是否坚固、耐压、防潮、防震；包装衬垫物是否清洁卫生、干燥；有无虫蛀，鼠咬；衬垫是否紧实；瓶之间有无空隙，纸箱是否封牢；捆扎是否坚固；封签、封条有无破损	外包装上必须注明品名、规格、厂牌、批号、批准文件、注册商标、有效期（效期药品）、数量数字是否清晰齐全	有关特定储运图示标志及危险药品的包装标志是否清晰，粘贴拴挂是否牢固；各种药品的储运标志是否根据内装药品的要求，按照国家标准规定的式样印刷或粘贴；危险药品必须符合危险药品的包装标志要求；箱内应附"合格证"或具有"合格"字样的装箱单

（2）内包装检查

① 什么是药品的内包装？内包装是直接接触药品的盛装容器。它对药品的质量有着重要的影响，因此，必须加强药品内包装的检查。内包装包括盛药品的瓶塞、纸盒、塑料袋、纸袋、金属等容器以及贴在这些容器外面的瓶签、盒签和瓶（盒）内的填充物等。

② 内包装的检查内容。内包装的检查主要是对盛装容器质量和包装质量两个方面的检查。

议一议

药品包装的验收，填表 3-8。

表 3-8　药品包装的验收

主题	讨论项目	讨论内容
盛装容器的检查	1. 碘片应该装到什么样的容器内	
	2. 需遮光药品需要装到什么样的容器内	
	3. 油类药物可以装到什么样的容器内	
包装质量的检查	1. 广口瓶包装如何检查	
	2. 大输液包装如何检查	
	3. 窄口瓶包装如何检查	
	4. 安瓿包装如何检查	
	5. 纸袋、塑料袋包装如何检查	

知识拓展

中药材的包装检查

1. 中药材应当有包装，并标明品名、规格、产地、供货单位、收购日期、发货日期等；直接收购地产中药材的，应当在中药样品室（柜）中收集所收购品种的样品，在验收时通过实物与样品进行对照，保证验收质量。验收人员负责样品的收集、养护及更新，防止样品出现质量变异；质量管理人员负责样品的复核确认，保证样品的准确性。

2. 中药饮片的包装或容器应当与药品性质相适应并符合药品质量要求。中药饮片的标签应当注明品名、规格、产地、生产企业、产品批号、生产日期；整件包装上应当有品名、产地、日期、供货单位等，并附有质量合格的标志。实施批准文号管理的中药饮片，还需注明批准文号。

活动四　☆药品标签、说明书的检查

练一练

组织同学们观察药品的包装，并找出药品的标签、说明书，以及标签和说明书上标注的药品的品名、规格、批准文号、生产批号、生产日期、有效期、药品的成分、适应证或功能主治、用法、用量、禁忌、不良反应、注意事项以及储藏条件等内容。

项目	药品一	药品二	药品三
品名			
规格			
批准文号			
生产批号			
生产日期			
……			

1. 检查方法

验收时对上述检查项目要求的内容逐一检查，填写"药品验收单"（见附录）。部分检查

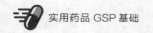

方法如下。

根据《药品管理法》第四十九条规定：药品包装应当按照规定印有或者贴有标签并附有说明书。标签或者说明书应当注明药品的通用名称、成分、规格、上市许可持有人及其地址、生产企业及其地址、批准文号、产品批号、生产日期、有效期、适应证或者功能主治、用法、用量、禁忌、不良反应和注意事项。标签、说明书中的文字应当清晰，生产日期、有效期等事项应当显著标注，容易辨识。麻醉药品、精神药品、医疗用毒性药品、放射性药品、外用药品和非处方药的标签、说明书应当印有规定的标志。

2. 检查注意事项

（1）标签或说明书的项目、内容是否齐全。

（2）药品的各级包装标签是否一致。

（3）标签所标示品名、规格与实物是否相符，标签与说明书内容是否一致。

（4）标签印字是否清晰，粘贴是否端正、牢固、整洁。

（5）属分装药品应检查其包装及标签上是否注明药品的品名、规格、原厂牌、批号、分装单位、分装批号、效期，使用期药品分装后是否标注有效期或使用期。

（6）原料药品每件内应附有出厂检验报告书，制剂整件内应附有产品合格证。验收时，应认真核查出厂检验报告书和产品合格证，检查其质量标准依据、检验项目及检验结果是否符合规定。

知识拓展

药品批号

批号是药厂同批投料生产药品的标志，在药厂生产企业不同批号的药品就是不同的药品。

按国家的有关规定，药品生产批号一律按生产日期编排，以数字表示，一般采用 6 位数字，前两位数为年份，中间两位数为月份，后面两位数为批数，有的厂家一天多个班次包装，则在六位数字之后加一短横线，加上班号的数字，成为次批号。如：某药品批号为 030804，即该药品是 2003 年 8 月生产的第四批；若批号为 030804—2，表明该药品为 2003 年 8 月份生产的第四批第二班包装，这天可能生产了多批，2 为次批号。如果生产设备等发生改变，也可以用其他数字和字母标示出来。

药品在入库验收时，不仅要检查有无批号，而且要核对内外包装批号是否一致，因此，药品验收必须把好批号检查关。

做一做

药品批发企业和零售连锁企业质量验收包括的内容是（　　　　）。

A. 药品内在质量的物理检验

B. 药品外观的性状检查和药品内外包装及标识的检查

C. 药品外观的性状检查

D. 药品内在质量的化学检验

E. 药品内在质量的生物化学检验

活动五 ☆药品外观性状的检查

议一议

　　家庭中常备一些药品，比如感冒药、肠胃药、消炎药等，请同学们讨论怎样从药品的外观性状上判断这些药品是否发生了变质？填表3-9。

表 3-9　药品常用剂型外观性状检查

讨论项目	讨论内容
1. 片剂	
2. 胶囊剂	
3. 滴眼剂	
4. 软膏剂	
5. 散剂	

　　药品的外观性状检查，是通过人的感官（眼、鼻、舌）来检查或识别药品的真、伪、优、劣，所以又称感官检查。但应注意有毒或有刺激性及未知成分的药品，切不可随意用口尝或用鼻子去嗅，以免发生事故。

　　药品内在质量不同将引起其外观性状的不同，如色、嗅、味等。对于假药而言，其外观性状与真药必然有别，只是区别显著的我们可以通过感官感知，而区别不显著的便逃过感官检查能辨别的范围；对于劣药而言，药品内在质量的改变将引起其外观变化，一个出厂合格的药品，经过辗转运输和储存，受到温度、光线、湿度等外界条件的影响，往往会发生变色、结块、发霉等。大多数药品的质量变异，可在外观性状上反映出来。因此，对药品进行外观性状检查是药品入库验收的重要内容。下面介绍几种常见药品剂型的外观检查方法和判断标准。

1. 片剂

　　片剂系指药物经加工压制成片状的制剂。片剂主要检查色泽、斑点、异物、麻面、吸潮、粘连、融化、发霉、结晶析出、边缘不整、松片、装量及包装等。含生化药品及蛋白质类药物的制剂还应检查有无虫蛀、异臭等。

　　(1) 压制片　取检查品100片，平铺于洁净白纸或白瓷盘上，距25厘米自然光亮处检视半分钟（观察一面）。

　　① 片应光洁、完整，厚薄形状一致，带字片字迹应清晰，压印缩写字样应符合规定要求。

　　② 色泽应符合质量标准规定，并应均匀一致，不得有异常现象。

　　③ 黑点、白点、异物，最大直径在200微米以上的黑点不超过5%，色点不超过3%，不得有500微米以上者。

　　④ 除中草药片剂外，不得有明显的暗斑。

　　⑤ 麻面不得超过5%，中草药不得超过10%。

　　⑥ 毛边、飞边等边缘不整片剂，总数不得超过5%。

　　⑦ 碎片、松片各不得超过3%。

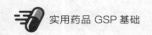

⑧ 不得有粘连、融化、发霉现象，含生化药品及蛋白质类药物的制剂，不得有虫蛀及异臭。

⑨ 片面不得有结晶析出或附着在瓶壁上。

以上各项检查结果超过规定，应加倍复验，复验结果不超过规定时，仍按合格判断。

（2）包衣片　取检查品 100 片，平铺于白纸或白瓷盘上，距 25 厘米自然光亮处检视半分钟，在规定时间内，将盘倾斜，使包衣片侧立，以检查边缘。

① 同一批号包衣颜色应均一，不应有显著的区别，不得有褪色现象。

② 黑点、斑点、异物的最大直径在 200 微米以下不计，200 微米以上者不得超过 5%，不得有大于 500 微米者。

③ 直径为 2～3 毫米小珠头的总数不得超过 2%。

④ 瘪片（包括凸凹不平）、异形片总数不得超过 2%。

⑤ 花斑不得超过 5%。

⑥ 龟裂、爆裂各不得超过 3%，脱壳不得超过 2%，掉皮不得超过 2%（肠溶衣片不得有掉皮），以上四项综合不得超过 5%。

⑦ 不应有膨胀、吸潮、融化、粘连等现象。

⑧ 对主药性质不稳定及中药浸膏的包片必要时可切开，观察片心断面，不应有变色及变软现象。

⑨ 装量检查同压制片。

以上各项检查结果超过规定时，应加倍复验，复验结果不超过规定时，仍按合格判断。

2. 丸剂

检查方法同片剂。

① 大小均匀、整洁，色泽一致。

② 不得有吸潮、粘连、异臭、霉变等现象。

③ 畸形丸不得超过 3%。

④ 装量应符合标签所示的包装数量。

第③项和第④项检查结果超过规定时，应加倍复验，复验结果不超过规定时，仍按合格判断。

3. 胶囊剂

胶囊剂分硬胶囊剂和软胶囊剂，供口服应用。主要检查色泽、漏药、破裂、变形、粘连、异臭、霉变、生虫及包装等。软胶囊（胶丸）还应检查气泡及畸形丸。

取胶囊 100 粒，平铺于白纸或白瓷盘上，距 25 厘米自然光亮处检视半分钟。

（1）硬胶囊剂

① 外观整洁，大小相等，长短一致，无斑点。

② 应无砂眼、虫眼、破裂、漏粉等现象。

③ 应无粘连、发霉、膨胀、变形和异臭。

④ 带色的胶囊颜色应均匀一致，不得有褪色、变色等现象。

⑤ 内容物应无吸潮、变色、结块、霉变等异常现象。

（2）软胶囊（胶丸）

① 大小应均匀一致、整洁、光亮。

② 不得有粘连、粘瓶（经振摇即散不在此限）、异臭、变型、破裂、漏油等现象（漏油检查时将软胶囊放在白纸上，应无明显油迹）。

③ 胶丸气泡不得超过 3％。

④ 畸形胶丸不得超过 3％。

⑤ 胶丸污物、偏心带尾等总和不得超过 3％。

第③项、第④项和第⑤项总和不得超过 5％，此三项检查不符合规定时，应加倍抽样复验，复验结果不超过规定时，仍按合格判断。

4. 散剂、冲剂、干糖浆

（1）散剂

① 取 3 瓶（袋）分别取出适量置光滑纸上，平铺约 5 平方厘米将其平面压平，距 25 厘米自然光亮处检视半分钟，看色泽是否一致，有无变色现象；观察散剂混合是否均匀，有无花纹色斑、异物及生霉、虫蛀等现象，部分剂量散剂不得有风化现象。取袋装散剂拆开封口，瓶装散剂启开盖塞后，用手煽动空气不得有异臭（毒、麻药不检查此项）。

② 袋装散剂用手摸、瓶装散剂上下翻转应干燥疏松，无吸潮结块、融化等现象。

（2）冲剂、干糖浆

① 袋装用手摸、瓶装上下翻转观察应颗粒疏松、干燥、均匀，色泽一致，无融化、潮解、结块等现象。

② 可溶性冲剂以 1 份颗粒加热水 20 份，搅拌 5 分钟，应全部溶解，无焦屑杂质。

③ 单剂质量包装，装量差异应在 ±5％ 以内。

5. 注射剂

注射剂系指药物制成的供注入体内的灭菌溶液、乳浊液或混悬液，以及供临用前配成溶液或混悬液的无菌粉末或浓缩液。注射剂可分为水针剂、粉针剂、油针剂和混悬针剂。

（1）粉针剂不得有变色、融化、粘瓶（敲击即散者不在此项）、结块等异常现象，不得有纤维、玻璃屑等异物。

（2）水针剂溶液色泽（水针剂不得有浑浊、沉淀、长霉等现象）按质量标准规定进行比色检查，不得超过该品种项下的规定。

比色方法：取检品溶液与同体积标准比色液置于相同的无色比色容器内，在自然光下，白色背景及底板上，水平方向观察。

标准比色液：按药典规定的有关方法配置。

（3）澄明度按注射剂澄明度检查细则和判断标准，应符合规定。

6. 一般水剂

（1）溶液型滴眼剂

① 取样品 30 支，置自然光亮处检视，药液应澄明，色泽一致，无明显变色现象，不得有浑浊、沉淀、结晶析出和霉菌生长等。

② 澄明度检查。塑料容器或有色滴眼剂，采用日光灯，如一侧检查时，用 2 根，两侧检查时用 3 根，其中 1 根固定在伞棚的中间与注射剂相同，另 2 根分别装在两侧，调节灯管的位置，使伞棚边缘上放置样品的位置的照明度为 2000～4000 勒克斯。其余同注射剂澄明度检查。玻璃容器装的滴眼剂同注射剂澄明度检查装置相同，检查人员条件同注射剂澄明度

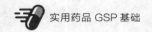

检查一样。

（2）混悬型滴眼剂

取样品10支（瓶）去掉标签，擦净外壁。轻轻上下转动，在自然光下检视。

① 药液色泽应一致，不得有明显变色现象。

② 不得有结晶、色块、玻璃屑等不溶性异物。

③ 胶塞应严密，铝盖不得有松动（检查法：用三指垂直到瓶颈部轻轻拧动，左右拧铝盖不得有松动）。

④ 瓶内玻璃滴管不得接触瓶底或过短，一般约占瓶长的3/4。

⑤ 玻璃滴管连接的胶塞应洁净、光滑，不得有砂眼、漏液现象。

（3）其他一般水剂 取10瓶在自然光亮处，采用直立、倒立、平视三步法检视。必要时开启瓶塞检查，但检查后立即封固，以免药液被污染。

① 芳香水剂、溶液剂、合剂。应色泽一致，无明显变色现象，并且应澄清、无浑浊、无沉淀、无较大异物，不得有霉变、酸败、异味、异臭现象。

② 乳剂。应色泽一致，无明显变色现象，不得有异物、异味、异臭、霉变及分层现象。

③ 混悬剂。应色泽一致，无明显变色现象，颗粒应细微均匀，下沉缓慢，沉淀经振摇能均匀分散，无结块现象，不得有霉变、酸败、异味、异臭现象。

7. 糖浆剂

取样品10瓶，在自然光亮处采用直立、倒立、平视三步法旋转检视。

（1）除另有规定外，糖浆剂应澄清，无浑浊、沉淀或结晶析出，不得有异物；含有药材提取物的糖浆，允许有少量轻摇易散的沉淀。

（2）不得有发硬、泛油、漏药、霉变、酸败分层、异臭及结晶析出现象。

（3）软膏剂应均匀、细腻（取适量涂于玻璃板上观察，不应有肉眼能见到的单独颗粒）。涂于皮肤上应无不良刺激性，并应具有适当的黏稠性，易于涂布于皮肤或黏膜上而不融化，不能软化。

8. 栓剂

取检品20粒，置自然光亮处检视。

（1）外形应光滑完整，并有适宜的硬度。

（2）应无明显融化、泛油、出汗现象。

（3）不得有酸败、霉变、变软、干化、碎裂等现象。

（4）每一批号的栓剂，其色泽应均匀一致，每粒的小包装应严密封口。

【附】
名词解释

① 麻面：片面粗糙不光滑。

② 裂片：片剂受到震动或经放置一段时间从腰间裂开或顶部脱落一层的现象。

③ 飞边：药片的边缘高过于片面而突出，形成不整齐的薄边。

④ 毛边：片子边缘有缺口。

⑤ 花斑：片面呈现较明显的斑点。

⑥ 龟裂与爆裂：片面或边缘发生裂纹甚至部分包衣裂掉。

⑦ 暗斑：片面若隐若现的斑点。

⑧ 松片：将药片放在中指与食指间，用拇指轻压即行碎裂。

知识拓展

家庭常用药品失效特征

药品容易受到光线、温度、湿度、微生物的影响与破坏。如药品存放不当，或存放过久，会使药品质量下降或变质无效，使用这样的药品会造成不良后果。

一般来讲，药品是否变质要依靠理化检验方法或生物检验方法来检验判定。但是，除专业机构外，一般情况下很难做到。常用的方法还是要从药品的外观性状来观察是否变质，通过人的感官判断药品有何变化。当出现下列情况时，就不能再用了。

注射剂：观察药液是否澄明，有无变色等。注射剂除个别特殊的品种允许有轻微浑浊外，一般都是澄明的液体。凡有明显浑浊、沉淀或结晶析出，经加热不能溶解者，均不可使用。还有些中草药注射液在储存中容易产生浑浊或沉淀，也不可使用。

片剂、胶囊剂：如发现药片有受潮粘连、松片膨大、变形、裂片以及糖衣片变色或严重斑点、变花发霉等，不可使用。如发现酵母片发霉生虫，维生素C片氧化变色，阿司匹林片遇潮后有醋酸的酸味，不可使用。有些中成药如舒筋活血片吸潮后变棕褐色，药片松散、粘连，不宜使用。胶囊剂容易吸潮发黏，若内容物变质，则不可供药用。

散剂：如结块、发霉、变色、粘连，不可使用。

眼药水：打开后要在3～5天用完。如发现存放的眼药水有变色或絮状物，不可再用。

酊剂、浸膏剂、糖浆剂：如检查中发现有沉淀、发霉、变色等，不可使用。如颠茄合剂储存过久有沉淀析出，就不要再继续使用；如有些止咳糖浆有发酵、发霉状，则不可使用。

软膏剂：一般较稳定，但应检查其基质有无酸败、异臭，有无油层析出或结晶析出。若有油层或结晶析出，经加工调匀后可使用；但有变色、异臭者，则不能使用。

丸剂：如变色、发干、霉变、生虫、有异味，不能使用。

溶液剂：口服液、酊剂、浸膏剂、糖浆剂、外用溶液剂、混悬剂等，如有酸败、异臭、产生气体、变色时，不可使用；有沉淀时，应视具体剂型和品种情况（如参考说明书）决定能否使用。

需要提醒的是：对有毒或有刺激性的药品，不要尝、嗅，以免发生中毒。

夏季多雨，南方潮湿，应注意检查药品吸水后的质变，如干酵母片、维生素 B_1 片、阿司匹林片、乳酶生、胃蛋白酶、葡萄糖酸钙等。这些药潮解后，可有崩解、溶化、粘连等现象。北方的冬季较为干燥，应注意检查药品风化产生质变，如奎尼丁、硫酸奎宁、碳酸钠、硫酸镁等。

活动六　　其他商品的验收

1. 案例3-7　四川省食品药品监督管理局严把救灾药品质量关

四川汶川地震灾情发生后，全国各地的救灾物资源源不断地汇集到成都，为使救灾药品、医疗器械等物资及时转运至灾区，2008年5月19日，四川省食品药品检验所紧急增派

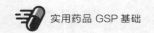

三个应急小组，加强成都双流国际机场药品、医疗器械等物资的验收转运工作。

全国各地发往四川灾区的急救药品和医疗器械数量大，要求快速转运到灾区。四川省食品药品监督管理局、四川省食品药品检验所承担着发往灾区药品、医疗器械的检查验收任务，两单位共组成 5 个接收救灾药械小组到机场、火车站，验收转运支援灾区的药品、医疗器械等物资，并按省政府应急办指示送达灾区。

> **想一想**
>
> 我们知道医药企业除了经营药品以外，可能经营其他有关的商品如医疗器械、玻璃仪器和化学试剂等。关于这些商品如何验收呢？填表 3-10。

表 3-10　其他商品验收

讨论项目	讨论结果
1. 医疗器械	
2. 化学试剂	
3. 玻璃仪器	

2. 医疗器械的验收内容

① 检验合格证：品名、型号、检验日期、检验员代号、制造厂名称等。

② 使用说明书：品名、型号、规格、重量、外形尺寸、制造厂名称和地址、产品标准代号及有关技术参数和性能、工作原理、使用寿命、质量保证期限、储存以及注意事项等。

③ 外包装：品名、型号、数量、体积、储运图示标志、生产日期、制造厂名和地址、生产许可证标记和编号等。

医疗器械库存有质量问题，品种经加工处理后，应按质量标准要求重新验收，在产品合格证及有关标志上应有复验印章和日期。

3. 化学试剂的验收内容

① 检验合格证：品名、规格、型号、检验日期、检验员代号、制造厂名称等。

② 产品标签。

③ 内包装：内包装所采用的材料和构型应适应化学试剂商品的特性，以保证质量稳定和储存运输安全。贵重金属和剧毒品的包装应符合其特殊要求。

④ 外包装：应牢固，包括品名、质量等级、包装单位及组装量、生产批号或生产日期、产地、生产许可证号、危险货物包装标志及包装储运图示标志。

4. 玻璃仪器的验收内容

① 产品合格证：品名、规格、检验日期、检验员代号、制造厂名称、检测报告单。

② 包装：计量器具产品必须有《制造计量器具许可证》、商标、容量、温度、用法和准确度等级等标志。

③ 外包装和产品合格证上应有标志及计量器具许可证编号，产品包装应符合包装定额，包装牢固，外包装标识符合专业部门和运输部门要求。

④ 产品商标或厂标，毛细管、玻璃珠等较小产品的商标或厂标可印在包装上。

任务三

验收管理

任务目标 熟悉验收时应该注意的内容。
熟知验收记录的填写。

活动一　验收注意事项

（1）药品必须由验收员验收，符合法定标准并签章后才能入库。

（2）验收必须在规定的场所内进行，同一个场所严禁同时进行两个或两个以上品种的验收，必须在验收完一个品种，完全清场后，再进行另一个品种的验收，严防药品污染及混药事故的发生。

（3）验收时拆分后的药品，必须及时复原，尽量保持原貌，并尽可能先行销售，以免引起变质。对于毒性药品、麻醉药品、注射用原料、遇空气易变质的药品，一般可根据检验报告书或产品合格证，从塑料袋或瓶外察看，不能任意拆开内包装。

（4）验收后药品应尽可能先销售，为避免引起变质，在外包装上加注"验讫"专章标识。

（5）一般情况下，药品应于到货后15天内验收完毕。如遇大批到货，发现严重损残，需清点整理，核实数量，挽救损失，按期验收完毕确实有困难时，可及时通知发货方延长验收期限，延长期不应超过7天，并提出查询，列明详细情况和处理意见。

（6）验收人员对入库药品按所列验收项目进行检查，做好详细记录，在填写《药品验收入库记录》"质量"情况一栏中，如验收时未发现质量变化应如实填写，并及时上报质量管理部，记录应保存至超过药品有效期一年，但不得少于三年。

（7）企业按本规范第六十九条规定进行药品直调的，可委托购货单位进行药品验收。购货单位应当严格按照本规范的要求验收药品，并建立专门的直调药品验收记录。验收当日应当将验收记录相关信息传递给直调企业。

活动二　案例分析

1. 案例 3-8　过期药品公然销售，药品验收记录不全

某市食品药品监督管理局开始对药品市场展开拉网式突击检查，为期 4 个月专项整治药

品安全。市药监局执法工作人员对市区的部分药店、诊所、医院等医疗单位进行了突击检查，在检查中发现了存在的许多问题。

按照有关规定，药品销售、使用单位在进货时应该通过合法渠道进药并严格填写药品验收记录。然而，执法人员在检查过程中发现，很多药店、诊所负责人提供不出药品进货验收记录。某药店，当执法人员要求药店负责人出示药品验收记录时，药店负责人竟然抱怨："做药品验收记录太麻烦，店里药品这么多，一个一个记录，怎么记得过来？"执法人员依法对其进行了批评教育，并按照有关规定进行了处罚。

2. 案例 3-9　依法查处药品虚假验收记录行为

某市南湖区分局在药品零售企业专项检查中发现，某药店在生活场所存放大量的阿莫西林胶囊等处方药。经对该药店负责人提供的购进票据进行核对，发现上述处方药是从一家合法的药品批发企业购进的。但应药店要求，批发企业将同产地同一批号的药品分成二份开具销售清单，该药店将其中一份数量较少的药品按规定做好验收记录，另一份数量较多的则另行保管且不做验收记录，目的是规避药监部门对处方药必须凭处方销售的监督检查。

该药店对购进药品不按规定做好药品质量验收记录的行为已违反了《中华人民共和国药品管理法》第十八条的规定。分局依据有关规定，作出责令改正和警告的行政处罚。

3. 案例 3-10　药品销售环节问题不少

某市药监局在对市内的大药房和医疗机构进行检查时发现，个别连锁药店存在私自购药问题，有的医院相关手续不健全，管理比较混乱。

经查，某医院没有建立完善的药品购进验收记录，现有的部分购进验收记录也与在柜台出售的药品对不上号。特别是中药柜台，提供不出任何购进验收记录和发票证明。

对此，医院的负责人解释说，这里的中药全部是以前的经营者遗留下来的，没有一样是他们新进的，所以没有任何的购进验收记录。另外，检查人员发现该医院化验室里的器械试剂供货方资质证明保存不完全，相关手续不齐备。医院的工作人员称，这个医院是刚刚接手过来的，所以一些必要的手续文件还不是很齐全。

像这种不规范的混乱现象极易出现问题，一旦消费者在用药过程中出现不适，很难找到源头，会给患者索证带来麻烦。根据有关规定，检查人员责令医院负责人立即建立一个规范的药品购进验收记录流程，补齐相关手续。

议一议

通过上述三个案例，分组讨论验收时的记录应该如何填写？填写内容是什么？应该如何保管？填表 3-11。

表 3-11　验收记录

讨论项目	讨论内容
1. 验收记录填写	
2. 验收记录内容	
3. 验收记录保管	

活动三　☆验收记录

1. 法律依据

GSP 第八十条规定：验收药品应当做好验收记录，包括药品的通用名称、剂型、规格、批准文号、批号、生产日期、有效期、生产厂商、供货单位、到货数量、到货日期、验收合格数量、验收结果等内容。验收人员应当在验收记录上签署姓名和验收日期。

2. 记录要求

入库验收记录是验收员在验收药品时的一个记流水账的基础性工作，要求验收记录内容应真实、准确、完整、可追溯。包括：药品通用名称、剂型、规格、批准文号、批号、生产日期、有效期、生产厂商、供货单位、到货数量、到货日期、验收合格数量、验收结果、验收人员签字等。在入库验收记录本上要全面记录本项目规定的各个项目内容。在实际工作中，企业用一个记录本依验收时间顺序依次记录即可。填写要求包括以下几个方面。

（1）可按药品的剂型分别填入表内。

（2）品名、规格、单位、生产企业按实货填写。

（3）批准文号按实际情况填写。

（4）注册商标，合格证填写"有"或"无"。

（5）有效期限和使用期限填写××××年××月××日。

（6）外观质量情况可按实际情况填写，除色泽（性状）外，均应以百分比表示。

（7）进口药品或直接从本地药厂进货需索要检验报告书填备注栏内。

（8）包装质量情况，内外包装符合要求填写"合格"，不符合要求填写实际情况。验收结论，根据验收综合情况做出合格与不合格结论。

（9）国产药品与进口药品应各建一本记录，因它们所检查及记录的项目、内容有所不同。进口药品记录要增加记上《进口药品注册证》号、《进口药品检验报告书》号、中文说明书等项目和内容。

（10）针对批准文号内容较长，不易填写准确，在项目内容处打"√"或填"有""无"是可以的，但其余各项目应认真填写每项记录的实际内容。

（11）中药材验收记录应当包括品名、产地、供货单位、到货数量、验收合格数量等内容。中药饮片验收记录应当包括品名、规格、批号、产地、生产日期、生产厂商、供货单位、到货数量、验收合格数量等内容，中药饮片验收记录内容应包括：品名、规格、批号、产地、生产日期、生产厂商、供货单位、到货数量、验收合格数量、验收结果、验收人员签字等。实施批准文号管理的中药饮片还应记录批准文号。

（12）验收不合格的还应当注明不合格事项及处置措施。

（13）销售退回药品验收记录内容应包括：药品通用名称、规格、批准文号、批号、生产日期、有效期、生产厂商（或产地）、数量、退货单位、退货日期、退货原因、验收日期、验收结果和验收人员签字等。

3. 注意事项

（1）药品批号必须如实记录。不能打"√""×"或填"有""无"。因为，依批号能明确该批药品的生产日期，同一药品因生产批次和包装班次不同可有不同的批号，批号也是有质量问题药品追踪的主要依据。

（2）品名和供货单位不要用简称。

（3）有效期为药品有效的截止期，而购进记录中的有效期是药监部门核准的药品有效期。如果包装上没有药品有效的截止期，应根据有效期换算成其有效截止期，如至××××年××月。

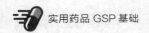

（4）企业没有必要按针、片、水、粉分剂型各建一本记录，这样记录本数量多且打破了验收时间顺序，不便于跟踪追查质量状况。

（5）不得用铅笔填写记录，字迹应清楚，内容真实完整，能反映当时实际检查情况。

（6）不得撕毁或任意涂改记录；确实需要更改时，应划去后在旁边重写，并使原记录清晰可见，在改动处签名或盖本人图章。

（7）签名要签全名，不得代签或只写姓氏。

（8）按表格内容填写齐全，不得空格漏项；如无内容一律用"—"表示。

（9）在化验室和物理检测室对商品进行检验后，应填写检查原始记录，记录内容包括：鉴别试验，取样数据，测试数据，演算过程等；复核检验数据情况也应同样记录，原始记录应字迹清晰、内容真实、数据准确，不得随便涂改，必须涂改时，应加盖检验员章；化验、检测结果由化验员签字，复核人、专业技术负责人签字，原始记录应保存 5 年。

【附】 药品购进入库验收记录表

单位（部门）_____

| 年 | | 来货单位 | 品名 | 剂型 | 规格 | 生产企业 | 单位 | 数量 | 单价 | 金额（元） | 批准文号 | 批号 | 效期 | 注册商标 | 包装情况 | 质量情况 | 验收结论 | 验收员签名 | 付款日期 | 凭证号码 | 发票号码 |
月	日																				

任务四

特殊药品的验收管理

任务目标 熟知特殊管理药品、外用药品的验收方法。

了解中药材和中药饮片的验收方法。

熟悉进口药材的验收要求。

熟悉冷藏、冷冻药品及实施电子监管药品的验收要求。

活动一 ☆特殊药品和专门管理药品的验收

> **议一议**
>
> 根据所学过的法规知识，请同学们讨论特殊管理的药品包括哪些？试举些例子。

1. 验收内容

（1）依据 GSP 第七十九条：特殊管理的药品应当按照相关规定在专库或者专区内验收。

依据《药品管理法》第四十九条第三款规定：麻醉药品、精神药品、医疗用毒性药品、放射性药品、外用药品和非处方药的标签、说明书，应当印有规定的标志。

（2）特殊管理的药品应放置在符合其安全控制要求的专库或专区内待验。

（3）在药品的验收过程中检查特殊管理药品是否均符合标识等的要求，检查《药品验收单》中是否查验了相应的标志。

（4）对特殊管理药品的质量验收必须严格执行《药品质量检查验收的管理制度》。

（5）购入的特殊管理药品必须由两人进行验收并逐件验收至最小包装。

（6）特殊管理药品的包装、标签和说明书上必须标注有国家规定的专有标识、警示语或警告说明。

（7）麻醉药品和第一类精神药品到货时，应向承运单位索取《麻醉药品、第一类精神药品运输证明》副本，并在收货后 1 个月内交还。运输证明有效期为 1 年（不跨年度）。铁路运输的，应使用集装箱或铁路行李车；公路、水路运输的，应有专人押运。

运单货物名称栏内填写"麻醉药品""第一类精神药品"或"第二类精神药品"字样，

运单上应当加盖托运单位公章或运输专用章。收货人只能为单位，不得为个人。

（8）麻醉药品、第一类精神药品入库验收必须货到即验，至少双人开箱验收，清点验收到最小包装，验收记录双人签字。验收专册记录内容应包括：日期、凭证号、品名、剂型、规格、单位、数量、批号、有效期、生产单位、供货单位、质量情况、验收结论、验收和保管人员签字。

2. 特殊管理药品及外用药品的标识

（1）特殊管理药品的专有标识

① 麻醉药品，蓝白相间的"麻"字样 [图 3-5(a)]。

② 精神药品，绿白相间的"精神药品"字样 [图 3-5(b)]。

③ 毒性药品，黑底白字的"毒"字样 [图 3-5(c)]。

④ 放射性药品，红黄相间圆形图案 [图 3-5(d)]。

（2）外用药品的标识　红、白相间的"外"字 [图 3-5(e)]。

图 3-5　特殊管理药品及外用药品的标识

3. 非处方药专有标识

（1）甲类　红底白字的"OTC"字样（图 3-6）。

（2）**乙类** 绿底白字的"OTC"字样（图 3-6）。

甲类(红底白字) 乙类(绿底白字)

图 3-6 非处方药专有标识

4. 警示语

（1）**非处方药** "请仔细阅读药品使用说明书并按说明使用"或"请在药师指导下销售、购买、使用"。

（2）**处方药** "凭医生处方销售、购买、使用"。

（3）**蛋白同化制剂和肽类激素及含兴奋剂类成分的药品** 应标明"运动员慎用"警示标识。

活动二　中药材和中药饮片的验收

1. 法律依据

根据《GSP 实施细则》第二十九条规定：

验收中药材和中药饮片应有包装，并附有质量合格的标志。

每件包装上，中药材标明品名、产地、供货单位。

中药饮片标明品名、生产企业、生产日期等。

实施文号管理的中药材和中药饮片，在包装上还应标明批准文号。

2. 验收方法和内容

按药品验收单上的项目逐项检查中药材和中药饮片的包装和合格证，对于中药材要认真检查其品名、产地、供货单位和发货日期，对于中药饮片要详细检查其品名、生产企业、生产日期等内容，其标签必须注明品名、规格、产地、生产企业、产品批号、生产日期；实施文号管理的中药材和中药饮片要检查其批准文号，并做好记录。

（1）**中药材、中药饮片的验收方法** 一般采用感官验收，主要通过手摸、眼观、嘴尝、鼻闻等方式。有条件的也可做显微、理化等方面的检查，对中药材、中药饮片的内部结构、成分、含量进行鉴定。

（2）**验收的内容**

① 外包装的验收

a. 中药材、中药饮片的外包装应符合药用或食用标准。

b. 中药材、中药饮片应有外包装，并附有质量合格标志。

c. 中药材包装上应标明品名、产地、供货单位，中药饮片应标明品名、生产企业、生产日期等。实施批准文号管理的中药材、中药饮片，在包装上还应标明批准文号。

② 干湿度的验收

a. 中药材安全含水量应在 10％～15％之间。

b. 中药饮片安全含水量：菌藻类应在 5%～10% 之间，其余应在 7%～13% 之间。

③ 杂质的验收 中药材的杂质应控制在 2%～3% 之间。中药饮片的药屑、杂质：根、根茎、藤木类、花、叶及动物、矿物类、菌类的药屑、杂质不超过 2%，果实、种子类、树脂类、全草类的药屑、杂质不超过 3%。

④ 中药饮片片型的验收 中药饮片的各种片型应符合规定、厚薄均匀、整齐，表面光洁，无整体、无连刀片、斧头片，异型片不得超过 10%，饮片的厚度应符合以下要求。

片：极薄片 0.5 毫米以下（鹿茸片）；薄片 1～2 毫米（半夏、槟榔）；厚片 2～4 毫米（大黄、泽泻、山药、白术）。

段：长 10～15 毫米（全草类）。

块：8～12 毫米方块（何首乌、附子、葛根、茯苓）。

丝及类丝：宽 2～3 毫米。

叶类丝：宽 5～10 毫米。

对一些不宜切制的中药根据调剂和医疗上的需要，粉碎成颗粒或粉末，粉碎后的颗粒应均匀无尘，粉末应符合《中国药典》要求。

对中药材、中药饮片在验收中发现虫蛀、发霉、泛油、变色、气味散失、潮解溶化、腐烂等现象均为质量检验不合格。

3. 验收中对发现问题的处理

（1）对包装标示不全的应予以拒收。

（2）在验收时有虫蛀、霉变、泛油、变色等现象的应予以拒收。

（3）对干湿度不符合规定、杂质超标、片型不符合规定的应予以拒收。

（4）对不符合标准的应予以拒收。

（5）对假药劣药应就地封存，并上报当地药品监督管理部门。

（6）对有疑问的品种，本企业不能确定其质量是否合格的，应报送当地药检所检验。

4. 毒性中药材、中药饮片的验收要求

（1）毒性中药材、中药饮片的包装要符合规定。

（2）毒性中药材、中药饮片必须实行双人验收、双人签字的制度。

活动三　☆冷藏、冷冻药品的验收

依据 GSP 第七十四条：冷藏、冷冻药品到货时，应当对其运输方式及运输过程的温度记录、运输时间等质量控制状况进行重点检查并记录。不符合温度要求的应当拒收。

1. 冷藏、冷冻药品到货车辆及设备检查

冷藏、冷冻药品到货时，应当查验冷藏车、车载冷藏箱或保温箱的温度状况，核查并留存运输过程和到货时的温度；对未采用规定的冷藏设施运输的或者运输过程及到货时温度不符合要求的不得收货，并报质量管理部门处理。

2. 冷藏、冷冻药品运输过程温度确认

查看冷藏车或者冷藏箱、保温箱到货时的温度数据，符合温度要求的将药品搬运到相应温度的冷库内，导出并查看运输过程的温度记录，确认运输全程温度数据符合要求后，将药品转交待验人员。

3. 冷藏、冷冻药品不符合要求的处理

对温度不符合要求的应当拒收，保存采集到的温度数据，将药品隔离存放于符合规定要求的温度环境中，并报质量管理部门处理。

4. 冷藏、冷冻药品收货记录

对收货过程和结果进行记录，内容包括：药品名称、数量、生产企业、发货单位、发运地点、启运时间、运输方式、温控方式、到货时间、温控状况、运输单位、收货人员等。

对销后退回的药品，要严格检查温度控制状况，售出时间较长的，要求退货方提供温度控制说明文件及售出期间相关温度控制数据，不能提供相关文件及数据的，不得收货。

知识拓展

冷藏记录及记录仪器见图 3-7。

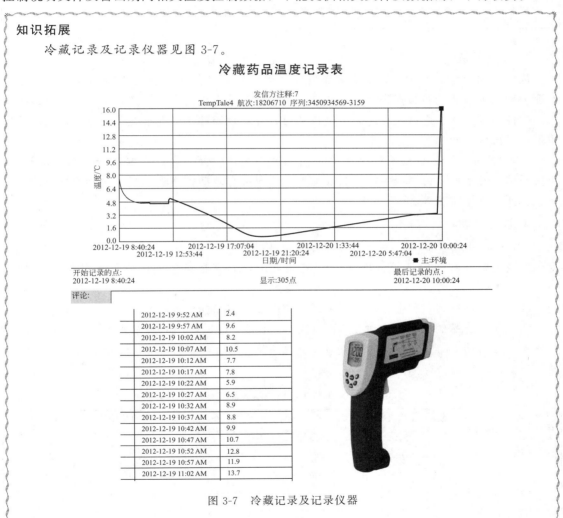

图 3-7　冷藏记录及记录仪器

活动四　☆ **进口药品的验收**

1. 案例 3-11　广州海关快速验放一批从美国进口的抗震救灾药品

2012 年 5 月 21 日下午，广州海关快速验放一批从美国进口的抗震救灾药品。药品名为

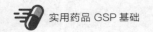

"慷舒灵含银抗菌敷料"，总价值为 6240 美元，共 8 件 960 支，重 74 千克。

想一想

　　根据上述案例，请思考进口药品应该如何验收？填写表 3-12。

表 3-12　药品验收

类型	验收相同点	验收不同点
1. 一般管理药品		
2. 特殊管理药品		
3. 进口药品		

2. 法律依据

　　依据《GSP 实施细则》第二十九条规定：验收进口药品应有符合规定的《进口药品注册证》和《进口药品检验报告书》复印件；进口预防性生物制品、血液制品应有《生物制品进口批件》复印件；进口药材应有《进口药材批件》复印件。以上批准文件应加盖供货单位质量管理机构原印章。

　　《进口药品注册证》应有以下内容：药品通用名称，商品名，主要成分，剂型，规格，包装规格，有效期，公司或生产厂名及地址，注册证有效期，检验标准，注册证号，批准时间，发证机关及印鉴等。

3. 注意事项

　　（1）验收进口药品时，不仅要查看有无《进口药品注册证》及《进口药品检验报告书》复印件，还要查看注册证等证明文件的有效期限，只有在有效期限内使用的证件才是合法的。

　　（2）注意核对品名和生产厂家、供货厂商以及包装和标识等内容。

　　（3）进口药品的验收应单独记录，设计单独的《进口药品入库验收记录》（表 3-13）。另外，进口药品入库验收登记簿还应与《进口药品注册证》《进口药品检验报告书》复印件同时归档，不得分开存档。

表 3-13　××大药房进口药品入库质量验收记录

到货日期	药品名称	剂型	规格	数量	单位	供货单位	生产国与厂商	批号	有效期	进口注册证号	外观质量情况	包装质量	进口检验报告书	验收结论	验收员签字及日期

任务五

药品的入库管理

任务目标　掌握药品的入库程序。

熟知验收过程中发现不合格药品的处理方法。

熟悉如何判断不合格药品。

熟悉药品库存记录的管理要求。

活动一　药品入库程序

药品经过验收和检验后，要进入仓库。要及时准确地完成入库业务，必须按照一定的程序进行。入库程序就是明确企业各个相关部门在入库业务中的分工和责任。一个良好的入库程序能使药品在整个入库过程中有秩序地交接和流通，避免出现污染和混淆。药品入库程序一般如下。

1. 核对入库凭证

药品到库之后，仓库收货人员首先要检查药品入库凭证，然后根据入库凭证开列的收货单位和药品名称与交送的药品和标记进行核对，如核对无误，再进行第二道程序。

2. 大数点收

大数点收是按照大件包装（运输包装）进行数量清点。点收药品的方法有两种：一是逐件点数计总；二是集中堆码点数。无论采取哪种方法，都必须做到精确无误。但对贵细药品的入库，应逐件开箱点数。

3. 检查包装

在大数点收的同时，对每件药品的包装要进行仔细的查看。检查包装是否牢固、完整，有无破损、水湿、渗漏、污染等异状。对有异状的包装，打开进行详细的检查，验看内部药品有无短缺、破损或变质。

4. 办理交接

入库药品经过以上三道工序以后，就可以与送货人员办理交接手续。在以上三道工序中如无差错、破损等情况，收货人员在送货回单上盖章表示药品收讫。如果上述程序发现疑

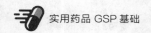
点，应会同运输部门共同检查。对检查中发现的破损、短缺或不符等情况，必须在送货单上详细注明，由送货人员出具差错、异状记录，分清责任，作为事后处理的意见依据。

5. 办理入库手续

交接后的药品必须由验收人员按规定验收无误后，由药品验收人员或保管员在药品入库凭证上盖章签收，仓库留下药品入库保管单，并注明药品存入的库房、货位，以便记账。与此同时，将药品入库凭证的其余各联，迅速送回业务部门，作为正式收货凭证，以便于业务部门安排下一步的药品销售工作，将药品及时投放到市场，加速药品流转。

依据 GSP 第七十八条规定，验收人员应当对抽样药品的外观、包装、标签、说明书以及相关的证明文件等逐一进行检查、核对；验收结束后，应当将抽取的完好样品放回原包装箱，加封并标示。具体流程如下：

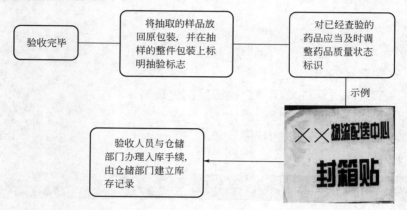

> **知识拓展**
>
> 根据新版 GSP 的要求，企业按本规范第六十九条规定进行药品直调的，可委托购货单位进行药品验收。购货单位应当严格按照本规范的要求验收药品，并建立专门的直调药品验收记录。验收当日应当将验收记录相关信息传递给直调企业。

【附】

药品验收入库通知单

仓库保管员：下列药品经质量验收合格请予办理入库手续。　　　　　　　　　　　编号：

序号						
品名						
剂型						
规格						
批号						
有效期至						
数量						
生产企业						
供货单位						
到货日期						
验收日期						
备注						

验收员：　　　　　　　　　　　　　　　　　　　　　入库日期：　年　月　日

活动二	☆不合格药品的处理办法

1. 判断不合格药品

（1）无批准文号（国家另有规定的除外），未经药品监督管理部门批准生产的药品。

（2）整件包装中无出厂检验合格证的药品。

（3）标签和说明书的内容不符合药品监督管理部门批准范围、不符合规定、没有规定标志的药品。

（4）购自不具有法定资格（无"证照"或"证照"不全）的药品经营企业或非法药品市场的药品。

（5）生产企业不合法的药品。

（6）性状外观与合格品有明显差异的药品。

（7）内外包装有明显破损、封口不严的药品。

2. 不合格药品处理

凡质量验收不合格，非药用规格或包装与其标志内容不符合规定要求，或未经药品监督管理部门批准的人用药品以及无批准文号、无注册商标、无生产批号的药品，应做到：

（1）拒收，填写《药品拒收报告单》；

（2）填写《药品复查通知单》，报质量管理部确认；

（3）确认为不合格的药品应存于不合格品库（区），挂红牌标志；

（4）及时通知供货方，并按国家有关规定进行处理。

【附】

药品拒收报告单

编号：

通用名称		商品名称		供货企业	
剂型		规格		数量	
生产企业		产品批号		有效期至	
拒收原因				验收人员：	日期：
业务部门意见				负责人：	日期：
质量管理部门意见				保管员：	日期：

活动三　模拟药品验收

1. 实践目标

熟悉药品（含原料药和各种剂型药品）验收的基本操作程序和要求。

2. 实践准备

（1）场所：模拟药库或教室为实践地点。

（2）人员：将学生分为 6～8 人的项目小组，每组学生推选 2 人担任组长与其他组员共同完成实践练习。

（3）操作对象：各类型药品。

（4）操作所用工具或材料：主要验收工具和设备。

3. 实践内容

（1）抽签决定操作对象，通过抽签确定自己验收操作药品的类型。

（2）根据操作对象选择相应的验收工具。

（3）根据操作对象类型，依据相关验收要求，按验收程序进行相应的验收操作。

（4）根据验收操作结果和相应的判断依据，对所验收药品合格与否下结论。

（5）根据验收操作过程和 GSP 的要求，做好验收记录。

药品收货与验收活动是药品经营企业确保所采购的药品已经实际到达，检查到达药品的数量和质量，确保与交接手续有关的文件都已经登记并交给有关人员的工作过程，是控制药品质量的第一关，也是避免药品差错的重要环节。在本项目的编写过程中，根据新版 GSP 的要求，在原版的基础上明确了到货核实运输方式的要求，强调了冷藏、冷冻药品到货时应当检查的项目，明确了随货同行单和检验报告单的具体要求，细化了验收时抽样的具体要求，设置情景，案例导入，运用形象的语言和直观的图片使同学们在实际工作中能更好地掌握相关知识和技能。

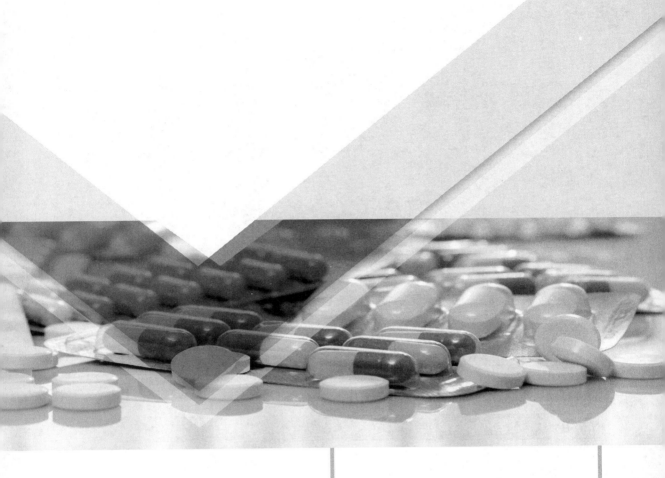

项目四

药品储存与养护的管理

项目说明

　　本项目共完成四个任务，任务一从具体的案例出发，使同学们感受到药品分类储存的重要性和必要性，熟悉药品的分类储存；任务二使同学们掌握药品的保管与养护的方法；任务三使学生们了解药品的冷链贮藏管理；任务四使同学们熟知药品的出库原则和要求。

任务一

药品的分类储存

任务目标 熟知药库的分类。
熟知药品的分区分类与货位编号。
熟知药品的合理堆放。

活动一 案例分析

1. 案例 4-1

在一普通居民房内，各种各样的药品杂乱地堆放在地面上，朱某就这样搞起了药品储存和销售。执法人员还发现一辆五菱面包车内已装满药品，正准备外出销售。朱某自称为某药业集团的销售员，提供了这个公司的《药品经营许可证》《营业执照》复印件等。但执法人员发现，朱某租赁的房屋内不仅存放这个药业集团生产的药品，还有其他 5 家药品生产企业的药品。执法人员初步认定，朱某在未经许可的、不符合药品储存条件的场所储存并经营药品，其行为涉嫌无证经营药品。该市药监局对查到的药品进行了查封扣押，将全部药品暂控在符合药品储存条件的药品仓库内。事隔 3 日，某市药监局对药品批次、数目等进行了进一步核实，初步断定为非法经营药品 48 箱，涉及百余个品种。

2. 案例 4-2

某市药监局稽查支队突击检查某运输公司仓库时发现，仓库里有点暗，高高的通风窗只有几扇开着。执法人员手中的温度计显示：33℃；据估计，正午时分，仓库的温度可能超过38℃。药品被直接放在了水泥地上；应"在凉暗处保存"的硫酸阿米卡星注射剂堆得高过人头；包装上明确标有"向上"放置符号的注射用硫酸奈替米星翻身"躺"着；而数十箱葡萄糖酸钙注射液、硫酸镁注射液、复方甘草锰注射液混杂在一起堆放着，按规定，药品应按批号集中摆放。在转运仓库附近，仓库中药品、保健品堆积在一起，近 10 箱已受潮的双黄连口服液被随意堆在墙角；外包装仍在沿用早该停止的"负责期"而非"有效期"的过期或近效期的保健品与正常药品堆在一起。该运输公司负责人承认，他们并不了解药品储存、管理的有关规定。仓库被他们分租给了十多家单位，这些药品是这些单位存放在此的。据初步调查，这十多家单位具备药品经营资格，但不具备在该市设置药品仓库的资格。经过一天紧张的盘点和调查，根据初步估计，此次共查到涉案药品 42 种 2053 箱，过期失效药品超过170 件。

> **议一议**
>
> 分析案例 4-1 和案例 4-2，填表 4-1。

表 4-1　药品分类储存

分析主题	分析结果
1. 设置的仓库是否合法	
2. 其仓库的储存条件是否符合相关条件	
3. 药品的堆放是否符合要求	
4. 其行为给消费者带来的隐患有哪些	

活动二　☆药库的分类

药库是用来储存和养护药品的场所，是保证药品质量必备和最基础的设施。仓库储存的药品种类繁多、性能各异，且仓储作业具有复杂性，根据 GSP 的规定，可将药品仓库分为以下几类。

1. 按照作业管理要求

分为待验库（区）、合格品库（区）、发货库（区）、不合格品库（区）、退货库（区）。另外，还有用于零货拣选、拼箱发货操作及复核的作业区。

以上各库（区）按质量状态实行色标管理：合格药品为绿色，不合格药品为红色，到货待验、销后退回待验、召回待验、有质量疑问等待确定的药品为黄色。

2. 按照温湿度管理要求

按包装标示的温度要求储存药品，包装上没有标示具体温度的，按照《中国药典》规定的贮藏要求进行储存；储存药品相对湿度为 35%～75%。

> **知识拓展**
>
> 《中国药典》（2020 年版）"凡例"【贮藏】项下关于温度的规定如下：阴凉处，系指不超过 20℃；凉暗处，系指避光并不超过 20℃；冷处，系指 2～10℃；常温，系指10～30℃。除另有规定外，【贮藏】项未规定储存温度的一般系指常温。

3. 按照特殊管理要求

分为麻醉药品库、精神药品（一类、二类）库、医疗用毒性药品库、放射性药品库和危险品库。

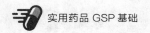

活动三　☆**药品的分区分类与货位编号**

药品经营企业的仓库根据药品的自然属性和库房条件、周转率等将仓库分为若干货区，每区又分为若干货位，然后按药品的性质实行分区、分类固定存放，对每个货区总存放的货位进行统一编号。这种储存管理方法称为"分区分类，货位编号"。

1. 分库（区）

分库（区）是按药品类别、储存数量结合仓库建筑和设备条件，将仓库面积划分为若干货库（区），并规定每一货库（区）存放某些药品。

为了解决各货区间的忙闲不均现象及应付特殊情况，可留出机动货区。

2. 分类

分类是将药品按其性质和所要求的储存条件划分为若干类，分类集中存放。

（1）根据药品的剂型分类储存　可将不同剂型的药品如片剂、胶囊剂、针剂、水剂、糖浆剂、软膏剂等分库或分区储存。

（2）根据药品温湿度要求分类储存　根据每种药品的储存温度要求，分别储存于常温库、阴凉库、冷库。经营冷藏、冷冻药品的，应配备与其经营规模和品种相适应的冷库，经营疫苗的应当配备两个以上的独立冷库。各库房相对湿度应保存在 35％～75％之间。

（3）根据药品的性质分类储存　药品与非药品、外用药与其他药品分开存放；中药材和中药饮片分库存放；危险品分开存放；品名和外包装容易混淆的品种分区存放；特殊管理药品中的麻醉药品、精神药品、毒性药品、麻醉中药（罂粟壳）应专库或专柜存放；放射性药品应储存于特定的专用库房；蛋白同化制剂、肽类激素应专库或专柜存放；直接收购地产中药材的应设置中药样品室（柜）。拆除外包装的零货药品应当集中存放在零货区或零货柜，零货区货架上药品与非药品、外用药与其他药品分开存放。

药品与非药品、内服药与外用药，可储存于同一库房，但应有隔离且标明标志而分开存放。容易串味的药品、中药材、中药饮片、危险品，都应单独设立独立库房单独存放。

3. 货位编号

货位编号是在分区分类和划好货位的基础上，将存放药品的场所，按储存地点和位置排列，采用统一的标记，编上顺序号码，以便识别。还可通过图板管理，将货位编号和货位规划绘制成平面布置图，便于仓储作业。货位编号便于迅速、方便地进行查找药品，有利于提高作业效率和减少差错。

货位编号要求标志设置要适宜，标志制作要规范，编号顺序要一致，段位间隔要恰当。货位编号通常采用以下几种方法。

（1）仓库内储存场所的编号　把整个仓库的所有储存场所，依其地面位置按顺序编号。库房的号码可统一写在库房外墙上或库门上，编号要清晰醒目，便于查找。见图4-1。

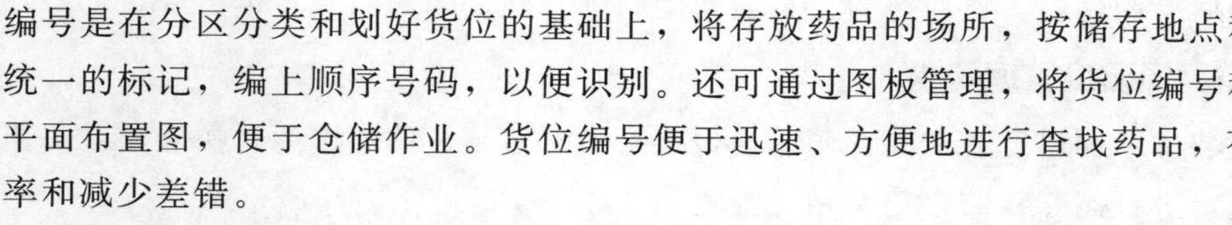

	A	B	C	D
A	AA	AB	AC	AD
B	BA	BB	BC	BD

图 4-1　仓库分区编号示意

（2）**货场货位编号**　常见有两种方法：一种是按照货位的排列编成排号，再按各排货位顺序编上货位号；另一种是不分排号，直接按货位顺序编号。

（3）**货架货位编号**　在药品仓库中，一种既简单又实用的货位编号方法是采取四组数字来表示药品存放的位置。即将库房号、区号、层号、货位顺序号这四者统一编号。编号的文字代号用英文、罗马及阿拉伯数字来表示。如以 03-04-05-06 来表示 3 号库房 4 区 5 段 6 货位。也有将库房号、货垛（货架号）、层号、货位顺序号这四者统一编号的。如 04-11-02-09 来表示 4 号库房 11 号货架 2 层 9 格。

用数字和字母的组合混合编号比较好。如 K05AB10d15 表示：5 号库房 AB 货区第 10 号货架第四层 15 号货位。见表 4-2。

表 4-2　混合编号字符意义

顺序号	1	2	3	4	5	6
表示内容	库棚场别	库棚场号	货区号	货架(垛)号	货架(垛)层号	货位号
符号	KPC	数字	大写字母	数字	小写字母	数字

货位编号的方法很多，货位区段划分和名称很不统一，采用的文字代号也是多种多样。因此各药库应结合实际情况，统一规定本药库的货位划分及编号方法。货位编号后，应做出标记。货位编号可标记在货位上方顶梁或货位旁的柱子上，或货位一头的地面上，也可在货位的顶端悬挂标牌。排号的标记书写在货架或垫木上，货位号的标记书写在货架的货格上，或用标牌、货签插挂在药品包装上。

练一练

识别不同的货位编号。

04-12-07-09 表示：

K09AB12c16 表示：

知识拓展

易串味的药品目录

易串味药品是指药品成分中含有芳香类、易挥发物质的药品。常见有以下几类。

内服制剂：如人丹、藿香正气水（液、胶囊）、十滴水、速效救心丸、麝香保心丸、胆舒胶囊、肚痛整肠丸、正露丸等。

外用贴膏：肤疾宁贴膏、附桂风贴膏、狗皮膏、骨友灵贴膏、关节止痛膏、活血解痛膏、辣椒风湿膏、伤湿祛痛膏、伤湿止痛膏、烧伤药膏、少林跌打风湿膏、麝香跌打风湿膏、麝香关节止痛膏、麝香解痛膏、麝香壮骨膏、麝香追风膏、天和骨痛膏、天和追风膏、田七镇痛膏、通络祛痛膏、腰肾膏、一正痛消贴膏、壮骨麝香止痛膏等。

外用搽剂：风油精、斧标祛风油、红花油、宏利活络油、强力狮子油、清凉油、如意油、麝香风湿油、狮马龙活络油、狮马龙红花油、舒筋健络油、双龙祛风油、四季平安油、异蛇宝按摩油、保心安油等。

外用酊剂：复方土槿皮酊、骨康王（骨痛灵酊）、皮炎宁酊、土槿皮酊、消炎止痛酊等。

活动四   ☆药品的合理堆放

1. 堆码要求

遵循合理、牢固、定量、整齐、节约、方便等方面的基本要求。

应根据入库药品的性质，结合仓库的实际情况合理堆放。仓库的南面经常受阳光照射，温度较高，怕热的药品不宜存放在南边；含有芳香性易挥发成分或易风化的药品，应远离门窗和通道；受潮易变质的药品可置于楼上或放在货架上层；见光易变质的药品，应避光存放。

堆垛时，不要将不同批号、不同效期、不同包装的药品相混淆。做到轻重不倒置、软硬不倒置、标志不倒置；药品四周不靠墙、柱，顶不靠顶棚和灯；要保持药垛上下垂直，左右、前后成线。要保持通道畅通，存放地点要固定，将药品分区分类、顺序编号存放，便于查找药品。

药品堆垛时，必须在保证安全的前提下，尽量做到"三个用足"，即面积用足、高度用足、荷重定额用足，充分发挥仓库使用效能。

2. 药垛的间距要求

药品的堆垛应留有一定的距离。垛间距不小于 100 厘米，药品与库房内墙、顶、温度调控设备及管道等设施间距不小于 30 厘米，与地面的间距不小于 10 厘米。另外，药垛上方及四周与照明灯之间的安全距离不小于 50 厘米，这是防火的需求。

3. 药品可堆层数及计算

（1）药垛不超重可堆层数的计算　以一件药品的占地面积计算，其计算公式是：

不超重可堆层数＝每件药品实占面积×每平方米核定载重量/每件药品的毛重

例如，一件药品毛重为 38 千克，面积为 0.48 米×0.40 米，每平方米核定载重量为 1500 千克，其不超重可堆层数是：

$$0.48×0.40×1500/38＝7 层$$

以一批整垛药品占地面积计算，其计算公式是：

不超重可堆层数＝整垛药品实占面积×每平方米核定载重量/（每层件数×每件药品的毛重）

（2）药垛不超高可堆层数的计算　药垛不超高可堆层数，是指药垛留出顶距以后的可堆层数，其计算公式是：

不超高可堆层数＝（库房实际高度－顶距）/每件药品高度

例如，每层建筑房的中层仓间，高度为 4.4 米，储存药品每件高度为 0.37 米，其不超高可堆层数是：

$$(4.4－0.3)/0.37＝11 层$$

如要留有地距，还应减去地距再计算。

4. 药垛排脚

药垛排脚，要先测定药品的可堆层数，再进行脚形排列。药垛排脚有两个内容：一是药垛脚数的安排；二是药垛脚形的安排。脚数与脚形都是以药垛的最底层一层为准。排脚时，根据药品可堆高层数，先排脚数；再根据外包装占地面积和堆垛要求，排出脚形。

计算脚数的公式是：

$$脚数＝药垛药品总件数/药品可堆层数$$

脚形的排列，是根据药品的实占面积与货位的深度和宽度综合考虑排列的。脚形排列关系到药垛的稳固、点数和发货的方便，应该十分重视。

5. 堆码注意事项

（1）按安全、方便、节约和药品分类存放的原则，整齐、牢固堆垛，物距规范，合理利用仓容，并按规定做好货位编号及色标管理、色标明显。

（2）堆垛应严格遵守药品外包装图式标志的要求，规范操作，禁止倒置，怕压药品控制堆放高度，定期翻垛。可在走道转弯处紧附药垛设护角板，以防车辆撞坏药垛。

（3）入库药品应严格执行先产先出、先进先出、近期先出、易变先出的原则，按批号集中堆放，有效期的药品应分类相对集中存放，按批号和有效期远近依次或分开堆码、上架。

知识拓展

药品包装储运图示标志见图 4-2。

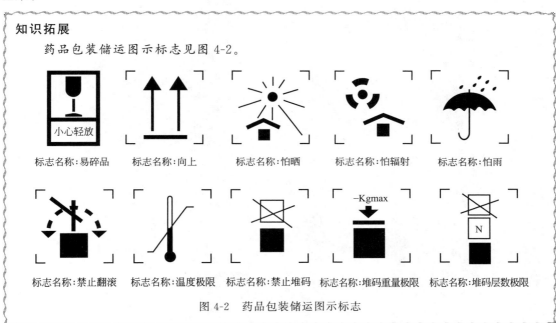

图 4-2　药品包装储运图示标志

练一练

计算设定条件下的药品堆码要求，填表 4-3。

表 4-3　药品堆码要求

药垛间距要求	结论
一件药品毛重为 36 千克，面积为 0.4 米×0.40 米，每平方米核定载重量 1200 千克，计算其不超重可堆层数	

6. 药品储存区注意事项

（1）储存药品的货架、托盘等设施设备应当保持清洁，无破损和杂物堆放。

（2）未经批准的人员不得进入储存作业区，人员必须经过授权方可进出药品库房。应采用门禁系统、人员登记等方式对库房进出人员实行可控管理，防止药品被盗、替换或者混入假药。在储存作业区内的人员不得有吸烟、饮酒、就餐、洗漱、嬉戏、打闹以及碰撞、踩踏、污染药品等行为。

（3）药品储存作业区内不得存放与储存管理无关的物品，如废弃或闲置的物料、设备以及食物和其他私人物品。

任务二

药品的保管与养护

任务目标 熟知药品温湿度管理的要求和措施。

熟知药品的在库检查。

熟知药品养护工作的主要职责。

了解药品的保管方法。

活动一　案例分析

案例 4-3

2008 年 10 月 6 日，国家食品药品监督管理局接到云南省食品药品监督管理局报告，云南省红河州 6 名患者使用了标示为黑龙江省完达山制药厂（2008 年 1 月更名为黑龙江完达山药业公司）生产的两批刺五加注射液（批号：2007122721、2007121511，规格：100 毫升/瓶），出现严重不良反应，其中有 3 例死亡。10 月 7 日，国家食品药品监督管理局同卫生部组成联合调查组，在云南、黑龙江两省地方政府及相关部门的配合下，对事件原因展开调查。经查，这是一起由药品污染引起的严重不良事件。完达山药业公司生产的刺五加注射液部分药品在流通环节被雨水浸泡，使药品受到细菌污染，后被更换包装标签并销售。

原国家食品药品监督管理局新闻发言人强调，任何药品都是双刃剑，在治疗疾病的同时，都会存在或轻或重的不良反应。云南红河州发生的六例不良事件不是药品的不良反应，而是药品污染导致的严重不良事件，与药品不良反应完全是两个概念。云南省公安部门已对涉嫌的完达山药业公司销售人员张某等多人刑拘。

想一想

根据案例 4-2 和案例 4-3，填表 4-4。

表 4-4 药品的保管

分析主题	分析结果
1. 其仓库药品储存温湿度是否符合要求	
2. 药品的保管是否符合要求	
3. 近效期药品应如何保管	

活动二　仓库温度、湿度管理

想一想

根据日常所见，填表 4-5。

表 4-5 仓库温湿度调节

分析主题	分析结果
1. 温度变化对药品有哪些影响？如何调控温度	
2. 湿度变化对药品有哪些影响？如何调控湿度	

温度和湿度是影响药品变质的重要因素。若温湿度管理不当，常会促使药品发生分解、熔化、挥发、变形、冻结、沉淀、潮解、风化、稀释、溶化、酸败、发霉、生虫等现象，可使药品变质失效。所以监测药品仓库温湿度，完善管理制度，是防止药品变质的基本条件，是做好养护工作的关键。库房应当配备自动监测、记录库房温湿度的设备。对常温、阴凉储存的药品，其储存环境温度超出规定温度范围时，应当积极采取有效措施予以调控，其温度波动范围不得超过±5℃。

仓库温湿度直接受室外气候变化的影响，使仓库内的温湿度变化比外界要慢。

1. 温度

温度过高或过低都能使药品变质。因此，药品在储存时要根据其不同性质选择适宜的温度。

例如，青霉素加水溶解后，在25℃放置24小时，即大部分失效；卡介苗、破伤风抗毒素等生物制品温度过高，会很快失效。而温度过低又易引起冻结或析出沉淀，如注射剂、水剂在-5℃时即易冻裂容器；乳剂可因冻结使乳化力破坏，解冻后药液分层不能再作药用；甲醛溶液在9℃以下存放可聚合成血色聚合物沉淀。

一般每天下午14:00左右是一天中温度最高的时候，每天凌晨4:00左右是一天中温度最低的时候。仓库内最高温度比仓库外稍低，最低温度比仓库外稍高；白天库内温度比库外低，夜间库内温度比库外高；库内愈近房顶的温度愈高，愈近地面的温度愈低；向阳的一面温度偏高，背阳的一面温度偏低；靠近门窗处容易受库外温度影响，而库内深处温度较稳定。

2. 湿度

空气中所含水蒸气量的大小称为湿度。空气越潮湿、水汽距离饱和程度越近，湿度越大；反之，湿度越小。

空气湿度的表示方式有饱和湿度、绝对湿度和相对湿度三种。

（1）饱和湿度 是指在一定温度下每立方米空气中所含水蒸气的最大量。单位可用密度（克/米³）和水蒸气压力（毫米汞柱❶或毫巴❷）来表示。

（2）绝对湿度 指空气中实际所含的水蒸气量。

（3）相对湿度 相对湿度是指在一定温度时，绝对湿度所占饱和湿度（饱和量）的百分比，若用公式表示即为：

$$相对湿度＝绝对湿度/饱和湿度×100％$$

相对湿度反映了空气中实际含水蒸气量距离饱和量的程度，是衡量空气潮湿程度的重要指标。相对湿度小表示空气干燥，水分容易蒸发；相对湿度大表示空气潮湿，水分不容易蒸发；相对湿度为100％时，表示空气在饱和状态下，水分不再蒸发；若空气中所含水蒸气超过饱和状态，就会凝结为水珠，附着在物体的表面上，这种现象叫"水淞"，俗称"出汗"。

相对湿度与药品质量之间有着密切的关系。湿度太大能使药品吸收空气中的水蒸气而引湿，其结果使药品潮解、液化、稀释、变质或霉败。易引湿的药品有胃蛋白酶、甘油等。湿度太小，则容易使某些药品风化。风化后的药品，其化学性质一般并未改变，但在使用时剂量难以掌握。特别是毒性药品，可能因超过用量而造成事故。易风化的药品有硫酸阿托品、磷酸可待因、硫酸镁、硫酸钠及明矾等。各仓库间的相对湿度在35％～75％之间比较合适，若低于35％则显得过于干燥，而高于75％则显得过于潮湿。

一般而言，相对湿度的日变化与气温的日变化相反，最大值出现在日出前后，最小值出现在下午2时左右。库内向阳的一面相对湿度偏低，向阴的一面相对湿度偏高。

知识拓展

温湿度自动监测的规定

1. 企业应当按照GSP的要求，在储存药品的仓库中和运输冷藏、冷冻药品的设备中配备温湿度自动监测系统。系统应当对药品储存过程的温湿度状况和冷藏、冷冻药品运输过程的温度状况进行实时自动监测和记录。

2. 系统由测点终端、管理主机、不间断电源以及相关软件等组成。各测点终端能够对周边环境的温湿度进行数据的实时采集、传送和报警；管理主机能够对各测点终端监测的数据进行收集、处理和记录，并具备发生异常情况时的报警管理功能。

3. 系统应当自动生成温湿度监测记录，内容包括温度值、湿度值、日期、时间、测点位置、库区或运输工具类别等。

4. 系统温湿度测量设备的最大允许误差应当符合以下要求：测量范围在0～40℃之间，温度的最大允许误差为±0.5℃；测量范围在－25～0℃之间，温度的最大允许误差为±1.0℃；相对湿度的最大允许误差为±5％。

5. 系统应当自动对药品储存运输过程中的温湿度环境进行不间断的监测和记录。

系统应当至少每隔1分钟更新一次测点温湿度数据，在药品储存过程中至少每隔30分钟自动记录一次实时温湿度数据，在运输过程中至少每隔5分钟自动记录一次实时温湿度数据。当监测的温湿度值超出规定范围时，系统应当至少每隔2分钟记录一次实时温湿度数据。

---

❶ 1毫米汞柱＝133.322帕。

❷ 1毫巴＝10^5帕。

6. 当监测的温湿度值达到设定的临界值或者超出规定范围，系统应当能够实现就地和在指定地点进行声光报警，同时采用短信通讯的方式，向至少 3 名指定人员发出报警信息。

当发生供电中断的情况时，系统应当采用短信通讯的方式，向至少 3 名指定人员发出报警信息。

7. 系统各测点终端采集的监测数据应当真实、完整、准确、有效。

（1）测点终端采集的数据通过网络自动传送到管理主机，进行处理和记录，并采用可靠的方式进行数据保存，确保不丢失和不被改动。

（2）系统具有对记录数据不可更改、删除的功能，不得有反向导入数据的功能。

（3）系统不得对用户开放温湿度传感器监测值修正、调整功能，防止用户随意调整，造成监测数据失真。

8. 企业应当对监测数据采用安全、可靠的方式按日备份。

9. 系统应当与企业计算机终端进行数据对接，自动在计算机终端中存储数据，可以通过计算机终端进行实时数据查询和历史数据查询。

10. 系统应当独立地不间断地运行，防止因供电中断、计算机关闭或故障等因素，影响系统正常运行或造成数据丢失。

11. 系统保持独立、安全运行，不得与温湿度调控设施设备联动，防止温湿度调控设施设备异常导致系统故障的风险。

12. 企业应当对储存及运输设施设备的测点终端布点方案进行测试和确认，保证药品仓库、运输设备中安装的测点终端数量及位置，能够准确反映环境温湿度的实际状况。

13. 药品库房或仓间安装的测点终端数量及位置应当符合以下要求。

（1）每一独立的药品库房或仓间至少安装 2 个测点终端，并均匀分布。

（2）平面仓库面积在 300 平方米以下的，至少安装 2 个测点终端；300 平方米以上的，每增加 300 平方米至少增加 1 个测点终端，不足 300 平方米的按 300 平方米计算。

平面仓库测点终端安装的位置，不得低于药品货架或药品堆码垛高度的 2/3 位置。

（3）高架仓库或全自动立体仓库的货架层高在 4.5～8 米之间的，每 300 平方米面积至少安装 4 个测点终端，每增加 300 平方米至少增加 2 个测点终端，并均匀分布在货架上、下位置；货架层高在 8 米以上的，每 300 平方米面积至少安装 6 个测点终端，每增加 300 平方米至少增加 3 个测点终端，并均匀分布在货架的上、中、下位置；不足 300 平方米的按 300 平方米计算。

高架仓库或全自动立体仓库上层测点终端安装的位置，不得低于最上层货架存放药品的最高位置。

（4）储存冷藏、冷冻药品仓库测点终端的安装数量，须符合本条上述的各项要求，其安装数量按每 100 平方米面积计算。

14. 每台独立的冷藏、冷冻药品运输车辆或车厢，安装的测点终端数量不得少于 2 个。车厢容积超过 20 立方米的，每增加 20 立方米至少增加 1 个测点终端，不足 20 立方米的按 20 立方米计算。每台冷藏箱或保温箱应当至少配置一个测点终端。

15. 测点终端应当牢固安装在经过确认的合理位置，避免储运作业及人员活动对监测设备造成影响或损坏，其安装位置不得随意变动。

16. 企业应当对测点终端每年至少进行一次校准，对系统设备应当进行定期检查、维修、保养，并建立档案。

17. 系统应当满足相关部门实施在线远程监管的条件。

3. 调节仓库温湿度的措施

温湿度与药品的质量有很密切的关系。可根据仓库温湿度变化规律，结合药品的性质与包装，采取相应的措施调节仓库的温湿度。

（1）降温

① 通风降温　当库内温度高于库外时，可开启门窗通风降温。应注意通风要结合湿度一起考虑，药品往往怕热也怕潮，只要库外温度和相对湿度都低于库内，就可以通风降温。装配有排风扇等通风设备的仓库，可启用通风设备进行降温（危险品库除外）。在夏季对于一些不易吸潮的药品，可以进行夜间通风，直到日出后，气温回升时再停止通风。通风必须和严格密封结合运用，才能取得较好的效果。

② 遮光降温　隔热条件较差的仓库，可在库房外搭棚，棚离屋顶30～40厘米或更高，并在日光暴晒的外墙搭上棚，减少日光辐射热，使库内温度下降。

③ 空调降温　可利用空调设备来调整库内温度，应注意按不同药品的储藏要求来调节适宜的温度。

④ 加冰降温　可选择密闭、隔热条件较好的库房，加冰使室内温度降低。对库内温度较高，需尽快降温的或不适宜开窗通风降温的药品，如室内没有空调设施的，可采用加冰降温，一般是将冰块或冰盐混合物放于容器中，置于库内1.5米左右高度，让冷气自然散发、下沉。也可采用电风扇对准冰块吹风，以加速对流，提高降温效果。要注意及时排除冰融化后的水，易潮解的药品不适用此方法。

⑤ 还可用冷藏库或电冰箱、地下室或地窖来储存遇热易变质的药品。如一些对温度特别敏感但不易潮解的安瓿类注射剂，如生物制品、脏器制剂、疫苗注射剂。

（2）保温　某些药品在低温或冻结后可能发生变质，或冻结后使容器破裂。在我国长江以北地区，冬季气温有时很低，有些地区可出现 $-40\sim-30℃$ 甚至更低，不利于药品的储存，必须采取保温措施。

① 密封保温　在仓库顶棚、门窗设保温装置（如吊顶棚、夹层窗户、门上悬挂棉门帘等），使门窗关闭严密。在气候不太冷的地区，具有一定的保温效果。

② 还可采用暖气片取暖、火炉取暖、火墙取暖等方法，提高库房内的温度。暖气片取暖应注意暖气管、暖气片与药品间隔一定的距离，并防止漏水情况。火炉取暖应在火炉周围左、右、后三方用砖砌成防护墙，防护墙与药垛间的距离不少于0.5米；库房内不能存放易燃易爆药品；生火炉期间应有专人看管，注意防火，加强消防措施，同时应防止库内因长时间燃烧而造成缺氧，导致人员出现煤气中毒。火墙取暖应注意火墙暖库应远离其他库房，填火口设在库外，库内药品要远离暖墙不小于1米，并经常检查有无漏火现象。

（3）防潮

① 通风散潮　只有当库外绝对湿度低于库内时，才能进行通风。在通风前，用干湿度

计测定库内外温湿度，根据情况考虑能否通风。当库外温度、相对湿度都低于库内时，可以长时间开启门窗通风；当库外温度、相对湿度都高于库内时，应紧闭门窗，不可通风；当库外温度稍高于库内且不超过 3℃，但绝对湿度和相对湿度低于库内时，也可通风；当库外温度高于库内且超过 3℃，但绝对湿度和相对湿度低于库内时，不可通风；当库外温度和绝对湿度都低于库内，而相对湿度较高时，可以通风，因为库外绝对湿度低，通风后也比库内低；当库外温度低于库内，而绝对湿度和相对湿度较高时，不可通风。在一天中，一般应在上午 8～12 时，即当温度逐渐上升、湿度逐渐下降时通风较为适宜；在凌晨 2～5 时，库外温度低，但此时相对湿度最大，不宜通风。此外，还可根据经验，一般天气晴朗或虽阴天但云块不黑并有东北风、北风或西北风时可以通风，但要对比一下库内外温湿度再进行。雨天、大雾、雨后初晴以及沿海地区刮南风、东南风时不宜通风。通风时除开启门窗自然通风外，还可以装置排风扇等通风设备。

② 密封防潮　密封时，隔绝外界空气潮气的侵入，避免或减少空气中水分对药品的影响，以达到防潮目的。密封一般是将库房的门窗缝隙封闭，将通风洞、气孔用砖砌紧。门做成两道，并挂厚棉帘。也可根据药品的性质和数量，采用密封垛、密封箱等形式防潮。上述方法只能达到相对密封，并不能完全隔绝气候对药品的影响。因此密封保管时，最好结合通风散潮或吸湿降潮，可取得更好的效果。

③ 吸湿防潮　在梅雨季节或阴雨天，库内外湿度都较高，不宜进行通风散潮时，可在密封库内采用吸湿的方法降低库内湿度。可用除湿机降湿，可以在环境温度 17～35℃、相对湿度 50%～90% 的条件下使用。还可用吸湿剂降湿，常用的吸湿剂有生石灰（吸水率为自重的 20%～30%）、氯化钙（吸水率为 100%～150%）、硅胶（吸水率约为其自重的 30%）等。

(4) 增湿　具体方法有：向库内地面洒水，或以喷雾设备喷水；库内设置盛水容器，储水自然蒸发等。一些对湿度特别敏感的药品还需密闭保湿，使内装药物与外界空气隔绝。在特别干燥的情况下，对少数怕干燥的药材，需要喷雾洒水或用电加湿器产生蒸汽，以提高空气湿度。

活动三　☆药品的在库检查

药品在库储存期间，由于经常受到外界环境因素的影响，随时可能出现各种质量变化现象。因此，除需采取适当的保管、养护措施外，还应对库存药品实行定期和不定期检查。

1. 检查的时间和方法

药品在库检查的时间和方法，应根据药品性质及变化规律，结合季节气候、储存环境和储存时间长短等因素掌握。大致可分为如下方式。

(1) 三三四检查　季度检查时，按三三四进行药品循检。即每季度第一个月检查 30%，第二个月检查 30%，第三个月检查 40%，使库存药品每季度能全面检查一次。

(2) 定期检查　定期检查时，一般规定上、下半年对库存药品逐堆逐垛各进行一次全面检查。特别是对受热易变质、吸潮易引湿、遇冷易冻结的药品要加强检查。对近效期药品、重点养护品种、特殊管理药品要重点检查，此类药品至少应每月检查一次。

(3) 随机检查　一般是在汛期、雨季、霉季、高温、严寒或者发现有药品质量变质苗头的时候，临时组织力量进行全面或局部的检查。

2. 检查的内容与要求

药品检查的内容包括：仓库内的温湿度，药品储存条件，药品是否分类存放，货位编号、货垛堆码、垛底衬垫、货垛间距离等是否符合规定要求，药品有无倒置现象，外观性状是否正常，包装有无损坏，设备设施是否正常运行等。

（1）每天监测和记录仓库温、湿度 养护人员应对库房空调系统、温湿度自动监测系统进行检查、维护，保证设备正常运行，确保库房温湿度持续控制在规定的标准范围内。

对监测情况和采取调控措施的情况应如实记录在《库房温湿度记录》（表4-6）上。对常温、阴凉储存的药品，其储存环境温度超出规定温度范围时，应当积极采取有效措施予以调控，其温度波动范围不得超过±5℃。

表4-6 库房温湿度记录

仓库号： 　　　适宜温度范围： 　～ 　℃ 　　适宜相对湿度范围：35%～75%

日期	上午							下午						
	记录时间	气候	温度/℃	相对湿度/%	如超标采取何种养护措施	采取措施后		记录时间	气候	温度/℃	相对湿度/%	如超标采取何种养护措施	采取措施后	
						温度	湿度						温度	湿度
1														
2…29														
30														
31														

记录人：

注：1. 每日记录时间：上午为9:30～10:30，下午为3:30～4:30。

2. 每日具体时间要填在记录时间栏内。

3. 气候符号：晴○ 阴× 雨～ 雪* 大风△。

4. 此表从开始第一日起，记录人就应签名，每日均由实际记录人签名。

冷库应配有自动监测、调控、显示、记录温度状况以及报警的设备。

（2）对库存药品实行定期检查和不定期检查 计算机系统应依据质量管理基础数据和养护制度，对库存药品定期自动生成养护计划。药品养护员按照养护计划对库存药品的外观、包装等质量状况进行检查。药品在库检查，要求做到经常检查与定期检查、员工检查与专职检查、重点检查与全面检查结合起来进行。检查时要做详细记录，要求检查一个品种规格记录一个，记录的内容有：检查日期、药品存放货位、品名（通用名）、规格、厂牌、生产批号、单位、库存数量、有效期、质量情况等，并按规定填写好《库存药品质量养护记录》（表4-7）。做到边检查、边整改，发现问题及时处理。检查结束后，还应对检查情况进行综合整理，写出质量小结，作为分析质量变化的依据和资料。应依据养护记录定期（至少每年一次）汇总、分析养护信息，形成分析报告，以便质量管理部门和业务部门及时、全面地掌握储存药品质量信息，合理调节库存药品的数量，保证药品质量。分析报告的内容包括：库房内储存品种的结构、数量、批次等项目，养护过程中所发现的质量问题及其产生原因、比率、改进与预防措施等。

药品养护员负责对库存药品定期进行循环质量养护检查，列出重点养护品种，循环抽查的周期一般为一个季度，近效期、易变质药品增加检查次数，并做好养护检查记录。对于易

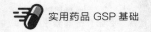

变质的药品、已出现质量问题药品的相邻批号药品、储存两年以上的药品、近效期的药品和厂方负责期的药品，应抽样送检。

表 4-7　库存药品质量养护记录

存货仓库：　　　　　　　　　　　　　　　　　　　　　　　　　　检查日期：　　年　　月　　日

货号	货位	品名	规格	生产企业	批号	批准文号	有效期	单位	数量	质量情况	处理意见	养护员（签名）

注：1. 有效期不宜写×年，而应填写×年×月或×年×月×日。

2. 进库达一个季度的药品方列入养护之列。

3. 如库存检查药品没有质量问题，在质量情况一栏中，只填"正常"二字即可。

4. 数量栏填库存实数。

养护检查过程中发现质量问题时，应挂黄牌标志暂停发货，同时填写《药品质量复查通知单》（表 4-8），并在计算机系统中锁定和记录，转质管部门复验。

质管部门确认为不合格药品的，应填写《药品停售通知单》（表 4-9），并在计算机系统中锁定和记录，立即停止销售。同时，按销售记录追回销出的不合格药品。将不合格药品移入不合格药品库（区），挂红牌标志。不合格药品由质量管理部门监督销毁或退货并做好记录，包括报损审批手续、销毁记录。采购退货应有厂退手续及出库记录。对假药和存在质量问题的特殊管理药品，应当及时报告药品监督管理部门并在其监督下进行处理。对不合格药品应当查明并分析原因，及时采取预防措施。

表 4-8　药品质量复查通知单

品名		规格		生产企业	
生产批号		数量		存放地点	
有效期、使用期					
质量问题：					
				养护员：　　　年　　月　　日	
复验结果：					
				质管部门：　　　年　　月　　日	

表 4-9　药品停售通知单

品名	规格	生产企业	单位	数量	生产批号
检验情况			处理意见		
养护检查通知单号			通知日期		
有关单据日期号码			存放地点		

质管部负责人：　　　　　　　经手人：

注：一式四联，1 存根，2 仓储部，3 业务部，4 零售。

活动四　☆药品的养护

1. 药品养护工作的主要职责

（1）指导保管人员对药品进行合理储存。检查和改善储存条件、防护措施、卫生环境并记录。设备设施出现损坏、故障等，要及时更换及报修，有报修记录。依据季节气候的变化，按药品性能对温湿度的特殊要求，利用仓库现有条件和设备，采取密封、避光、通风、降温、除湿等一系列养护方法，调控温湿度，预防药品发生质量变化。

（2）对在库一般药品按"三三四"原则进行养护。对首营品种、近效期、有效期较短、质量不稳定、近期出现过质量问题、储存时间较长、特殊管理的药品、药监部门重点监控的品种，以及有温湿度、避光等特殊储存条件要求的品种应当进行重点养护，重点养护品种按月养护。发现有问题的药品应当及时在计算机系统中锁定和记录，并通知质量管理部门处理。

（3）对中药材、中药饮片应按其特性，采取干燥、降氧、熏蒸等有效的养护方式进行养护并记录，在梅雨季节和生虫期，还应采用晾晒等措施。中药材和中药饮片的养护方法不得对药品造成污染。

（4）药品养护应建立养护记录，定期汇总、分析养护信息。

2. 特殊情况的药品处理

（1）药品破损导致泄漏的处理　药品因破损而导致液体、气体、粉末泄漏时，应迅速启动应急处置预案，采取隔离、清洗、通风、稀释、覆盖等安全处理措施并有药品破损处理记录，防止对储存环境和其他药品造成污染。在计算机系统中调整破损药品在库状态。

（2）质量可疑药品的处理　有疑问的药品立刻用黄色待处理色标标示，立即通知质量管理部门处理。质量管理部门立刻在计算机系统中锁定有疑问药品，待查清问题之后再做处理并有详细处理记录。

> 知识拓展
>
> ### 重点养护的品种
>
> 在规定的储存条件下仍易变质的品种要进行重点养护。主要包括如下品种。
>
> （1）易氧化的药物。包括：溴化钠、碘化钙、硫酸亚铁、硫代硫酸钠、亚硝酸钠、

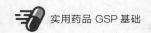

亚硫酸钠、苯甲醇、麻醉乙醚、肾上腺素、水杨酸钠、吗啡类、左旋多巴、乙烯雌酚、维生素 E、磺胺、盐酸普鲁卡因、安乃近、盐酸异丙嗪、盐酸氯丙嗪、奋乃静、松节油、维生素 A、维生素 D、维生素 C、叶酸等。

（2）易水解的药物。包括：硝酸甘油、阿司匹林、丙酸睾丸素、甲丙氨酯、氯化琥珀胆碱、无味氯霉素、盐酸普鲁卡因、硝酸毛果芸香碱、葡萄糖醛酸内酯、氯霉素、四环素类、青霉素类、头孢菌素类、巴比妥类、洋地黄毒苷、毒毛旋花子苷等。

（3）易吸湿的药物。包括：蛋白银、枸橼酸铁铵、氯化钙、山梨醇、甘油、乳酸、胃蛋白酶、淀粉酶、青霉素类、洋地黄粉等。

（4）易风化的药物。包括：硫酸钠、咖啡因、磷酸可待因等。

（5）易挥发的药物。包括：麻醉乙醚、乙醇、挥发油、樟脑、薄荷脑、碘仿、酊剂、十滴水等。

（6）具有升华性的药物。包括：碘、碘仿、樟脑、薄荷脑、麝香草酚等。

（7）具有熔化性的药物。包括：以香果脂、可可豆脂为基质的栓剂，以及水合氯醛、樟脑、薄荷脑等。

（8）易发生冻结的药物。包括：鱼肝油乳、松节油擦剂、镁乳、氢氧化铝凝胶等。

（9）具有吸附性的药物。包括：淀粉、药用炭、白陶土、滑石粉等。

3. 药品在库养护程序

某单位药品在库养护程序。

【附】

某单位药品在库养护程序

1　目的

通过制定和实施药品检查、养护的操作程序，以保证在库药品质量符合规定的要求。

2　引用标准及制定依据

2.1　《中华人民共和国药典》。

2.2　《中华人民共和国药品管理法》及其实施条例。

2.3　《药品经营质量管理规范》及其实施细则。

3　适用范围

本程序适用于公司药品在库检查、养护全过程。

4　职责

药品养护人员，储运部、质量管理部检查人员对本程序的实施负责。

5　程序

5.1　养护员每天监测和记录仓库温、湿度。

5.1.1　温湿度监测的时间和频次：一天两次，上午为 9：30～10：30，下午为 3：30～4：30。

5.1.2　如库房温湿度超出规定范围，应及时采取调控措施。

5.1.3　对监测情况和采取调控措施的情况应如实记录在《库房温湿度记录》上。

5.2　对库存药品实行定期和不定期检查制度。

5.2.1　养护员对库存超过三个月的药品质量按"三三四"的原则每季度循环检查一次。

检查的内容包括：检查日期、品名（通用名）、规格、单位、库存数量、生产厂家、生产批号、有效期、质量情况等，并应按规定做好《库存药品质量养护记录》。

5.2.2 养护员对由于异常原因可能出现问题的药品、易变质的药品、已出现质量问题药品的相邻批号药品、储存时间较长的药品、近效期的药品，应不定期进行重点检查。必要时，应进行抽样送质量管理部进行内在质量检测。

5.2.3 养护检查过程中，发现有质量问题的药品，填写《药品质量复核单》转质量管理部进行复验，经确认为不合格药品后，将该药品移到不合格品区；如发现药品有内在质量问题，应通知保管员挂"暂停发货"黄色标志牌并报质量管理部处理，经质量管理部确认该批药品为不合格药品后，按质量管理部出具的《药品移库通知单》将该药品移到不合格品区。质量管理部应立即填写《药品停售通知单》告知业务部停止调拨，听候处理。

5.3 对库存药品采取适当养护措施。

5.3.1 依据季节气候的变化，按药品性能对温、湿度的特殊要求，利用仓库现有条件和设备，采取密封、避光、通风、降温、除湿等一系列养护方法，调控温、湿度，预防药品发生质量变异，并重点做好夏防、冬防养护工作。

5.3.2 对中药材和中药饮片，应按其特性，采取干燥、降氧、熏蒸等方法进行养护。

5.3.3 采取的养护措施应在《库房温湿度记录》有关栏目中详细做好养护工作记录；如启用养护设备，应认真填写《养护设备使用记录》。

5.4 重点养护品种。

5.4.1 重点药品养护品种应按规定建立《重点养护药品品种确定表》。

5.4.2 重点养护品种应每月循环检查一次，并进行重点养护跟踪。

5.5 定期汇总、分析和上报养护检查、近效期或长时间储存的药品等质量信息。

5.5.1 养护员每月应及时填报《近效期品种催销表》，并按规定在月后3日内上报质量管理部、业务部。

5.5.2 养护员每季度应对库存药品的质量情况作出分析报告，于本季度后10日内报储运部、质量管理部。

5.5.3 养护员每年应对各库房的温度、湿度情况进行汇总分析，为做好养护工作提供历史资料。

5.6 养护员负责各库养护仪器设备的使用、维护，并作出记录。

5.6.1 养护仪器设备主要包括：空调、温湿度检测仪、除湿机、排风扇和冷冻机组、水分测定仪、分析天平、澄明度检测仪、显微镜、紫外荧光灯、标准比色液。

5.6.2 养护设备的使用由养护员根据库内温湿度的情况进行开启和关闭。保管员可协助养护员完成此项工作。

5.6.3 空调和除湿机每次使用前、后都应检查是否正常，并按规定作出《养护设备使用记录》。

5.6.4 温湿度检测仪每年应进行一次校验或检查，并按规定记录在《计量器具档案》里。

5.6.5 排风扇每月应进行一次检查，检查情况（正常与否）应记录在《设施设备档案》和《设施设备维护、保养记录》中。

5.6.6 冷冻机组每月进行一次检查，检查情况记录在《设施设备档案》和《设施设备维护、保养记录》中，发现问题应提出纠正建议。

5.7　药品养护工作的协调、指导与检查。

5.7.1　养护员应指导保管员对药品进行合理储存，按药品性能分区、分类、分批号。

5.7.2　保管员应按规定做好药品的合理储存，并积极配合专职养护员做好药品养护工作。

5.7.3　结合经营责任制、质量方针、目标考核，储运部、质量管理部每半年应对各库的药品养护工作进行检查、指导、督促，发现问题应及时提出纠正和预防措施，并与奖惩挂钩。

5.8　记录要求。

5.8.1　记录应按规定及时、完整、逐项填写清楚，不得用铅笔填写，不得撕毁或任意涂改。确实需要更改时，应划线后在旁边重写，并在划线处盖上本人图章。

5.8.2　签名、盖章须用全名；记录、签名、盖章均用蓝色或黑色。

5.8.3　在药品养护过程中涉及的各种记录，应按公司有关的规定执行。

活动五　☆药品的保管

1. 药品的一般保管方法

（1）一般药品都应按照药典【贮藏】项下规定的条件进行储存与保管，或根据药品的性质、包装、出入库规律及仓库的具体条件等因地制宜进行，从而确保药品质量正常、数量准确、储存安全。

（2）分类储存药品，做好货位编号及色标管理。

（3）药品堆放整齐，物距合理。药品实行分开摆放，药品与非药品、外用药与其他药品分开存放；中药材和中药饮片分库存放。拆除外包装的零货药品应当集中存放在零货区或零货柜，零货区货架上药品与非药品、外用药与其他药品分开存放。

（4）保持库房、货架的清洁卫生，定期进行扫除和消毒，做好防盗、防火、防潮、防霉、防污染、防虫、防鼠等工作。

（5）建立药品保管账（卡），记载药品进、出、存动态，按季度盘点并检查质量，保管账、卡、货相符。

（6）加强安全防护措施，确保仓库、药品和人身安全。

2. 药品的特殊保管方法

（1）性质不稳定药品的保管方法　影响药品质量的因素主要为阳光、空气、湿度、温度、时间。日光中所含有的紫外线，对药品变化常起着催化作用，能加速药品的氧化、分解等。对药品质量影响比较大的为空气中的氧气和二氧化碳。氧气易使某些药物发生氧化作用而变质；二氧化碳被药品吸收，发生碳酸化而使药品变质。

① 受光线影响而变质药品　凡遇光易引起变化的药品，如银盐、过氧化氢溶液等，为避免光线对药品的影响，可采用棕色瓶或用黑色纸包裹的玻璃器包装，以防止紫外线的透入。

需要避光保存的药品，应放在阴凉干燥、光线不易直射到的地方（门、窗可悬挂遮光用的黑布帘、黑纸，以防阳光照射）。

不常用的怕光药品，可储存于严密的药箱内，存放怕光的常用药品的药橱或药架应以不透光的布帘遮蔽。

见光容易氧化、分解的药物如肾上腺素、乙醚等，必须保存于密闭的避光容器中，并尽量采用小包装。

② 易受湿度影响而变质的药品　对易吸湿的药品，可用玻璃瓶软木塞塞紧、蜡封、外加螺旋盖盖紧。对易挥发的药品，应密封，置于阴凉、干燥处。易风化药品也不宜储存于过于干燥和温度过高的环境，以免失去结晶水，影响剂量准确。

控制药库内的湿度，可设置除湿机、排风扇或通风器，也可辅用吸湿剂如石灰、木炭等。此外，根据天气条件，分别采取下列措施：在晴朗、干燥的天气，可打开门窗，加强自然通风；当雾天、下雨或室外湿度高于室内时，应紧闭门窗，以防室外潮气侵入。

③ 易受温度影响而变质的药品　"室温"指 $0 \sim 30℃$；"阴凉处"或"凉暗处"是指不超过 $20℃$；"冷处"是指 $2 \sim 10℃$。一般药品储存于室温即可。通常，对多数药品储藏温度在 $2℃$ 以上时，温度越低，对保管越有利。

怕冻药品在低温下易变质或冻裂容器，为了防止药品冻结，一般在 $0℃$ 以上库房保存。

④ 易串味的药品　应储存于凉处，与一般药品特别是吸附性药品要隔离存放。易氧化和易吸收二氧化碳的药品应密封保存。

（2）特殊管理药品的保管方法　根据我国有关法律、法规的规定，特殊管理药品是指麻醉药品、精神药品、医疗用毒性药品、放射性药品。

① 麻醉药品和精神药品　麻醉药品和第一类精神药品必须严格实行专库（专柜）保管，二者可存放在同一专用库（柜）房内。专库（柜）必须执行双人双锁保管制度，仓库内须有安全措施，如报警器、监控器。报警装置应当与公安机关报警系统联网。建立麻醉药品、精神药品的专用账册，专人登记，定期盘点，做到账物相符，发现问题，立即报告当地药品监督管理部门。专用账册的保存期限应当自药品有效期满之日起不少于 5 年。

麻醉药品入库前，应坚持双人开箱验收、清点，双人签字入库制度。麻醉药品、第一类精神药品出库时要有专人对品名、数量、质量进行核查，并有第二人复核，发货人、复核人共同在单据上盖章签字。

由于破损、变质、过期失效而不可供药用的品种，应清点登记，单独妥善保管，并列表上报药品监督管理部门，听候处理意见。如销毁必须由药品监督管理部门批准，监督销毁，并由监督销毁人员签字，存档备查，不能随便处理。

麻醉药品的大部分品种，特别是针剂遇光变质，药品库（柜）应注意避光，采取遮光措施。

第二类精神药品经营企业可储存于普通药品库中，应当在药品库房中设立独立的专库或者专柜储存第二类精神药品，并建立专用账册，实行专人管理。专用账册的保存期限应当自药品有效期满之日起不少于 5 年。

② 医疗用毒性药品　医疗用毒性药品必须储存于专用仓库或专柜加锁，并由专人保管。库内需有安全措施，如警报器、监控器，并严格实行双人、双锁管理制度。毒性药品的验收、收货、发货均应坚持双人开箱、双人收货、发货制度，并共同在单据上签名盖章。

毒性药品在建立收支账目、定期盘点，以及对不可供药用的毒性药品的销毁等方面的规定和要求与麻醉药品相同。

③ 放射性药品　放射性药品应严格实行专库（柜）、双人双锁保管，专账记录。出库验发时要有专人对品种、数量进行复查。过期失效而不可供药用的药品，不得随便处理。

放射性药品的储存应有与放射剂量相适应的防护装置；放射性药品置放的铅容器应避免拖拉或撞击。

(3) 贵细药品的保管方法 贵细药品是指货源较少或比较昂贵的药品或中药材、中药饮片。

贵细药品入库应双人逐件验收、称量，储存设专库实行双人双锁保管，库房有安全防盗设施。出库做到双人发货复核，有专账记录，每月盘点，做到账物相符。

贵细中药的管理品种：人参（包括各种国产、进口人参）、西洋参、鹿茸、麝香、牛黄（包括天然、合成）、羚羊角、玳瑁、海马、海龙、冬虫夏草、马宝、狗宝、猴枣、燕窝、哈蟆油、西红花等。上述品种包括原药材和饮片。

(4) 危险药品的保管方法

① 危险品的主要特征及性状

a. 易爆炸品：指受到高热、摩擦、冲击后能发生剧烈反应而产生大量气体和热量，引起爆炸的化学药品，如苦味酸、硝化纤维、硝酸铵、高锰酸钾等。

b. 自燃及易燃烧的药品：如黄磷在空气中能自燃；金属钾、钠遇水后，以及炭粉、锌粉及浸油的纤维药品等极易燃烧。

c. 易燃液体：指引燃点低、易于挥发和燃烧的液体，如汽油、乙醚、石油醚、乙醇、甲醇、松节油等。

d. 极毒品及杀害性药品：氰化物（钾、钠）、亚砷酸及其盐类、汞制剂、可溶性钡制剂等。

e. 腐蚀性药品：如硫酸、硝酸、盐酸、甲酸、冰醋酸、苯酚、氢氧化钾、氢氧化钠等。

② 危险品的保管方法 此类药品应储存于危险品库内，不得与其他药品同库储存，并远离电源，专人负责保管。如少量危险品必须与其他药品同库短期储存时，亦应保持一定的安全距离，隔离存放。危险品应分类堆放，特别是性质相抵触的物品（如浓酸与强碱）。灭火方法不同的物品，应该隔离储存。

氧化剂保管应防高热、日晒，与酸类、还原剂隔离，防止冲击摩擦。钾、钠等金属应存放于煤油中；易燃品、自燃品应与热隔绝，并远离火源，存放于避光阴凉处。

危险品库内应有通风降温设备。堆垛应稳固，不宜过高、过密，垛与垛之间、垛与墙壁之间，应该留出一定的间距、通道和通风口，以减少隐患。

注意安全操作，搬运时应轻拿轻放，防止震动、撞击、摩擦、重压和倾倒。在室内禁用铁器开箱或敲打，不得穿钉鞋入库出库。金属容器应避免拖拉或撞击。收发货时，开箱、整装、打包等工作应另辟专室进行。

危险品的包装和封口必须坚实、牢固、密封，并应经常检查是否完整无损和无渗漏，出现异常情况必须立即进行安全处理。

危险品库应严禁烟火，不准进行明火操作，并应有消防安全设备（如灭火机、沙箱等）。

(5) 效期药品的保管方法 药品的有效期是指药品在规定的储存条件下，能够保持质量合格的期限。有些药品因其性质或效价不稳定，尽管储存条件适宜，时间过久也会逐渐变质、失效。效期药品应按批号储存，按效期远近依次堆码，近效期的药品应挂示意醒目的效期标志。

计算机系统应对库存药品的有效期进行自动跟踪和控制，自动生成效期报表。药品的有效期在六个月以内为近效期，计算机系统应能对近效期库存药品自动预警。要建立近效期药品月报制度和设置专用卡片（表 4-10，表 4-11）。严格执行先进先出、近期先出、易变先出的原则，对有效期不到半年的药品不得验收入库。近效期药品每月应填《近效期药品催销表》（表 4-12）上报给业务部和质量管理部。

表 4-10　近效期药品示意卡片

品名	
规格	
数量	
效期	
批号	
货位	

表 4-11　近效期药品示意表

有效期至：　　　年

品名	批号	1 月	2 月	3 月	4 月	5 月	6 月	7 月	8 月	9 月	10 月	11 月	12 月

注：1. 在有效期截止的月份栏内打"√"即可。

2. 近效期药品均要填入该表。

表 4-12　近效期药品催销表

年　　月　　日

品名	规格	单位	数量	件数	仓库	货位号	批号	有效期	生产企业	备注

仓库负责人：　　　　　　　　　　　　　　　　保管员：

本联为：□留存　□业务　□质管　□企业领导

对已过有效期的药品应严格控制，及时移入不合格品库。采用计算机系统对库存过期自动锁定、停售。已过有效期药品的处理、报损和销毁应按不合格药品的规定执行，手续齐全，记录完整。

知识拓展

药品有效期的规定

药品标签中的有效期应当按照年、月、日的顺序标注，年份用四位数字表示，月、日用两位数表示。其具体标注格式为"有效期至××××年××月"或者"有效期至××××年××月××日"；也可以用数字和其他符号表示为"有效期至××××.××."或者"有效期至××××/××/××"等。预防用生物制品有效期的标注按照国家药品监督管理局批准的注册标准执行，治疗用生物制品有效期的标注自分装日期计算，其他药品有效期的标注自生产日期计算。有效期若标注到日，应当为起算日期对应年月日的前一天，若标注到月，应当为起算月份对应年月的前一月。

某化学药品生产日期为 2019 年 09 月 20 日，有效期 2 年。若有效期标到月，可以标注为有效期至 2021 年 08 月，或有效期至 2021/08 或 2021.08。若有效期标到日，可以标注为有效期至 2021 年 09 月 19 日，或有效期至 2021/09/19 或 2021.09.19。

某化学药品有效期为有效期至 2021 年 09 月，则表示该药品可以使用到 2021 年 09 月 30 日。某化学药品有效期为有效期至 2021 年 09 月 16 日，则表示该药品可以使用到 2021 年 09 月 16 日。超过有效期的药品为劣药。

（6）退货药品的保管方法 药品经营企业对销后退回的药品，凭销售部门开具的退货凭证收货，存放于退货药品库（区）。退货的危险品及有存储温度要求的药品按规定存入相应的库（区）内，并悬挂黄牌标识。

退货的药品由专人保管，并做好退货记录。

对所有退回的药品，应按采购药品的进货验收、检验的标准和验收操作进行验收，并将验收情况及时、如实登入《退货药品处理情况记录》。退货记录和凭证包括《退货通知单》（表 4-13）、《销后退货药品台账》（表 4-14）、《退货来函》等。退货记录至少保存 5 年。

销后退货药品经质量管理部确认为合格药品的，由保管人员记录后方可存入合格品库（区）内。不合格药品由保管人员记录后方可存入不合格品库（区）内。

表 4-13　退货通知单

退货单位		退货提出方式		退货日期		
品名		规格		数量		
生产企业		生产批号		有效期		原购货日期
退货原因						
业务部门意见						
			负责人(签章)：　　　年　　月　　日			
质量管理部门意见						
			负责人(签章)：　　　年　　月　　日			
主管领导意见						
			负责人(签章)：　　　年　　月　　日			
			经手人(签章)：　　　　　　(公章)			
			填报日期：　　年　　月　　日			

注：本表一式六联，1 填报部门存根，2 要求退货单位，3 仓储部门，4 业务部门，5 质量管理部门，6 财会部门。

表 4-14 销后退货药品台账

仓库号：

序号	日期	退货单位	药品名称	生产企业	规格	单位	数量	批号	有效期	退货原因	验收结果	处理结果	经办人	保管员

（7）中药材、中药饮片的保管与养护 按照不同品种养护目的不同和季节的变化，企业应在养护过程中采取有针对性的合理措施。中药饮片库房一般要求干燥通风，避免日光直射，室内温度不超过 20℃，相对湿度 35％～75％，饮片含水量控制在 13％以下（特殊饮片除外）。

为防止霉变腐败，可采取晾晒、通风、干燥、吸湿、熏蒸、盐渍及冷藏等方法。为防止虫害，可采取暴晒、加热、冷藏、药物熏蒸等方法。为防止药性挥发，可采取密封、降温等方法。为防止变色、泛油，可采取避光、降温等方法。对包装严密的中药饮片，不宜采用熏蒸、加热等方法，应采用冷藏、避光等有效的养护措施。

① 对含淀粉多的药材，如泽泻、山药、葛根、黄芪等切成饮片后要及时干燥，储存在通风、干燥、阴凉处，防虫蛀、防潮。

② 对含挥发油多的药材，如薄荷、当归、木香、川芎等切成饮片后，干燥温度小于 30℃，如大于 30℃则损失有效成分，储藏时环境温度不能太高，否则易散失香气或泛油，温度太高易吸湿霉变和虫蛀，应置阴凉干燥处保存。

③ 对含糖分及黏液质较多的饮片，如肉苁蓉、熟地黄、天冬、党参等，炮制后不易干燥，在温度高湿度大的环境极易变软发黏，易被污染，应防霉、防虫蛀，置通风干燥处储藏。

④ 种子类药材经炒制后增加了香气，如紫苏子、柏子仁、莱菔子、薏苡仁等，应储藏于缸、罐中封闭保管，防虫害及鼠咬。

⑤ 凡酒制饮片，如当归、常山、大黄等，醋制饮片，如芫花、大戟、香附、甘遂等均储于密闭容器中，置阴凉处。

⑥ 凡盐炙的饮片，如泽泻、知母、车前子、巴戟天等，很容易吸收空气中的湿气，易受潮变软，若温度高，其中水分散失则盐析出，储于密闭容器内，置通风干燥处以防受潮。

⑦ 经蜜炙的饮片，如款冬花、甘草、枇杷叶等，炮制后糖分大，较难干燥，特别容易受潮变软或粘连成团且易被污染、虫蛀、霉变及鼠咬，应储于缸、罐内，尽量密闭以免吸潮，置通风干燥处保存养护。

⑧ 某些矿物类饮片，如硼砂、芒硝等在干燥空气中，容易失去结晶水而风化，故应储于密封的缸、罐中，置于阴凉处养护。

> **知识拓展**
>
> **家庭药品保存 7 招**
>
> 当我们需要用药时，却发现有些药品因保存不当而变质失效，结果只能"望药兴叹"。其实，学会药品保存方法，完全可以避免这些不必要的损失。现在，许多家庭都

会设立小药箱，储备一些常用药，以备不时之需。然而，如果不注意科学合理地保存药品，就可能在打开药箱找药时遍寻不着，或发现一些药品过期、变质，或因弄丢说明书无法用药。因此，要想真正发挥小药箱的功用，以下 7 招药品保存方法不可不知。

第 1 招：原封不动。药品最好保留原包装，这样便于识别，便于掌握用法、用量。如果不方便使用原包装，最好选用干净的小瓶盛装，将药物的名称、服法、剂量等清楚地写在胶布上，然后贴在包装瓶上。用剩的药如不想保存，应在丢弃前把药物从包装中倒出，防止他人误食误用。

第 2 招：建药品档案。建一张药品明确卡，将药品分门别类。可先将储备药品分内服、外用两大类；再按药品名称、用途、用法、用量、注意事项、失效期等制成表单。一旦需要即可查表，能起到方便、安全用药的作用。

第 3 招：避光。西药大部分是化学制剂，而阳光能加速药物的变质，特别是维生素类、抗生素类药物，见光后都会变色，导致药效降低，甚至变成有毒的物质。因此，储存药物要注意避光。

第 4 招：控温。药物的化学反应随温度的上升而加快。因此，药品应放在家中最阴凉处，避免变质。

第 5 招：防潮。有些药物极易吸收空气中的水分，从而水解失效。如干酵母、维生素 B_1 片、复方甘草片等，最好将此类药物放在密闭的容器里，用后塞紧瓶盖。

第 6 招：防意外。将药品放在安全可靠的地方，不要让儿童拿到，以免其偷服、误服而发生中毒。家庭用的消毒、灭蚊、灭蟑类药物，决不能同家庭储备的药品混放，以免发生意外。

第 7 招：注意失效期。经常查看药品是否超过有效期或变质。如储备药品出现以下情况，则不能再用：片剂产生松散、变色；糖衣片的糖衣粘连或开裂；胶囊剂的胶囊粘连、开裂；丸剂粘连、霉变或虫蛀；散剂严重吸潮、结块、发霉；眼药水变色、浑浊；软膏剂有异味、变色或油层析出等。

任务三

药品的冷链储藏

任务目标　熟悉经营冷藏、冷冻药品的设施设备要求。
熟知冷藏、冷冻药品的储藏与养护。

药品的冷链储藏

活动一　☆资料分析

某公司冷链药品管理制度

【目的】　根据《药品经营质量管理规范》的要求，建立公司冷链药品经营管理制度，对公司冷链药品经营全过程进行管理，确保经营冷链药品的质量。

【范围】　各部门。

【内容】

经企业负责人任命，质量负责人为冷链药品管理负责人，全面负责冷链药品质量管理工作。

公司冷链药品管理制度有：收货验收、储存、包装、发货、运输、验证、委托第三方运输、培训、质量考核及突发事件应急响应等共十项规定，部分如下。

（1）冷链药品储存的规定

① 公司经营的冷链药品，验收合格后储存于公司冷库内。冷库必须经验证合格后使用。

② 储存药品按药品的品种、批号分类码放，不同批号的药品不得混垛，垛间距不小于5厘米，与库房内墙、顶、温度调控设备及管道等设施间距不小于30厘米，与地面间距不小于10厘米。冷库内制冷机组出风口100厘米范围内以及高于冷风机出风口的位置不得码放药品。

③ 公司冷库内设置有收货、验收、储存、拆零、装箱、发货及包装物料预冷等区域，各区域有明显标示。

④ 冷库内应配有符合要求的、有效的温度控制系统，24小时温度范围是2.0～8.0℃。

⑤ 冷库的温湿度自动监测系统应具备温度上下限超标、制冷设备故障、断电等不正常状态的报警功能，报警应同时采用就地及指定地点声光报警及指定人群手机短信方式。

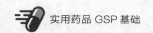

⑥ 拒收而不能及时退出的冷藏药品应保存采集到的温度数据，将药品存放于冷库中标示待处理状态，报质量管理部处理。

（2）冷链药品养护的规定

① 冷链药品在库储存期间，按照公司药品养护管理制度要求，养护员必须按照重点品种进行养护检查，对冷库运行进行监测，负责管理并确保冷链系统的正常运行。

② 药品养护员应每天定时检查冷库温度的情况，从冷库外显示屏读取数据，做好记录。同时对冷藏库温度监控系统的监测情况进行检查，从计算机系统读取数据，存盘备查。发现温度异常情况，应及时报告储运部和质量管理部，查明原因及时处理。

③ 药品养护员对冷库温度自动监控设备运行情况进行检查并记录。药品储存期间发生温湿度超出规定范围的情况，应当及时采取有效措施进行调控，防止温湿度超标对药品质量造成影响。

冷库运行期间，温度采取实时、连续、自动监测，每次温度记录、数据采集的间隔时间不超过 10 分钟。

④ 冷库温度自动监测布点应经过验证，确认符合药品冷藏要求，要求至少能监测到冷库最低温度点和最高温度点。

⑤ 自动温度记录仪器的温度监测数据，要做到可导出和不可更改，记录保存 5 年。

⑥ 冷库报警系统设计应性能可靠，符合温度超限报警、关键设备故障报警、数据传输失败报警等要求。养护员应定期对报警系统进行测试并保存测试记录，以保证系统正常运转。

⑦ 每年至少一次对自动温度记录仪器、温度自动监控及报警装置等设备进行校验，保持准确完好。

⑧ 养护员建立冷链设备档案和清单，详细记录设备名称、生产厂家、购买日期、使用状况、设备来源、设备保管人、维修服务商等内容，长期保存设备使用说明书。

⑨ 公司冷藏箱、保温箱应放置在干燥、通风、避免阳光直射、远离热源之处，使用后的蓄冷剂、冰排要存放于冷柜中冷冻。

⑩ 对冷库及冷库的制冷机组、运输车辆，要制订维护、维修计划，并将计划执行情况予以记录；对保温性能的密封性和紧固性进行检查、维修。

⑪ 冷链药品养护记录保存 5 年。

（3）冷链药品包装的规定

① 公司冷链药品发货操作流程，应张贴于作业场地的明显位置，包装材料应清洁、保温，以保障药品质量及控温要求。

② 冷链药品的备货、拆零、拼箱、包装装箱应在符合规定的温度下进行。

③ 装载冷链药品前，需要使用包装材料时，包装材料应事先预冷 10～20 分钟后才能使用。包装材料应符合安全无毒、轻质保温的要求。冷藏箱、保温箱要预冷至符合规定的温度范围内。

④ 公司采用冷藏箱及保温箱装载冷链药品，箱内药品采用清洁的包装材料包装完好，摆放平稳牢固。

⑤ 冷链药品不得直接接触控温物质，防止对药品质量造成影响，控温物质应适当、适量。

（4）冷链药品发货的规定

① 冷链药品发货前备货、拆零拼箱应在规定区域和规定温度下进行。

② 冷链药品的发货、装载不允许在阳光直射、热源设备附近或其他可能会提升周围环

境温度的位置进行。

③ 公司配置经过验证合格的冷藏箱及保温箱装载冷链药品，并根据药品数量、运输距离、运输时间、温度要求、外界温度等情况进行选择。

④ 药品发运前应逐件检查冷链药品是否完好，原有包装是否有保温措施，药品装箱前，冷藏箱或保温箱要事先连接和启动车辆冷藏动力电源和温度监测设备，保温箱内启动温度记录设备，对箱内温度开始实时监测和记录后，将箱体密闭。

（5）冷链药品突发事件应急处理的规定

① 公司成立以质量负责人为组长的冷链药品应急管理小组，组员有：质量负责人、储运部经理、质量管理员和运输员。管理小组要遵守"科学预案、统一指挥、快速应对、及时处理"的工作原则，有效预防和妥善处置突发事件。

② 公司冷库遇停电、电路损坏或冷风机组运行异常时，养护员应第一时间通知维修员，根据情况联系原合作单位的技术人员对冷库及相关设备进行迅速排查，解除异常情况，使冷库恢复正常的工作状态。

③ 养护员可暂用冰块、冰排等维持冷库温度，在冷库验证结果规定的时间内，完成对冷库的修复正常工作。整个过程，养护员要密切关注库内温度变化并做好记录。

> **知识拓展**
>
> 冷藏药品指对药品储藏、运输有冷处、冷冻等温度要求的药品。冷处指温度符合2～10℃的储藏运输条件。冷冻指温度符合−25～−10℃的储藏运输条件。

> **想一想**
>
> 若冷藏药品的实际储藏温度与规定温度不符，对药品的质量有什么影响？

活动二　冷藏、冷冻设施设备要求

企业应当按照GSP的要求，配备相应的冷藏、冷冻储运设施设备及温湿度自动监测系统，并对设施设备进行维护管理。

（1）有与其经营规模和品种相适应的冷库，经营疫苗的应当配备两个以上独立冷库；冷库设计符合国家相关标准要求；冷库具有自动调控温湿度的功能，有备用发电机组或双回路供电系统。

（2）按照企业经营需要，合理划分冷库收货验收、储存、包装材料预冷、装箱发货、待处理药品存放等区域，并有明显标示。验收、储存、拆零、冷藏包装、发货等作业活动，必须在冷库内完成。

（3）冷藏车具有自动调控温度的功能，其配置符合国家相关标准要求；冷藏车厢具有防水、密闭、耐腐蚀等性能，车厢内部留有保证气流充分循环的空间。

（4）冷藏箱、保温箱具有良好的保温性能；冷藏箱具有自动调控温度的功能，保温箱配备蓄冷剂以及与药品隔离的装置。

（5）冷藏、冷冻药品的储存、运输设施设备配置温湿度自动监测系统，可实时采集、显示、记录、传送储存过程中的温湿度数据和运输过程中的温度数据，并具有远程及就地实时

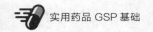

报警功能，可通过计算机读取和存储所记录的监测数据。通过预先设置的温湿度上下限，若环境温湿度超限，系统可自动报警，通知管理人员及时采取措施（图 4-3）。

图 4-3　设置温湿度报警阈值

（6）定期对冷库、冷藏车以及冷藏箱、保温箱进行检查、维护并记录。

活动三　冷藏、冷冻药品的储藏与养护

企业经营冷藏、冷冻药品的，应当按照 GSP 的要求，在收货、验收、储存、养护、出库、运输等环节，根据药品包装标示的储藏要求，采用经过验证确认的设施设备、技术方法和操作规程，对冷藏、冷冻药品储存过程中的温湿度状况、运输过程中的温度状况，进行实时自动监测和控制，保证药品的储运环境温湿度控制在规定范围内。

（1）冷藏药品储藏的温度应符合冷藏药品说明书上规定的储藏温度要求。

（2）储藏冷藏药品时应按冷藏药品的品种、批号分类码放。冷藏、冷冻药品的码放应当符合以下要求。

① 冷库内药品的堆垛间距，药品与地面、墙壁、库顶部的间距符合 GSP 的要求；冷库内制冷机组出风口 100 厘米范围内，以及高于冷风机出风口的位置，不得码放药品。

② 冷藏车厢内，药品与厢内前板距离不小于 10 厘米，与后板、侧板、底板间距不小于 5 厘米，药品码放高度不得超过制冷机组出风口下沿，确保气流正常循环和温度均匀分布。

（3）企业应当由专人负责对在库储存的冷藏、冷冻药品进行重点养护检查。药品储存环境温湿度超出规定范围时，应当及时采取有效措施进行调控，防止温湿度超标对药品质量造成影响。

任务四

药品的出库管理

任务目标 熟知药品的出库原则及出库复核的管理。
熟知药品出库复核的注意事项。

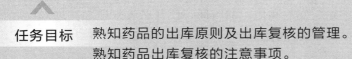

1. 案例 4-4　泗县疫苗事件

安徽泗县大庄镇多名中小学生因集体接种浙江普康生物技术股份有限公司生产的甲肝疫苗发生群体性反应。经中国药品生物制品检定所检验，结论是安徽集体接种所用疫苗的检验结果合格。泗县疫苗事件中的甲肝疫苗都来自浙江普康生物制品有限公司。普康公司销售环节存在问题，把疫苗卖给了没有资质的经销商，大庄镇防保所从该经销商进了 3000 只疫苗，然后防保所把疫苗推销给学校。疫苗必须使用－20℃的冷藏车来运输，但是这 3000 只疫苗用一辆普通的救护车放点冰就运了回来，而且当天的气温高达 30℃以上，运输用了 3 个多小时的时间。

2. 案例 4-5

某市药监局稽查支队曾破获一起大案——高温运输 16 万人份的狂犬疫苗（本应冷链储运）。在某运输公司普通货物仓库内发现大量药品，共 17 卡车；在某商储公司发现更多药品。按规定，这些药品在储运存放时都有严格的低温要求，但存放地的实际温度在 35℃以上，不符合规定，影响了药品尤其是大输液类药品的质量。

想一想

分析以上案例，填表 4-15。

表 4-15　药品出库与运输

分析主题	分析结果
1. 药品的出库与运输是否合法	
2. 药品的运输条件是否符合要求	
3. 其行为给消费者带来的隐患有哪些	

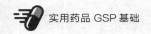

药品出库应遵循"先进先出"、"先产先出"、"近期先出"、"易变先出"和按批号发货的原则。

"先进先出"是指同一品种药品的进货,按药品进库的顺序出库。药品经营企业进货渠道较多,同一品种不同厂家的进货较为常见,加之库存量大,堆垛分散,如不按"先进先出",就有可能先进库的药品未发,而后进库的药品先发,时间一长,库存较久的药品就易变质。因此,坚持"先进先出"可使不同厂家的相同品种都能做到"先产先出",保存库存药品的轮换。

"先产先出"是指同一规格药品,根据其生产日期的不同,应优先选择先生产的药品出库。做到"先产先出",有利于库存药品的不断更新。

"近期先出"是指同一规格药品,根据其有效期的不同,应优先选择接近有效期的药品出库。所谓"近失效期",还应包括调运、发放和使用的时间,使其在失效期之前进入流通领域和使用者手里。保管员在选择和确定出库的药品时,如果"先产先出"与"近期先出"出现矛盾,应首先遵循"近期先出"的原则。

"易变先出"是指同一药品,对不宜久存、易于变质的尽先出库。有的药品虽然后进库,但由于受到阳光、空气、湿度、温度等外界因素的影响,比先进库的药品易于变质。在这种情况下,则不是按"先产先出",应根据药品的质量情况将易霉、易坏、不宜久存的药品尽先出库。

药品出库必须经发货、复核手续方可发出。出库复核是医药商业企业仓储管理中"把三关"的最后一关,是药品出库前的最后一道核对手续。药品出库复核的简要工作流程如下:保管员发货、复核员复核(包括药品复核和装箱待运)、出库运输。

(1)仓储部按照销售订单通知保管员发货,保管人员接到出库凭证(表 4-16)后,逐一核对收货单位、发票印鉴、开票日期(即"三查"),核对货号、品名、规格、生产厂家、数量及发货日期(即"六对"),检查是否做到"先产先出、近期先出"和按批号发货。按其所列项目审查无误,先核销实物卡片上的存量,然后按单从货位上提取药品,按次序排列于待运货区。保管员按发货单发货完毕后,在发货单上签字,将药品交复核员复核。

表 4-16 药品出库单

_____有限公司销售清单

购货单位: 　　　　　　　　日期: 　　　　　　　　　　单据编号:

药品编号	药品名称	生产厂商	药品规格	单位	数量	单价	金额	批号	有效期至	质量情况
1										
2										
3										
4										

药品编号	药品名称	生产厂商	药品规格	单位	数量	单价	金额	批号	有效期至	质量情况
5										
6										
7										
8										
9										
10										
11										
合计	大写：					小写：				

制单　　　　　　　保管员　　　　　　发货员　　　复核员　　　　　　发货单位盖章

（2）复核员必须按发货清单逐品种、逐批号对药品进行质量检查和数量、项目的核对，并检查包装的质量状况等。对出库药品逐批复核后，复核人员应在发货单上签字。出库复核员完成出库复核操作后，计算机系统应自动生成出库复核记录，同时生成"随货同行单"。复核记录的内容（表 4-17）应包括：购货单位、药品通用名称、剂型、规格、数量、批号、有效期、生产厂商、出库日期、质量状况和复核人员等内容。随货同行单（票）上加盖企业药品出库专用章原印章。直调药品出库时，由供货单位开具两份随货同行单（票），分别发往直调企业和购货方。

表 4-17　药品出库复核记录

销售日期		品名	剂型	规格	单位	数量	生产企业	生产批号	有效期	购货单位	质量状况	发货人	复核人	备注
月	日													

（3）编配包装，整包装药品可以直接运输，零星药品需要集中装箱。装箱一定要按包装要求进行，特别是拼装药品，要注意药品的性质，以保证安全。包装妥善后，在出库凭证上填写实发数，整箱注明包装情况，零箱注明箱号，并计算件数、毛重、体积，向业务部门点交，由运输人员按照运送要求，分单位集中进行发运准备。

（4）发出的药品，经清点集中后，要及时办理交接手续。

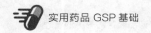

活动四 ☆药品出库复核的注意事项

1. 不得出库的情况

发现以下情况不得出库，在计算机系统进行锁定，并报告质量管理部门处理：

（1）药品包装出现破损、污染、封口不牢、衬垫不实、封条损坏等问题；

（2）包装内有异常响动或者液体渗漏；

（3）标签脱落、字迹模糊不清或者标识内容与实物不符；

（4）药品已超过有效期；

（5）其他异常情况的药品。

2. 药品的拼箱发货与包装

（1）药品拼箱发货的代用包装箱应当有醒目的拼箱标志，注明拼箱状态，防止混淆。拼箱的箱体外侧，要标识出箱内所有品种的批号、数量明细，便于收货和验收。代用包装未填满时，采用无污染的纸板或泡沫填充。代用包装应防止药品被污染。

（2）应按照药品的质量特性、储存分类要求、运输温度要求进行拼箱发货：药品与非药品分开、特殊管理药品与普通药品分开、冷藏和冷冻药品与其他药品分开、外用药品与其他药品分开、药品液体与固体制剂分开，拼箱的冷藏、冷冻药品的温度要求应一致。尽量将同一品种的不同批号或规格的药品拼装于同一箱内；若为多个品种，应尽量分剂型进行拼箱；若为多个剂型，应尽量按剂型的物理状态进行拼箱。

（3）拼箱药品应防止在搬运和运输过程中因摆放松散出现晃动或挤压。

3. 特殊管理药品的出库复核

（1）在特殊药品仓库的指定区域内严格复核，严防发错、避免丢失。待运期间应摆放在指定的区域，区域应该相对封闭，不得与其他药品混放。

（2）麻醉药品、一类精神药品、医疗用毒性药品、药品类易制毒化学品出库时应双人复核。第二类精神药品、蛋白同化制剂、肽类激素应是双人复核。

4. 冷藏、冷冻药品的装箱、装车作业要求

（1）车载冷藏箱或者保温箱在使用前应当达到相应的温度要求。

（2）应当在冷藏环境下完成冷藏、冷冻药品的装箱、封箱工作。

（3）装车前应当检查冷藏车辆的启动、运行状态，达到规定温度后方可装车。

（4）启运时应当做好运输记录，内容包括运输工具和启运时间等。

想一想

填表 4-18。

表 4-18　药品出库原则与程序

分析主题	分析结果
1. 药品出库的原则	
2. 药品出库的基本程序	
3. 药品出库的注意事项	

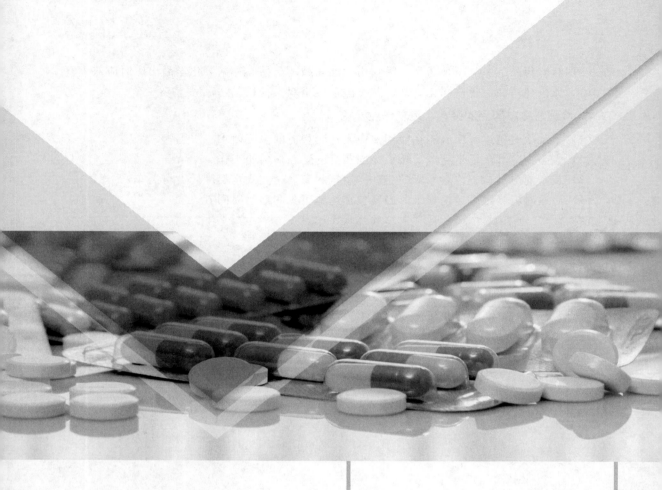

项目五

药品的运输与配送管理

项目
说明

本项目共完成三个任务，任务一从几个实际案例出发，使同学们了解药品运输与配送对药品质量的影响，了解药品运输工具的要求和选择依据，熟知运输的原则和要求；任务二使同学们掌握药品的冷链运输管理；任务三使同学们了解药品的委托运输，委托运输单位的审核以及委托运输记录的填写。

任务一

运输与配送的药品质量安全

任务目标 了解药品运输与配送过程对药品质量安全的影响。

熟悉药品运输工具的要求和选择依据。

熟知药品运输的原则和要求。

熟悉特殊管理药品的运输要求。

活动一 案例分析

1. 案例 5-1 药品运输的"潜规则"

某一非药品销售公司的部门经理李某到市区的几家货运站托运货物，发现竟然有好几家货运站把他们公司的货物和药品堆放在一起运输。由于平时很少去货站提货，所以当李某看到此场景时，显得十分惊讶。而他的同事则告诉李某："这样的事儿很常见。"

在李某的印象里，药品存放的温度、湿度和运输都应该是很严格的。所以当他在货运站看到满地堆放的药品风吹日晒，装车后和农药、化工品等随意一起堆放，这种行为难以保证药品安全。

李某所看的虽属个别现象，但在一定程度上也反映出了目前医药物流中所存在的问题。由于设备和人力的不足，更是为了节省费用，将药物与普通货物一起运输已成为"潜规则"。这也是国内药品运输仍主要依靠生产或流通企业自建配送系统的原因。（案例来源：中国物流产业网）

2. 案例 5-2 高温运输药品

一辆邮政车向医疗机构和药店分送药品。当天的气温是36℃，药品从出发至各个分送点，顺利的话需要6～7小时。车辆受着太阳的暴晒，车厢是封闭的，没有通风、降温设施，打开车门一股热浪扑面而来，车厢温度至少有40℃。经询问，车主无法提供药品清单，并说明此车是邮政专车，与发货公司签订了协议，他们只管药品的件数，而不管药品的品种数量等。邮政车受邮政法保护，不能开封检查，执法人员遇到了尴尬。不管什么理由，40℃以上的高温状态下几个小时的运输，任何药品都受不了。（案例来源：《中国食品药品监管》）

131

议一议

通过以上两个案例，讨论案例造成的后果及解决措施，填表 5-1。

表 5-1　药品运输讨论表

分析主题	分析结果
1. 你对这些案例有什么感想	
2. 这些药品运输管理造成的后果是什么	
3. 你认为如何避免	

活动二　☆药品的运输工具

议一议

请大家想一想我们在日常生活中见到的药品运输工具有哪些？讨论一下，它们是否符合药品运输的要求？

1. 药品运输工具的选择依据

药品运输是指药品借助于运输载体（即运输工具），实现药品的转移工作。

《药品经营质量管理规范》第一百零一条规定：运输药品，应当根据药品的包装、质量特性并针对车况、道路、天气等因素，选用适宜的运输工具，采取相应措施防止出现破损、污染等问题。

一般药品运输

应根据药品的质量特性选择合适的运输工具，如：冷藏冷冻药品应采用冷藏车、冷藏箱或保温箱等运输工具；特殊管理药品的运输工具应符合国家有关特殊管理药品的规定。当然，同时还要结合运输药品的季节确定运输工具。

一般药品运输
配送注意事项

2. 药品运输工具的要求

《药品经营质量管理规范》第一百零二条规定：发运药品时，应当检查运输工具，发现运输条件不符合规定的，不得发运。运输药品过程中，运载工具应当保持密闭。

药品运输应使用密闭的运输工具，运输工具密闭是指车厢体应当整体封闭、结构牢固、货厢门严密可锁闭（图 5-1），可有效防尘、防雨、防遗失。

运输工具要有防晒、防雨、防虫等设施设备，保证药品运输过程中的质量，运输工具应符合卫生要求。铁路运输不得使用敞车；水路运输不得配装在仓面；公路运输应遮盖严密、捆扎牢固，防止破损、污染及混药事件发生。

活动三　☆药品运输管理制度

企业应当按照质量管理制度的要求，严格执行运输操作规程，并采取有效措施保证运输过程中的药品质量与安全。

图 5-1　厢式密闭货车

1. 药品运输的原则

运输药品，应按照"及时、准确、安全、经济"的原则，根据国家有关药品运输的各项规定，合理组织运输工作和运输力量，在药品能安全到达的前提下，选择最快、最好、最省的运输办法，努力压缩待运期。

2. 药品运输的要求

（1）药品运输要从有利于保证药品质量、有利于市场供应出发，采取综合对比方法对各条运输路线、各种运输工具、时间、环节、安全程度等进行分析比较，从中找出最合适的方案。

（2）药品运输时，针对运送药品的包装条件及道路状况，采取相应措施，防止药品的破损和混淆，还应根据药品理化性质选择合适的运输方式。

（3）药品运输过程中要轻装轻卸，杜绝野蛮装卸。

（4）药品运输要合理堆码，妥善苫垫，在堆码时应注意堆放高度和宽度限制，并注意分类堆放。

（5）药品中转运输过程中应保证包装牢固，标识清楚。

（6）如果发现药品有残缺、散漏、污染、短少、批次混乱等情况，应及时反映给供货单位。

（7）特殊管理药品的运输按照国家有关规定执行，在运输过程中有完善的保证药品安全的措施。

（8）药品运输过程中各种手续必须完整，责任分明，防止发生事故，提高药品运输质量。各种凭证字迹清楚，项目齐全，单位相符，交接手续完备。

（9）运输有温湿度要求的药品，应根据季节变化采取相应的保暖或冷藏措施。

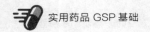

【附】

某企业药品运输标准操作程序

药品运输管理程序

编号:SOP-CK--02-00	生效日期:		年 月 日
起草:	部门审核:	质量部审核:	批准:
日期:	日期:	日期:	日期:
分发部门:质量管理部、物流部			第1页 共 页

1 适用范围

本标准适用于所有中西成药运输的管理。

2 职责

运输员:负责运输过程中药品质量保证,文明装卸药品,避免产生损坏。

物流部经理:负责本程序的执行与监督。

质量管理部:负责指导和监督药品运输过程中的质量工作。

3 内容

3.1 出库交接

3.1.1 出货时,仓管员与运输员依据《销售发货单》交接各种单据。

3.1.1.1 发票原件及发票签收单。

3.1.1.2 同批号检验报告。

3.1.1.3 《销售发货单》。

3.1.1.4 《进口药品注册证》。

3.1.2 运输员当面核实品名、规格,清点数量,查看包装是否完好、封箱是否牢固,有无异样。严禁包装有破损或大件包装未封口的货物出库。

3.1.3 运输员经查无误、确保单货相符后,在《销售发货单》上签章确认。

3.2 药品装车

3.2.1 药品装卸时,禁止在阳光下停留时间过长或下雨时无遮盖放置。

3.2.2 搬运、装卸药品应轻拿轻放,严格按照外包装图示标志要求堆放和采取防护措施,保证药品的安全。

3.2.3 药品装车后,应堆码整齐、捆扎牢固,防止药品撞击、倾倒,检查药品包装,不得倒置。

3.2.4 运输药品的车,不得装卸对药品有损害的物品,不得将重物压在药品的包装箱上。

3.3 药品的运输

3.3.1 司机须谨慎驾驶,避免导致药品损坏的不安全因素。

3.3.2 车辆运输时,必须覆盖严密,禁止敞篷运输。

3.3.3 运输药品应针对运送药品的包装条件及运输道路的情况,采取必要措施,防止药品破损。

3.3.4 对温度有要求的药品,应根据运输时的气候温度及其变化采取必要的保温或冷藏措施。

3.3.4.1 对需在阴凉库保存的药品运输时,应事先将运输车辆开足空调,使车内温度与药品储存条件尽量一致。

3.3.4.2　对冷藏储存的药品运输时，应在包装箱内加装干冰。

3.3.5　在运输途中发生质量或数量问题由运输员负责。

3.3.6　运输员负责搬运药品送至客户，搬运造成的损失由运输员承担。

3.4　客户交接

3.4.1　在客户接货时，运输员向客户交接药品及单据，同时检查装箱的封条是否有异样变化。

3.4.2　如有异样，即时与仓库联系，查清事实，写清经过，双方签字作证。

3.4.3　客户验收人在货单上签字，留存一联，运输员带回"顾客签收回单联"交仓管员存档。

活动四　　☆特殊管理药品的运输

发运特殊管理的药品必须按照《麻醉药品和精神药品管理条例》《麻醉药品和精神药品运输管理办法》《医疗用毒性药品管理办法》《放射性药品管理办法》等有关规定办理，应尽量采取集装箱或快件方式，尽可能直达运输，减少中转环节。麻醉药品和第一类精神药品，铁路运输时应当使用集装箱或者铁路行李车；道路运输时必须采用封闭式车辆，有专人押运，中途不应停车过夜；水路运输时应有专人押运。铁路、民航、道路、水路承运单位承运麻醉药品和精神药品时，应当及时办理运输手续，尽量缩短货物在途时间，并采取相应的安全措施，防止麻醉药品、精神药品在装卸和运输过程中被盗、被抢或丢失。

知识拓展

特殊要求的药品运输

1. 有温度要求的药品的运输

对有温度要求的药品的运输，应根据季节温度变化和运程采取必要的保温或冷藏措施。

（1）怕冻药品的运输　应根据实际情况，拟定各地区的防寒发运期，以保证怕冻药品的安全运输。

在防寒发运期前，怕冻药品应按先北方后南方、先高寒地区后低寒地区的原则提前安排调运。

在防寒发运期间，怕冻药品的发运，如不加防寒包装，水运只发直达港，铁路以保温车为主。保温车发运时，应有押运员押送，注意安全措施。怕冻药品的发货单及有关运输单据上应注明"怕冻药品"字样。

（2）怕热药品的运输　根据各地区夏季气温的情况，按照怕热药品对温度的要求，分别拟定具体品种和怕热发运期限。

在怕热药品发运期前，怕热药品应按先南方后北方、先高温地区后一般地区的原则尽可能提前安排调运。

在怕热药品发运期间，对温度要求严格的药品（如要求储藏在15℃以下的品种）应暂停开单发运，如少量急救或特殊需要，可发快件或空运，或在运输途中采取冷藏措施。怕热药品的发货单上应注明"怕热药品"字样，并注意妥善装车（船），及时发运，快装快卸，尽量缩短途中运输时间。

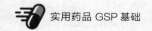

2. 危险药品的运输

　　危险药品除按一般药品运输要求办理外，还必须严格按照《化学危险物品安全管理条例》《危险货物运输规则》等规定办理，做好安全运输工作。运输化学危险物品，必须持有公安部门核发的准运证。

　　危险药品发运前，应检查包装是否符合危险货物包装表的规定及品名表中的特殊要求，箱外有无危险货物包装标志，然后按规定办好托运、交付等工作。装车、装船时，应严格按照"危险货物配装表"规定的要求办理。在装卸过程中，不能摔碰、拖拉、摩擦、翻滚，搬运时要轻拿轻放，严防包装破损。对碰撞、互相接触容易引起燃烧、爆炸或造成其他危险的化学危险物品，以及化学性质或防护、灭火方法互相抵触的化学危险物品不得混合装运和违反配装限制。遇热、遇潮容易燃烧、爆炸或产生有毒气体的化学危险物品，在装运时应当采取隔热防潮措施。汽车运输必须按当地公安部门指定的路线、时间行使，保持一定车距，严禁超速、超车。

任务二

药品的冷链运输

任务目标　熟悉什么是冷链运输和冷链运输药品。
熟悉冷链运输设备。
熟知冷藏药品的运输管理。
熟悉冷链运输的温度控制与监测管理。

活动一　案例分析

案例 5-3　我国冷链运输调查

通过对年销售额 10 亿元的大型药品经营企业进行调查发现，某企业拥有冷藏的药品为 248 个品种，占全部药品 8413 个品种的 2.95％；2007 年冷藏药品的销售金额 3200 万元，占全年药品销售额（107058.85 万元）的 3％；冷库的运输成本 14 万元，占全部运输成本（136 万元）的 10.3％。可见，冷藏药品的运输管理成本比其他普通药品高很多。从生产企业到经营企业、从经营企业到使用单位的冷藏运输五花八门，常常出现"断链"现象，这主要是由于市场缺乏符合规范要求的冷藏运输。因此，冷藏运输问题凸现冷链管理的"短板"。

据统计，我国现有冷藏车占货运汽车的 0.3％；而美国、日本冷藏车分别占 1％～2％；我国缺口近 10 万辆冷藏车，致使无法满足冷藏运输的需求。大多数货物都是在露天而非冷藏和保温场所操作，严重地影响了冷链的管理，常常造成"断链"现象。（案例根据：《当代医学》整理）

> **议一议**
> 通过以上案例，讨论我国药品冷链运输的现状，回答表 5-2 所列问题。

表 5-2　我国药品冷链运输现状讨论

分析主题	分析结果
1. 我国药品冷链运输存在哪些问题	
2. 你在现实生活中遇到或听到的冷链运输的问题有哪些	
3. 企业应该怎样加强药品冷链运输的管理	

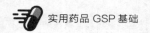

活动二　☆药品的冷链运输设备

山西问题疫苗一下子把药品冷链推到了公众舆论的风口浪尖，近百名孩子因注射问题疫苗莫名致死致残。虽然截至目前尚不清楚问题疫苗到底出在哪个环节，但作为药品传递环节中的关键一环，冷链运输的重要性显而易见。

1. 什么是冷链运输

冷链运输，是指在运输全过程中，无论是装卸搬运、变更运输方式、更换包装设备等环节，都使所运输货物始终保持一定温度的运输。冷链运输方式可以是公路运输、水路运输、铁路运输、航空运输，也可以是多种运输方式组成的综合运输方式。

药品冷链运输具有如下特点：

（1）药品冷链运输的核心是保证冷藏药品的温度条件；

（2）冷链运输成本高，为保证冷藏运输的温度条件，冷链运输包含了较复杂的移动制冷技术和保温箱制造技术，投入资本大；

冷链药品运输工具

（3）冷链运输管理具有更多的风险和不确定性；

（4）冷藏药品普遍采取小批量、多批次的发运方式，很难实现规模集运。

2. 需要冷链运输的药品(表5-3)

（1）冷藏药品　指对药品储存、运输有冷处等温度要求的药品，如生物制品（血液制品）、疫苗、个别抗生素等。需冷处运输的药品要求温度为 2～10℃ 的运输条件，生物制品应在 2～8℃ 的条件下运输。

（2）冷冻药品　指对药品储存、运输有冷冻等温度要求的药品，这类药品比较少见，如抗癌用的洛莫司汀胶囊和司莫司汀胶囊等。需冷冻运输的药品要求温度为 −25～−10℃ 的运输条件。

表 5-3　冷链药品种类

冷链药品种类	冷链温度/℃	举　例
冷藏药品	2～8	如冻干粉针剂,生物制品如抗生素注射液、人血白蛋白、凝血酶冻干粉
冷冻药品	−25～−10	疫苗通常需要这个温度
深度冷冻药品	−70	冷链药品的原液

知识拓展

常见的冷藏药品目录

人胎盘组织液（S）　　　　　　　生长激素及类似物（S）

促红素及类似物（S）　　　　　　干扰素（S）生长因子（S）

丽珠肠乐（S）　　　　　　　　　培菲康（S）

所有胰岛素制剂（S、H）　　　　人血白蛋白（S）

西妥昔单抗（S）（2～8℃下可保存 12 小时以上，20～25℃下可保存 8 小时以上）

亚叶酸钙注射液（H）　　　　　　注射用头孢哌酮钠（H）

注射用水溶性维生素（H）　　　　注射用吲哚菁绿（H）

卡莫司汀注射液（H）　　　　　　五肽胃泌素注射液（H）

注射用头孢哌酮钠舒巴坦钠（H）　注射用硫酸长春地辛（H）

注射用硫酸长春碱（H）　　　　　注射用硫酸长春新碱（H）

酒石酸长春瑞滨注射液（H）	鲑降钙素注射液（H）
注射用门冬酰胺酶（H）	注射用盐酸阿糖胞苷（H）
注射用头孢呋辛钠（H）	垂体后叶注射液（H）
凝血酶冻干粉（H）	注射用多西他赛（H）
马来酸麦角新碱注射液（H）	注射用顺苯磺酸阿曲库铵（H）
注射用细辛脑（H）	塞替派注射液（H）
硝酸一叶秋碱注射液（H）	注射用两性霉素 B 脂质体（H）
注射用尿激酶（H）	巴曲酶注射液（H）
蜡样芽孢杆菌粉（H）	替莫唑胺胶囊（H）
司莫司汀胶囊（H　冷冻）	前列地尔尿道栓（H）
洛莫司汀胶囊（H　冷冻）	

注：1. S 代表生物制品，H 代表化学药品。

　　2. 以上为初步统计品种，仅供参考。

3. 冷链运输设备

经营冷藏药品的企业应配备确保冷藏药品温度要求的设施、设备和运输工具，常见的药品冷链运输设备有冷藏车、冷藏箱和保温箱等，见图 5-2 和图 5-3。

图 5-2　冷藏车

图 5-3　冷藏箱

冷藏车具有自动调控温度的功能，配置应符合国家相关标准要求；冷藏车厢具有防雨水、不透气、不易燃、耐腐蚀等性能，车厢内部留有保证冷气充分循环的空间，并设置具有良好气密性的排水孔。冷藏箱、保温箱的箱体采用吸水性低、透气性小、热导率小、具有良好温度稳定性的保温材料；保温箱应配置蓄冷剂以及用于隔离药品与蓄冷剂的隔温装置。见表 5-4。

表 5-4　冷藏保温箱的类别与比较

制冷方式	结构	优点	特点	建议
无源蓄能型冷藏箱	泡沫塑料保温箱＋储冷剂干冰	不需要外接电源和能量的供应，维修保养方便	经济性、安全性方面存在突出问题，尤其是存在爆炸的安全隐患，产生的二氧化碳对环境污染比较突出	在配送过程中释放出气体带走冷量，使用成本较高，建议不使用
	泡沫塑料保温箱＋储冷剂相变蓄冷材料(冰袋、冰排)		具有高保温性、高效蓄冷、稳定可控等优点	适用于小批量、多批次冷藏药品的低温短途运输配送
带制冷单元的冷藏箱	机械式制冷设备(多采用压缩式制冷)	可将箱内温度准确控制在一定范围内	将箱内温度准确控制在一定范围内，适用范围最广	适合大批量同种冷冻货物的运输
	半导体(无氟)制冷技术	瞬间制冷，温度准确控制	制冷时间很快，制冷效率一般不高	电耗高，只能用于容积较小的冷藏

冷藏箱、保温箱常用的蓄冷剂有冰袋、冰盒或冰排、干冰等，运输过程中，药品不得直接接触冰袋、冰排等蓄冷剂，以防对药品质量造成影响。见图 5-4。

图 5-4　冰袋、冰排、干冰

冷藏车、冷藏箱和保温箱配置温度自动监测系统，均可实时采集、显示、记录温(湿)度数据，并具有远程及就地实时报警功能，可通过计算机读取和存储所记录的监测数据。

企业应当按照 GSP 和相关附录的要求，对冷藏运输车辆、冷藏箱、保温箱以及冷藏储运温(湿)度自动监测系统的功能进行验证，并依据验证确定的参数和条件制定设施设备的操作标准和使用规程。

使用冷藏车运送冷藏、冷冻药品的，启运前应当按照以下要求操作：

① 提前打开制冷机组和温度监测设备，预热或预冷车厢内温度至规定的温度；

② 开始装车时关闭制冷机组，并尽快完成药品装车；

③ 药品装车完毕，及时关闭车厢厢门，检查厢门密闭情况并上锁；

④ 启动并检查制冷机组以及温度监测系统运行状况，设备运行正常方可启运。

使用冷藏箱、保温箱运送冷藏药品的，应当按照经过验证的标准操作规程进行药品包装和装箱的操作。

① 装箱前将冷藏箱、保温箱预热或预冷至符合药品包装标示的温度范围内；

② 按照验证确定的条件，在保温箱内合理放置与温度控制及运输时限相适应的、相应数量的蓄冷剂，蓄冷剂在规定的时间和温度环境下进行预冷、释冷操作后方可使用；

③ 保温箱内使用较低温度蓄冷剂的，采用隔热装置将药品与蓄冷剂进行隔离；

④ 药品装箱后，冷藏箱要启动冷藏动力电源和温度监测设备，保温箱内启动温度记录设备，对箱内温度开始实时监测和记录后，将箱体密闭；

⑤ 按照验证确定的温控时限，选择适宜的运输方式，在规定的时限内将药品运达目的地。

对于冷藏运输设备应加强管理，建立各项操作规程和冷藏运输设备运行检查记录，以便及时排除质量隐患，确保安全。企业应当制定冷藏、冷冻药品运输过程中温度控制的风险防范方案，对出现异常气候、设备故障、交通事故等意外或紧急情况，及时采取有效风险控制措施，防止因异常情况造成药品运输温度的失控。风险防范方案应当包括应急组织机构、人员职责、设施设备、外部协作资源、应急措施等内容。风险防范方案应当根据国家相关法律、企业经营条件以及外部环境变化进行持续完善和优化。

活动三　☆药品冷链运输管理规程

企业运输冷藏、冷冻药品，应当根据药品数量、运输距离、运输时间、温度要求、外界温度等情况，按照事先验证过的方法，选择适宜的运输工具和温控方式，确保运输过程中温度符合要求。药品运输过程中发生温度超出规定范围的情况，运输人员必须查明原因，及时采取有效措施进行调控。

冷藏药品运输方式的选择应遵循以下原则：尽量采用最快速的运输方式，缩短运输时间；尽量采用直达客户的运输方式，避免运途中转；尽量采用能全程保持冷藏温度的运输方式；冬季尽量避免夜间运输，注意防止冷藏药品发生冻结变质；尽量避免夏季高温时节运输，必要时应在早晚运输，减少外界温度的影响。

1. 冷藏药品的运输管理

（1）应配备确保冷藏药品温度要求的设施、设备和运输工具。

（2）采用保温箱运输冷藏药品时，保温箱上应注明储藏条件、启运时间、保温时限、特殊注意事项或运输警告。

（3）采用冷藏车运输冷藏药品时，应根据冷藏车标准装载药品。冷藏车厢内，药品与厢内前板应有不小于 10 厘米的通风距离，与后板、侧板、底板间应当保持不小于 5 厘米的导流距离，药品码放高度不得超过制冷机组出风口下沿，并在车厢内画出装载限制线，以免影响气流正常循环和温度均匀分布。

（4）应制定冷藏药品发运程序。发运程序内容包括出运前通知、出运方式、线路、联系人、异常处理方案等。

（5）运输人员出行前应对冷藏车及冷藏车的制冷设备、温度记录显示仪进行检查，要确保所有的设施设备正常并符合温度要求。在运输过程中，要及时查看温度记录显示仪，如出

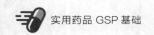

现温度异常情况，应及时报告并处置。

（6）采用冷藏车运输时，应至少有一个温度记录仪随货发运；采用冷藏（保温）箱运输时，每种规格的冷藏箱中应至少放置一个温度记录仪随货发运。温度记录仪应摆放在所记录的温度数据具有代表性的位置。

（7）放置冷藏药品不得直接接触控温物质，以防对药品质量造成影响。

2. 温度控制与监测

《药品经营质量管理规范》第一百零五条规定：在冷藏、冷冻药品运输途中，应当实时监测并记录冷藏车、冷藏箱或者保温箱内的温度数据。

每台独立的冷藏、冷冻药品运输车辆或车厢，安装的温度测点终端数量不得少于 2 个。车厢容积超过 20 立方米的，每增加 20 立方米至少增加 1 个测点终端，不足 20 立方米的按 20 立方米计算。每台冷藏箱或保温箱至少应当放置一个可移动的测点终端。

（1）冷藏药品应进行 24 小时连续、自动的温度记录和监控，温度记录间隔时间的设置不得超过 10 分钟/次。

（2）自动温度记录设备的温度监测数据可读取存档，记录至少保存 3 年。

（3）温度报警装置应能在临界状态下报警，应有专人及时处置，并做好温度超标报警情况的记录。

（4）制冷设备的启停温度设置：冷处应在 3～7℃，冷冻应在 −3℃以下。

（5）冷藏车在运输途中要使用自动监测、自动调控、自动记录及报警装置，在运输过程中进行温度的实时监测并记录，数据可读取。温度记录应当随药品移交收货方。

（6）采用保温箱运输时，根据保温箱的性能验证结果，在保温箱支持的、符合药品储藏条件的保温时间内送达。

（7）应按规定对自动温度记录设备、温度自动监控及报警装置等设备进行校验，保持准确完好。

3. 冷藏药品运输交接单

冷藏药品运输交接单见表 5-5。

表 5-5　冷藏药品运输交接单

日期：　年　月　日

供货单位(发运单位)				
购货单位(接收单位)				
药品简要信息 (应与所附销售随 货同行联相对应)	序号	药品名称/规格/生产企业/生产批号	数量	备注
	1			
	2			
	3			
	4			
	5			
温度控制要求		温度控制设备		
运输方式		运输工具		
启运时间		启运时温度		

续表

保温时限		随货同行联编号	
发货人员签字		运输人员签字	
备注			
以上信息发运时填写 以下信息收货时填写			
到达时间		在途温度	
到达时温度		接收人员签字	
备注			

注：1. "运输方式"填"客户自提、物流发货、送货上门"。

2. 当客户上门自提时"运输人员签字"栏应由客户签字，发货人员应当查验客户运输车辆有保证温度的相关措施，并提供泡沫箱、冰袋等保温措施。

3. 在采用物流发货时应签订协议，严格控制运输途中的温度和运输时间，确保药品质量。

任务三

药品的委托运输

任务目标 熟悉药品的委托运输。

熟悉承运单位如何审核。

熟悉药品委托运输协议的内容。

熟知药品委托运输记录的填写。

活动一　案例分析

案例 5-4　药品的委托运输

某市食品药品监督管理局在对一物流公司进行检查时发现，该物流公司门前有注射用头孢呋辛钠三箱，装卸工人正在往卡车上装货。该药品包装箱上标示的储存条件为遮光、密封，在阴凉（不超过 20℃）干燥处保存。而该药品在物流公司门前没有任何遮光措施，当地当天的气温在 30℃ 以上。

经过调查询问，装卸工及物流公司负责人员只是把药品当一般货物，并不清楚药品的基本保存条件，也不知道这种行为违反了《药品流通监督管理办法》的规定。执法人员依法对该药品进行了查封扣押，并抽样送上级药品检验部门对药品质量进行检验。

> **议一议**
>
> 　　分析上面案例，讨论药品委托运输中存在的问题有哪些？
>
> 　　随着物流配送业的迅猛发展，货运公司托运药品已成为药品流通中不可忽视的重要环节，通过物流配送托运药品的涉药单位越来越多。目前，县乡药品经营企业和大部分县乡医疗机构有 60% 左右的药品都是通过货运公司来运输。货运公司托运药品为药品经营企业提供方便、快捷的同时，也为群众用药留下了一定的安全隐患。
>
> 　　部分货运公司安全意识淡薄，把托运的药品混同于普通商品，托运过程中缺少必要的安全防护设施，使一些药品容易变质成为劣药；药监部门对货运公司托运药品的行为也缺乏有效的监督。当前，国家药监部门已和邮政部门联合下文对邮寄药品行为进行了

规范，但对货运公司托运药品的行为没有相关的法律法规约束。托运的药品由托运人自行打包成箱加封后，直接交付货运公司发往目的地，缺乏必要的监督和检查，使造假售假者和无证经营者有了可乘之机。

活动二　承运单位的审核

1. 法律依据

《药品经营质量管理规范》第一百零七条规定：企业委托其他单位运输药品的，应当对承运方运输药品的质量保障能力进行审计，索取运输车辆的相关资料，符合本规范运输设施设备条件和要求的方可委托。

2. 审核内容

企业委托第三方运输药品的，应对承运方以下方面进行审核：①药品质量保障能力；②运输设备；③人员资质及条件。经过审核，符合条件的方可委托，无承运能力的不得委托。

活动三　委托运输协议

《药品经营质量管理规范》第一百零八条规定，企业委托运输药品应当与承运方签订运输协议，明确药品质量责任、遵守运输操作规程和在途时限等内容。

企业在委托其他单位运输药品时，应当与承运方签订药品运输协议，明确相关要求及在运输途中的双方责任，确保运输质量。协议中必须规定合理的运输时限，防止长时间的运输对药品质量造成影响。药品运输协议的关键内容应包括：运输工具、运输时限、提货送达地点、操作人员等运输质量要求，并明确赔偿责任和赔偿金额。

【附】

委托运输协议

甲方（托运方）：

乙方（承运方）：

为了严格执行国家药监部门相关规定，严格规范 GSP 管理，确保药品运输安全。经过对乙方运输资质的认定，甲乙双方友好协商，就甲方委托乙方向客户运送药品事宜，双方达成以下一致意见，签署本协议以资共同遵守。

1. 乙方按照甲方要求，自甲方仓库提取药品，在一定期限内送至甲方指定客户的所在地。每次承运药品的数量、目的地等内容，以发运前甲方填写的《托运委托书》为准，甲方要求托运后，乙方不得以任何理由拒绝、拖延承运工作。

2. 甲方填写《托运委托书》交乙方之后，乙方应在甲方委托当日后一日内，按《托运委托书》赴甲方仓库提货，延时提货的，按每日每箱药品 10 元的标准向甲方支付违约金，延时提货 5 日以上的，甲方有权随时解除本合同，终止乙方承运资格。

3. 提货时，甲乙双方应尽共同检查药品外观的义务，确保甲方托运的药品外观包装完整，无破损、受潮等问题。如客户收货后提出药品外包装受损等问题，视为乙方运输途中产生的问题，由乙方最终承担损害赔偿责任。损害赔偿以所托运货品的货值为限，具体计算以甲方含税开票价格为准。

4. 提货后，乙方应严格按照药品外包装箱上图示方法进行存储、运输，确保药品安全送达。其中要求阴凉的药品应在整个存储、运输途中保持 20℃ 以下的温度，运输装卸过程中均不得将药品置于阳光下暴晒；要求冷藏存储的药品除了满足上述要求之外，还应使用有资质的有冷藏设施的运输车辆，在整个存储、运输途中保持 2～10℃ 的温度。

如因运输不当导致客户拒收药品，或药品损坏、灭失等情况，乙方应按照该批药品发票含税金额向甲方支付损害赔偿金；如因运输不当导致行政部门对甲方进行处罚，或甲方因此丧失各种经营资质、代理资格，甲方有权解除合同，取消乙方承运资格，并向乙方追偿所受到的损失。

5. 提货后，乙方应及时将货物发往甲方指定地点，根据收货地区路途差异，乙方应在附件约定天数（此天数以工作日计，法定假日不计）内送达货物。药检报告及药品出库复核跟踪记录表必须随货同行。

逾期送达货物的，乙方应及时与甲方沟通，说明情况，双方积极寻求解决方案，避免扩大损失。送达货物的日期以收货人签收日为准，每超过一天扣除 1/5 的运输费用，依次类推。逾期 5 日以上仍无法送达的，甲方有权取消乙方全部或部分省份的承运资格。甲方将定期或不定期征询客户关于运输质量问题的意见，并根据反馈意见（包括客户投诉），甲方有权取消乙方全部或部分省份的承运资格。

6. 药品送达客户后，乙方应取得有客户真实有效签章的《出库跟踪复核记录表》（即送货回单，一式三联），并在送达货物日起 30 日内将上述回单的第一联交回甲方。

如回单未取得客户真实有效签章，或无法在 30 日内将回单交回甲方，则乙方应向甲方支付等同于该批药品发票含税金额的违约金，且由此产生的甲方与客户之间的争议对甲方所造成的全部损失由乙方向甲方承担。

第二类精神药品的运输，乙方应严格执行国家相关规定及法规进行运输，按照甲方提供的样式将客户签收凭证带回，如未执行国家相关规定及法规，甲方有权解除本合同，取消乙方承运资格，且甲方由此遭受的全部损失由乙方负责赔偿，触及法规的由乙方承担责任。

7. 甲方托运的货物仅限于附件所列地区，超出上述区域的，乙方可拒绝承运，未经甲方同意，不得以任何理由将货物发往其他地域。运输价格（包括提货市内运输费、保险费及其他各种费用）详见附件。

8. 乙方应根据甲方要求将收货单位需要退回甲方的药品及时运送至甲方指定的地点，本项产生的费用参照本合同第 7 条标准结算。

9. 甲方委托运输货物中，有部分为医院紧缺、供应紧张的紧俏药品。为确保人民群众的基本用药需求，对于这部分紧俏药品，乙方在此承诺严格做到零破损送货。

甲方将在紧俏药品外包装上张贴黄色警示标志，提醒乙方谨慎运输。凡乙方未能履行前述承诺，出现破损的，应按照破损药品货值 10 倍向甲方支付赔偿金。一经出现紧俏药品运输破损的，甲方有权取消乙方全部或部分省份的承运资格。

10. 乙方完成每次运输业务后应将运输费发票与送货回单（出库跟踪记录复核表，第一联）交予甲方，在甲方核对客户签章并确认有效后，甲方应在该业务发生当月后的第三个自然月内付款（例：1 月 1 日～31 日发生之业务于 4 月 30 日前付款）。

为确保运输质量，自本协议签订起 10 日内，乙方应向甲方支付_____万元保证金，此保证金甲方应在双方终止合作后三个月内退还乙方。

甲方承诺，向乙方支付的款项中现金比例不低于 50％（包括电汇等形式支付的现金）。甲方逾期付款，应按所逾期金额万分之三的标准乘以逾期天数向乙方支付违约金，逾期付款 30 日以上，乙方有权单方面解除本合同并要求甲方支付上述违约金。

11. 本合同自　　年　月　日至　　年　月　日有效，到期后双方可以以书面方式续签本合同，本协议相关附件应加盖双方骑缝章。

12. 本合同一式两份，如发生争议，双方应友好协商解决，协商不成则交由甲方所在地人民法院管辖。

甲方：　　　　　　　　乙方：

经办人：　　　　　　　经办人：

签订日期：年月日

附件：

承运省份	承运期限（工作日）	承运价格（元/箱）

活动四　委托运输记录

1. 法律依据

《药品经营质量管理规范》第一百零九条规定：企业委托运输药品应当有记录，实现运输过程的质量追溯。记录至少包括发货时间、发货地址、收货单位、收货地址、货单号、药品件数、运输方式、委托经办人、承运单位，采用车辆运输的还应当载明车牌号，并留存驾驶人员的驾驶证复印件。记录应当至少保存 5 年。

2. 记录内容

药品委托运输记录内容应真实、完整、准确、可追溯，至少应包括：发货时间、发货地址、送达时间、收货单位、收货地址、货单号、药品件数、运输方式、委托经办人、承运单位等。采用车辆运输的，还应当载明车牌号，并留存驾驶人员的驾驶证复印件（见表 5-6）。

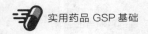

表 5-6　委托运输药品记录

发货时间：　　年　　月　　日　　时

品名	药品数量	单位	货单号		备注
			发货地址		
			收货单位		
			收货地址		
			运输方式		
			委托经办人		
			承运单位		

记录人：

3. 记录的保存期限

记录应当至少保存 5 年。

活动五　　冷藏、冷冻药品的委托运输

企业委托其他单位运输冷藏、冷冻药品时，应当加强对委托运输的管理，保证委托运输过程符合 GSP 的要求。

（1）与承运方签订委托运输协议，明确药品温度保障、监测要求和质量安全责任，要求承运方遵守 GSP 以及冷藏、冷冻药品运输管理的相关规定，建立并严格按照标准操作规程开展运输。

（2）索取承运单位的运输资质文件、专用设施设备证明、设施设备验证文件、承运人员资质文件、运输过程温度控制及监测、追溯的技术能力等相关资料。

（3）承运单位冷藏、冷冻运输设施设备未经验证或不具备实时监测温度功能的，不得承运冷藏、冷冻药品。

（4）应当定期对承运方的运输设施设备、人员资质、质量保障能力、安全运输能力、风险控制能力等进行审计，并将审计报告存档。

（5）根据承运方的资质和条件，必要时应当对承运方的相关人员进行培训和考核。

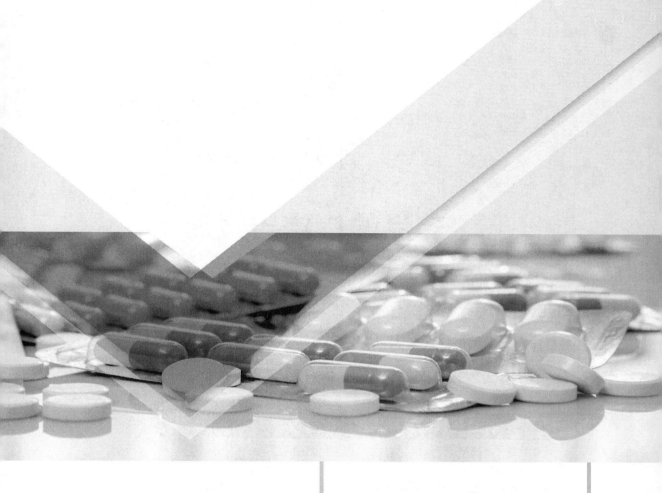

项目六

药品销售与售后管理

药店店面营销

项目说明

本项目共完成五个任务，任务一从几个药品广告事件出发，使同学们初步感受药品广告与宣传管理的重要性及管理办法；任务二使同学们了解药品销售管理的主要内容；任务三使同学们掌握药品的柜台陈列管理制度；任务四使同学们了解药品售后服务管理的基本要求；任务五使同学们熟悉药品不良反应监测的重要性及管理要求。

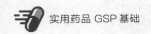

任务一

药品的广告与宣传

任务目标 了解药品广告与宣传的重要性。
熟悉药品广告与宣传管理的主要内容。

活动一 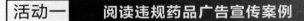 **阅读违规药品广告宣传案例**

1. 案例 6-1

云南某药业公司的"××牌胰衡片"食品广告使用"大约有 98.7％的糖尿病人病情得到控制，89％的糖尿病人胰岛功能有不同程度地恢复，持续用药 6 个月后，糖尿病人惊现 36％恢复正常"等易与药品相混淆的用语，属非药品宣传对疾病的治疗作用，误导消费者，违反了《药品广告审查办法》第二十条的规定。

2. 案例 6-2

昆明某广告公司代理的医疗广告——"久治不愈的糖尿病和并发症，哪里能治愈"。该广告宣传保证治愈，使用患者的名义作证明，违反了《医疗广告管理办法》第十二条的规定。

3. 案例 6-3

曲靖某保健食品生产企业的"×××胶囊"保健食品广告以印刷品形式发布，广告内容中利用国家机关和国家机关工作人员的名义进行宣传，夸大保健食品的功能，误导消费者，违反了《印刷品广告管理办法》第三条的规定。

4. 案例 6-4

某地中医学院附属中医医院的"攻克失眠、抑郁顽症难关，展现高科技医学（中医治疗失眠、抑郁症、植物神经紊乱）"医疗广告中宣称："科学研究表明，不睡觉只能活 5 天，不喝水只能活 7 天"，该内容无相关证明材料证实，误导消费者，违反了《中华人民共和国广告法》第四条的规定。

5. 案例 6-5

东北某药业公司的"××银屑王"药品广告含有大量不科学地表示功效的断言，宣传治愈率，违反了《中华人民共和国广告法》第十四条的规定。

6. 案例 6-6

北京某广告公司于 2012 年 10 月 23 日开始，在未办理登记审批手续的情况下，擅自在北京某郊县广场步行街两侧设置了 12 块果皮箱式户外广告牌，广告内容均为广西一制药厂的药品广告，药品分别是：正骨水、湿毒清胶囊及鸡骨草胶囊。北京市工商行政管理局某郊县分局执法人员于 2012 年 10 月 25 日立案调查。在案件调查期间，当事人又编造广告审查决定文件即《药品广告审查表》。现已均被查获。

7. 案例 6-7

湖北某膏业公司生产的"安眠降压治疗器（广告中标示名称：寒水石药王枕）"适用于失眠、高血压、颈椎病及头痛、头昏、多梦、颈部疼痛等症状，而该产品广告却宣称"老中医动员全家换用寒水石药王枕头、著名医学家推荐寒水石药王枕""寒水石药王枕简直神了，我那老头子枕上都没十天，就睡得快，睡得香，还不做梦了""安全，无依赖性，多病同治"等，其中含有大量不科学地表示功效的断言和保证，并含有利用专家、患者的名义、形象作证明的内容。

8. 案例 6-8

广州某电子有限公司生产的一种颈椎治疗仪适用于颈椎病、肩周炎、腰椎间盘突出症、慢性腰肌劳损、关节炎、风湿痛等的物理治疗，而该产品广告却宣称"功效我承诺，疗效你做主，零风险治疗你的颈椎病，患者与公司签约，白纸黑字见证功效（免费试用 15 天，认定无效可全额退还押金）"等，其中含有不科学地表示功效的断言和保证。

9. 案例 6-9

武汉某科技公司生产的"爱尼光循环治疗仪（广告中标示名称：超级光鼻炎治疗仪）"适用于治疗高黏血症和高脂血症、缺血性心脑血管疾病及鼻炎，而该产品广告却宣称"小伙子兴奋地说：'神了，我自小就得了鼻炎，10 多年了，我没指望能有多好，只要让我能呼吸顺点就行，还真是行，脑子都是清亮的'""使用 20 分钟，鼻腔舒爽，不干、不痒、不流涕；使用三天，鼻内微循环改善，头晕、头痛症状消失，呼吸顺畅……鼻黏膜功能全面恢复，免疫体系能力增强，鼻腔环境优化，鼻炎不再轻易复发"等，其中含有不科学地表示功效的断言和保证，并含有利用患者的名义、形象作证明的内容。

10. 案例 6-10

西安一药业公司生产的"耳功能恢复给药器"适用于治疗各种耳道疾病时的给药，而该产品广告却宣称"30 分钟后耳部有发热、发胀感；30 天，休眠、死亡的毛细胞被新生细胞所代替，耳聋、耳鸣、耳性眩晕症状明显改善，60～90 天，离子通道完全打通，毛细胞得到全面地养护""用过的患者都说挺好使，谁也没有想到，这么一塞一服，几十年的耳鸣停了，耳聋好了"，严重超出了食品药品监督管理部门批准的适应范围，含有不科学地表示功效的断言和保证，并含有利用患者的名义作证明的内容。

活动二　研讨药品广告与宣传管理的重要性

想一想

以上药品广告违规的原因是什么？应如何解决？填表 6-1。

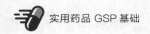

表 6-1 药品广告违规的原因及解决措施

分析主题	原因及措施
案例 6-1	
案例 6-2	
案例 6-3	
案例 6-4	
案例 6-5	
案例 6-6	
案例 6-7	
案例 6-8	
案例 6-9	
案例 6-10	

1. 药品广告与宣传管理的重要性

广告是生产企业、经营企业在开展销售服务及开拓市场时向顾客介绍疗效、特点、用途和使用方法，以及本企业坐落地点、招牌和经营特点的方法和手段。药品与人体健康密切相关，随着国民经济的发展、人民生活水平的提高，药品在各种商品中显示出特别重要的地位，药品广告在商业广告中占的比重名列前茅，越来越引起社会方方面面的关注。药品广告的社会效益是提供药品信息，指导广大消费者合理用药，促进医药卫生事业的健康发展。所以，药品广告必须真实可靠，绝不能欺骗消费者，加强药品广告与宣传的管理，对维护用药者的合法权益，保证人体健康，具有很重要的意义。1982 年国务院颁发了《广告管理暂行条例》，1987 年颁布了《广告管理条例》，与这两个条例配套，国家市场监督管理总局发布《药品广告管理办法》，使药品广告成为最早的有章可循的商业广告之一。1994 年 10 月第八届全国人大常委会第十次会议通过了《广告法》，并从 1995 年 2 月 1 日后开始实施，国家市场监督管理总局制定了《药品广告审查办法》和《药品广告审查标准》，该《药品广告审查办法》和《药品广告审查标准》比原来的《药品广告管理办法》更趋于成熟，加强了药品广告管理和监督的力度。新颁布的《药品管理法》及其实施条例对药品广告的监督管理做了更加合理、明确的规定，成为新形势下药品广告申请、代理、发布和审查的根本准则。

2. 药品广告与宣传管理

《药品经营质量管理规范》第一百七十一条，药品广告宣传应当严格执行国家有关广告管理的规定。

活动三 ☆药品广告审查与批准

1. 药品广告的审批部门

药品广告须经企业所在地省、自治区、直辖市人民政府药品监督管理部门批准，并发给药品广告批准文号；未取得药品广告批准文号的，不得发布。需在异地发布的药品广告，须持所在地药品监督管理部门审查批准文件，到广告发布地的省级药品监督管理部门备案后，方可发布。

处方药可以在国务院卫生行政部门和国务院药品监督管理部门共同指定的医学、药学专业刊物上介绍，但不得在大众传播媒介发布广告或者以其他方式进行以公众为对象的广告宣传。

省、自治区、直辖市人民政府药品监督管理部门应当对其批准的广告进行检查，对于违反《药品广告审查办法》《药品广告审查标准》和《广告法》的广告，应当向广告监督管理机关通报并提出处理意见，广告监督管理机关应当依法做出处理。

药品广告审查的科学依据是指药品的作用和用途。药品对人体的作用是经过长期的临床实践和严谨的科学实验总结出来的，药品的作用与用途最终由国家药品监督管理部门以书面形式载入药品的质量标准中，药品质量标准中的作用与用途是药品广告内容的唯一依据，如果在临床使用中发现药品的作用发生变化，则要由药品监督管理部门修改质量标准才能认可，新发现的药品作用，未经药品监督管理部门批准，不能列入广告宣传范围。

2. 药品广告的审批程序

发布药品广告的企业向省级药品监督管理部门提出申请，填写《药品广告审查表》。省级药品监督管理部门对《药品广告审查表》和药品广告内容进行审查。审查分为初审和终审，初审的内容主要有两项：第一项是申请人提供的证明文件的真实性、有效性、合法性、完整性；第二项是送审材料内容的真实性、合法性。初审决定可以出现三种情况：

（1）符合要求或稍作修改后符合要求的，同意进入终审，发给《药品广告初审通知书》；

（2）材料不完整或制作文稿不合要求者，进行纠正；

（3）发现送审材料虚假或失效者，不予同意。

终审是在初审的基础上进行，广告申请人凭药品广告初步审查合格决定，将制作的药品广告作品送交原广告审查机关终审。对终审合格者，签发《药品广告审查表》，同时发给药品广告批准文号；对终审不合格者，通知广告申请人，并说明理由。广告申请人也可以直接申请终审，广告申请机关应当在受理申请之日起 10 天内做出终审决定。直接申请终审的要求较高，如一次不能通过而返工，易造成很大的延误和浪费，如缺乏经验，以先进行初审为宜。药品广告的有效期为一年，自审查批准之日算起。有效期满后继续发布的，应当在期满前两个月向原药品广告审查机关重新提出申请。

药品广告的批准文号格式是："×药广审（视、声、文）第×××××××××号"。其中×为各省、自治区、直辖市的简称。视代表电视、声代表广播、文代表报刊。"××× ×××××××"由 10 位数字组成，编号的前 4 位代表公元年号，第 5、第 6 位代表月份，后 4 位代表广告批准序号。

3. 药品广告申请的必备证件

（1）申请人及生产者的营业执照副本。

（2）《药品生产许可证》或者《药品经营许可证》副本。

（3）该药品的生产批准文件、质量标准、说明书、包装。

（4）该药品的《商标注册证》或其他由国家市场监督管理总局出具的证明商标注册的文件。

（5）有商品名的药品，必须提交国家药品监督管理局批准的该商品名的批准材料。

（6）法律、法规规定的其他确认广告内容真实性的证明文件。

异地发布药品广告备案时需提交如下资料：

（1）《药品广告审查表》原件和复印件。

（2）药品生产批件、质量标准、说明书的复印件和实际使用的包装及说明书。

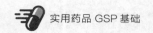

（3）非处方药品需提交非处方药注册登记证书复印件。

（4）进口药品需提交《进口药品注册证》或《医药产品注册证》和药品进口代理机构的相关证明文件复印件。

（5）电视广告需提交录像带或光盘。

（6）广播广告需提交录音磁带。

（7）异地申请备案时，需提交药品生产企业的委托书原件。

（8）药品广告内容涉及商品名称、注册商标、专利等内容的，需要提供相关证明文件。

4. 药品广告审查批准文号的撤销

已经批准发布的药品广告，当出现下列严重问题而不能继续发布时，原审查机关应当收回《药品广告审查表》，撤销药品广告批准文号。

（1）临床发现药品有新的不良反应。

（2）《药品生产许可证》《药品经营许可证》《营业执照》被吊销。

（3）药品被撤销生产批准文号。

（4）药品广告内容超过药品广告审查机关审查批准的内容。

（5）已被国家药品监督管理局和省级药品监督管理部门责令停止生产、销售和使用的药品。

（6）《药品管理法》规定的假药、劣药。

（7）药品监督管理部门认为不宜发布的广告。

（8）广告监督管理机关立案查处的药品广告。

知识拓展

药品广告的复审

药品广告的复审是指广告批准发布后因某种原因调回重新审查。复审期间停止发布该广告。复审的原因有以下几种。

（1）广告审查依据发生变化。广告审查是一种依法进行的行政行为，如果其所依据的法律、法规发生变化，则已批准而尚未超过有效期的药品需调回复审。

（2）国家药品监督管理部门认为该广告以前的审查批准不妥的，可以及时通知调回复审。

（3）广告监督管理机关提出复审建议的。市场监督管理部门是广告的监督管理机关，对药品监督管理部门审查药品广告负有指导责任。国家市场监督管理总局内设有广告管理机构，配备专门人员，从职责和力量上都可以在宏观上把好药品广告审查关。

（4）广告审查机关认为应当调回复审的其他情况。

活动四　☆药品广告与宣传的管理

1. 禁止发布广告的药品品种

（1）麻醉药品、精神药品、医疗用毒性药品、放射性药品、戒毒药品以及国家药品监督管理局认定的特殊管理的药品。

（2）治疗肿瘤、艾滋病，改善和治疗性功能障碍的药品，计划生育用药，防疫制品。

（3）国家药品监督管理局或者省级药品监督管理部门明令停止或禁止生产、销售和使用的药品。

（4）医疗单位配制的制剂。

（5）未经注册的药品和国家药品监督管理局批准试生产的药品。

2. 药品广告中禁止出现的用语和内容

药品广告用语应当科学、规范、实事求是，消费者易于理解。药品广告内容必须具有真实性、合法性、科学性，应当以有关药品监督管理部门批准的说明书为准，不得含有虚假的内容，不得任意扩大范围。

药品广告中不能有以下用语和内容：

（1）不科学地表示功效的断言或者保证，如"疗效最佳""药到病除""根治""安全无副作用"等；

（2）药品的商品名称不得单独进行广告宣传；广告宣传需使用商品名的，必须同时使用药品的通用名称，并且要求醒目；

（3）药品广告中不得含有"最新技术""最高科学""最先进制法""药之王""国家级新药"等绝对化的语言和表示，不含有违反科学规律、明示或者暗示包治百病、适合所有症状的内容；

（4）药品广告中不得含有治愈率和有效率；

（5）药品广告不得含有该药品获奖内容；

（6）药品广告中不得含有利用国家机关、医药科研单位、学术机构或者专家、学者、医师、患者的名义、形象作证明的内容；

（7）药品广告不得使用儿童的名义和形象，不得以儿童为广告诉求对象；

（8）不得直接或者间接怂恿任意、过量使用药品，不得含有"无效退款""保险公司保险"等承诺；

（9）不得声称或者暗示服用某种药品能应付现代紧张生活节奏需要；

（10）药品广告不得贬低同类产品，不得与其他药品进行功效和安全性对比，不得进行药品使用前后情况的比较；

（11）推荐给个人使用的药品，广告内容必须标明对患者的忠告性语言"请在医生指导下使用"；

（12）药品广告不得含有有奖销售、让利销售及馈赠、降价、指定产品、专用产品、以产品作为礼品或奖品的内容；

（13）非药品广告如保健品、食品、用品不得有涉及药品的宣传。

3. 药品广告的监督管理

对违反药品广告法律规定的，由发给药品广告批准文号的省级食品药品监督管理部门撤销药品广告批准文号，一年内不受理该企业同品种的广告审批申请。对违反发布药品广告，情节严重的，省级食品药品监督管理部门可以予以公告。

县级以上人民政府市场监督管理部门是广告的监督管理机关。对违反药品广告法律规定的企业或个人，市场监督管理部门可依据《广告法》依法对其进行查处，情节恶劣，造成严重后果者，要追究刑事责任。

任务二

药品销售管理

任务目标 了解药品销售管理的重要性。
熟知药品销售管理的主要内容。
能够接待顾客与推介药品。
了解特殊药品销售管理的主要内容。

活动一　违规药品销售案例分析

1. 案例 6-11　药店销售软毒品案

盐酸曲马多是一种镇痛药物，长期、过量服用后会"成瘾"，对身体脏器、脑部也有伤害。根据规定，购买该药需持有医生处方。

但执法人员在 A 市某药店内发现了多种盐酸曲马多药品，共 16 盒。执法人员要求药店负责人张某拿出药品购进记录及处方，但张某称已经找不到了。根据国家有关规定，处方药需由执业药师或药师对处方进行审核并签字后方可依据处方调配药品。在当日的检查中，张某表示药师还没来。同日，A 市药品监督管理局向该药店下发了整改通知并立案，将根据相关规定依法严肃处理。

2. 案例 6-12　药店不凭处方销售处方药

据市药品不良反应监测中心监测，该市近两年平均有不良反应报告近 12000 份，其中有5000 余份是因抗生素类药物引起。抗生素作为容易引起不良反应的处方药，是否可以在药店随意买到呢？

在对药店出售抗生素类药品调查时，调查人员选定常见的头孢菌素类抗生素，该药主治呼吸道感染。调查人员买药时说自己牙龈肿痛，看看能否在没有处方的情况下买到这种并不对症的药。调查人员来到北京一知名商业街上的一家大型药店，直接来到挂有"凭执业医师处方购买"等字样的处方药柜台，声称希望购买头孢菌素类药物，但并没有医生处方。女店员表示可以通过柜台的可视电话免费联系医生，当场开具购买处方。

议一议

　　上述案例在销售药品时，存在哪些违规行为？填表 6-2。

表 6-2　违规药品销售案例分析

分析主题	案例 6-11	案例 6-12
1. 存在的违规行为		
2. 对消费者带来的隐患		
3. 应采取的措施		

活动二　☆药品的销售管理

1. 药品销售规范

　　（1）药品生产企业与药品批发企业销售规范　按 GSP 的要求，药品生产企业与药品经营企业在销售药品时，要注意规范以下几个关键环节。

　　① 经营方式和范围。企业应按照依法批准的经营方式和经营范围从事药品的经营活动。不得在经药品监督管理部门核准的地址以外现货销售药品，不得超范围经营药品。

　　② 销售对象选择。企业应依据有关法律、法规，将药品销售给具有合法资格的企业。因此，在销售药品时，要对销售对象进行资格确认。

　　③ 药品生产企业不得销售本企业受委托生产的或者他人生产的药品。

　　④ 不得为他人以本企业的名义经营药品提供场所、资质证明文件、票据等便利条件。

　　⑤ 药品生产、经营企业不得以展览会、博览会、交易会、订货会、产品宣传会等方式现货销售药品。

　　⑥ 药品经营企业不得销售医疗机构配制的制剂。

　　⑦ 不得采用邮售、互联网交易等方式直接向公众销售处方药。

　　⑧ 禁止非法收购药品。

　　⑨ 销售票据和记录。批发企业的药品销售（药品零售连锁企业的配送）应开具合法票据，做到票、账、货、款相符。药品批发企业要按规定建立销售记录，销售记录应记载药品的通用名称、剂型、规格、批号、有效期、生产厂商、购货单位、销售数量、单价、金额、销售日期等项目内容。销售记录和票据应按企业"销售记录和票据管理制度"的规定进行保存。销售记录应保存至药品有效期一年，但不得少于三年。

　　⑩ 药品直调。药品直调是指将已购进但未入库的药品，从供货方直接发送到向本企业购买同一药品的需求方。因特殊需要从其他商业企业直调的药品，本企业应保证药品质量，并及时做好记录。由于药品直调时，企业有商流，而无物流，药品不入库，这是最有可能发生质量失控的经营行为。当发生直调时，本企业质量验收人员必须对药品进行检查并做记录，检查地点可在发货方或收货方，但绝不允许委托检查和验收。药品直调时，企业同样要做好购进记录、验收记录和销售记录。

　　（2）药品零售企业和零售连锁企业门店销售规范　按照 GSP 的要求，药品零售企业和零售连锁门店应按国家药品分类管理的有关规定销售药品。销售药品时要做到如下几点。

① 要按依法批准的经营方式和经营范围从事药品经营活动，不得超范围经营药品。

② 销售药品要严格遵守有关法律、法规和制度，正确介绍药品的性能、用途、禁忌及注意事项；企业应当在营业场所的显著位置悬挂《药品经营许可证》《营业执照》《执业药师注册证》等；营业人员应当佩戴照片、姓名、岗位等内容的工作牌，是执业药师和药学技术人员的，工作牌还应当标明执业资格或者药学专业技术职称，在岗执业的执业药师应当挂牌明示。

③ 销售药品时，处方要经执业药师人员审核并签字后方可依据处方调配和销售。无医师开具的处方不得销售处方药。对处方所列药品不得擅自更改或代用。对有配伍禁忌或超剂量的处方，应当拒绝调配、销售。必要时，需经原处方医生更正或重新签字方可调配和销售。处方的审核、调配或销售人员均应在处方上签字或盖章，并按有关规定保存处方或者其复印件。销售特殊管理的药品，应严格按照国家有关规定销售，并做到专人管理、专柜存放、专账记录。

普通处方保留一年；毒性药品、精神药品保留两年；麻醉药品处方保存三年备查。

④ 处方药不应采用开架自选的销售方式。

⑤ 非处方药可不凭处方出售。但如顾客要求，执业药师或药师应负责对药品的购买和使用进行指导。

⑥ 药品销售不得采用有奖销售、附赠药品或礼品销售等方式。

⑦ 销售中药饮片做到计量准确，并告知煎服方法及注意事项；提供代煎服务，应当符合国家有关规定。

⑧ 药品拆零销售应当使用清洁和卫生的包装，出售时应在药袋上写明药品名称、规格、用法、用量、批号、有效期以及药店名称等内容；负责拆零销售人员经过专门培训；拆零工作台及工具保持清洁、卫生，防止交叉污染；做好拆零销售记录，内容包括拆零起始日期、药品的通用名称、规格、批号、生产厂商、有效期、销售数量、销售日期、分拆及复核人员等；提供药品说明书原件或者复印件；拆零销售期间，保留原包装和说明书。

⑨ 销售时对发现有质量疑问的药品，不得销售，应及时通知质量管理机构或质量管理人员进行处理。

(3) 其他方面的要求如下

① 营业时间内应有执业药师或药师在岗，并佩戴标明姓名、执业药师或其技术职称等内容的胸卡。

② 建立卫生制度，保证药品不受污染。

③ 在营业店内进行的广告宣传，要符合国家有关规定。

④ 执行验发查对核实手续和制度。过期失效、霉变潮解、虫蛀鼠咬等不合格品严禁出售。

⑤ 药品应按处方药与非处方药、剂型或用途以及储存要求分类陈列。

⑥ 对销售过程中发现的质量问题要查明原因，分清责任，采取有效的处理措施，并做好记录。

⑦ 企业应在零售场所内提供咨询服务，指导顾客安全、合理用药。还要在营业店堂明示服务公约，设置意见簿和公布监督电话，对顾客的批评或投诉要及时加以解决，对顾客反映的药品质量问题，应认真对待、详细记录、及时处理。

⑧ 以上各项事宜在药剂师以上技术人员监督和指导下进行。

(4) 中药零售店销售药品

① 属于零售门市部加工炮制的品种，要严格按照现行版药典标准及中药炮制规范依法炮制。自行加工筛选和炮制的品种，要做好记录，详记品名、数量、辅料名称、用量、增量、损耗等。

② 饮片在装斗前，必须筛选（洗、晒、晾等），除去泥土杂质和非药用部分，整理洁净，生熟具备，质量优良，确保用药安全有效。

③ 调配处方人员，必须认真遵守调剂规程和有关规定进行调配，保证剂量准确，防止生、制代替，错配、错付等事故发生。要搞好柜台、药斗、用具、仓库和个人卫生。

④ 中药饮片装斗前应做质量复核，不得错斗、串斗，防止混药。饮片斗前应写正名正字。

2. 销售凭证的管理

药品销售是医药商品流通过程中的重要一环，在药品销售过程中伴随着大量的凭证和记录的传递，药品经营企业应加强销售凭证管理，各种凭证印刷均应有指定部门负责办理，凭证式样几联颜色区别必须统一，建立并严格执行凭证的领用、保管制度，防止凭证的流散和丢失。

销售凭证和记录作为 GSP 软件管理的一部分，为便于质量跟踪，销售凭证的填制必须清楚，字体规范、内容完整。同一商品的名称及计量单位必须统一，不得任意涂改，并建立凭证的管理及复核制度，防止销售差错。记录内容应逐项填写，不得缺项，并按照有关要求年限保存备查。企业应明确规定销售凭证的流转程序与交接手续制度，确保凭证迅速、准确、畅通地传递。

知识拓展

药品的有效期

药品的有效期是指药品在一定的储存条件下，能够保证药品质量的期限。因此，有效期的药品既要严格按照指定的储存条件保管，又要在规定的有效期内销售。

有效期对于药品有两种意义：一是表示该药品性质稳定性，在符合规定的储存条件下，必须在有效期内使用；超过有效期使用的药品即为劣药，禁止销售和使用。二是表示药厂对该产品质量负责的时间期限，即如果在储存保养条件符合药品要求的条件下，药品在有效期内出现质量问题，药厂对此负有责任。

药品生产批号和有效期推算：药品生产批号是药品的生产编号的一种表示。常以同一次投料、同一生产周期、同一生产工艺所生产的产品作为一个批号计。国内批号的标示法，通常以生产的年月期和分批号表示。如 0701011 是指 2007 年 1 月生产的第 11 批。药品生产批号的特殊意义：可以直接识别药品的生产年月，辨别药品生产的早晚，以掌握使用的先后；通过批号和药品的有效期可直接推算出失效期。批号代表一批药品的质量，是留样观察的最小单位，借以考察其质量情况。

药品失效期的推算：如批号为 0611122，有效期为 2 年，则失效日期为 2008 年 10 月底。

药品有效期的表示法有两种，即有效期和失效期。如批号为 0611122，标明有效期 2 年，则该药品的失效期应为 2008 年 10 月底。失效期的含义是指失效之日起不能继续

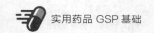

使用。国外常以"Expiry data（截止日期）"表示失去效力的日期或"Use Before ××（在××之前用完）"表示失效期。如标明失效期为 2008 年 11 月，即表示到该月失效。

通常，药品生产企业在产品的标签上除标明生产批号外，还标明失效期，使用户一目了然。但有些药品的包装体积较小，如在标明生产批号之外再标失效期，往往编排不了，这样，药品生产企业常在药品包装上注明有效期限，药品的失效日期必须由使用者根据生产批号结合有效期限，往后推算。

活动三 ☆药品药店销售技巧

1. 迎送顾客与药品导购

（1）客人来访 客人来访时，门店工作人员应该在看到客人的第一时间招呼客人"您好！""您早！"或"早上好！""下午好！""晚上好！"。在门口的营业员还应目视对方，面带微笑，握手或向客人行鞠躬礼。要求工作人员语气亲切、自然，动作端庄、大方，可向顾客略微点头问候，让顾客感觉到被欢迎、受到尊重。迎送顾客的过程中应保持微笑，与顾客有目光的交流。迎送顾客并没有固定的语言或行为方式，应以能够使顾客感到受尊重、被关注，服务人员热情有礼而又不至于使顾客窘迫为原则。

（2）引路 客人进店后，如不知道商品的摆放位置而需引路时，营业员应抬手示意，并说"这边请"，然后把客人带到恰当的位置。引路时，如路程较远，应注意走在客人左前方的 2～3 步处，并与客人的步伐保持一致。如遇走廊或过道，引路人走在走廊的左侧，让客人走在路中央。引路时要注意客人，拐弯或有楼梯台阶的地方应使用手势，并提醒客人"这边请"或"注意楼梯"等。同时结合实际情况适当地提起一些话题与顾客沟通，以了解顾客的真实需要。

（3）销售导购 导购员工作时应面带微笑，体态自然、端庄、大方，与顾客交谈时语气亲切、自信。表情专注，认真聆听顾客的陈述，以明确顾客需求，适当点头示意或重复顾客的陈述以示明白顾客的意图。

"您是要降压药还是要降脂药？"等问题，有助于顾客表达自己的真实意图，故工作中要多练习运用。特别是顾客需求不明确，购买意向还没有确定时，更应通过询问与交谈以了解顾客需求，并促进成交。

如果顾客需求明确，并指明购买××产品，则应回答"您需要多少？""好的，请您稍等，我这就拿给您"，同时简明扼要地解释药品正确的使用方法和注意事项。

当药店发生供货量不足或品种不齐而不能满足顾客需要时，应首先向顾客致歉，并与顾客约定送货时间，常用的说法是"小姐您要的现在只有五盒，如果可以等的话，我立即帮您组织调货，大概需要××时间""要不，您先拿这五盒，如果方便的话，请您留下电话号码，以便来货时及时通知您，或留下地址，我们给您送去"。缺货时也可以向顾客推荐同类产品以寻找成交的机会。

（4）送客 无论客人是否在本店内消费，客人离店时，工作人员都应热情送客。常用的送客语言有"您走好""您慢走""非常感谢"等，表达出对客人的尊敬和感激之情。客人出店门时，可招手道别或行鞠躬礼。一般情况下，药店人员送客时不用"欢迎下次再来"的送客语。

2. 销售药品的基本步骤与方法

（1）等待　即是指等待消费者进店的时间段。在这段时间里，为了让消费者在最初的观察中得出一个满意的印象，店员必须遵循以下几个原则。

① 店员应站在规定的位置上。该位置以能够照顾到自己负责的柜台为最适宜，而且最好站在容易与顾客初步接触的位置上。驻店药师的位置应该是无论顾客多么拥挤也能看到整个药店的情况，以及药品的陈列情况，同时要在显眼易被顾客发现的地方，以便随时准备向顾客提供帮助。

② 要以良好的态度迎接顾客。在没有顾客的时候，店员也应保持良好站立姿势和饱满的精神状态，最好站在离柜台10厘米远的地方，双手在身前轻握，或轻放在柜台上，双目注视大门方向时刻准备迎接顾客；严禁看报、聊天、吃零食，或无精打采低头沉思等给顾客带来不愉快感觉的行为。

③ 在天气不好或其他原因致顾客稀少时，应安排其他工作，如检查商品、整理与补充货架或清洁货架及柜台，不仅可以保持店员高昂工作情绪，还可以吸引顾客的注意。

④ 店员应该时时把顾客放在第一位。无论正在做什么，只要顾客一进门，就应放下手头的工作，注意顾客的一举一动，随时为顾客提供服务。

（2）观察与接近

① 观察顾客。即判断顾客所属类型，以采取相应的接待方法。对于全确定型顾客，应迅速而准确地进行取货、报价、包装、收银等操作。对于主动开口询问的半确定型顾客应熟悉各种药品的功效、适用人群及价格，热情介绍、对答如流，必要时转给驻店药师进行处理。对于难为情的顾客，应细心观察顾客主要留意哪一方面的药品，不怕尴尬，大方主动地进行询问及推介，并注意控制音量，以免引起顾客尴尬。对于随意浏览的顾客，应顺其自然，不主动向顾客询问或推介，让顾客自然、舒适地在店内浏览，一旦顾客发现兴趣商品，有所示意，则应立即上前服务。

② 接近顾客。当顾客的视线与店员相遇时，要主动点头微笑，或说问候语；当顾客花较长的时间去观察特定的商品，就是对此商品产生兴趣的证明，此时是招呼顾客的好时机，但并不确定，若贸然上去询问，可能会吓走顾客；当顾客观察商品一段时间后抬起头来，有可能是寻找店员进行询问，此时店员应把握住机会进行初步的接触；也可能是顾客决定不买了，想要离去，此时如果店员接近顾客，还是有挽回顾客的机会；当顾客表现出寻找商品的状态时，店员应该快步走向顾客，进行接触，最好是问"请问有什么可以帮您的"；当顾客顺路经过，看到货架、柜台或橱窗里的商品停下来时，是接近顾客的又一机会，应毫不犹豫地招呼顾客，但此时必须注意到顾客观察的商品，以便做相应的介绍。

③ 与顾客保持适当的距离。太远会使顾客容易产生逃离的想法，而太近产生威胁感，也会使顾客不安。一般来讲，保持两人双手平举的距离是初次接触最安全和最易令人接受的距离。

（3）推介、展示药品　店员在适当时机同顾客初步接触成功之后，接下来要做的即是药品的推介及展示。目的是让顾客了解欲购买药品的种类、功效及价格，同时给顾客一个直观的印象，激发顾客的购买兴趣。所以店员在销售过程中必须遵守以下基本原则。

① 需求第一的原则。顾客的需要和欲望是市场营销的出发点，也是推销的出发点。因此，推销人员必须认真了解顾客的需要，把推销品作为满足顾客需要的方案向顾客推荐，让

顾客明白它确实能满足其需要。药店员工不要口若悬河地向没有需求的顾客推介药品，即使你偶尔成功地说服了顾客，但一旦顾客冷静下来还是会后悔的，这样很容易影响企业的形象。

② 推销药品使用价值的原则。该原则是药品推销人员向顾客宣传药品的有效性，帮助顾客认识药品的真实效用的一个途径。优秀的药品推销人员，就是要通过各种途径、各种方式引导客户对药品形成良好的使用价值观念，进而产生好的购药评价，吸引更多的客户。

③ 诚信为本的原则。诚信即诚实，不欺不诈。在推介药品过程中不提供假劣药品，特别是对于药品的功效应实事求是，绝对不能信口开河，夸大其词，以免破坏药店信誉及失去顾客信任。

④ 尊重客户的原则。是指在药品推销过程中，推销人员应坚持以客户为中心来开展各项工作。尊重客户，最重要的是尊重客户的人格。药品推销人员首先应该明确自己的工作目标是推销药品，而不是评价客户的人品、地位等。作为药品推销人员应淡化顾客的职业、地位、肤色，只要是推销对象，都应当视作"上帝"。

另外，为了适应顾客自尊心的要求，应对同类药品从低价至高价进行推介。在介绍商品时，还必须注意说话的语气，应态度诚挚，介绍恰如其分、简明扼要、速度平稳，语气坚定、不容置疑，以坚定顾客的信心。

(4) 诱导劝说　对商品介绍后仍犹豫不决的顾客，应在细致观察顾客的各种反应后，进行诱导劝说，如根据顾客对商品不满意的地方进行委婉的诱导说服，使之对自己不满意的理由发生动摇；站在顾客的立场对商品所能产生的作用进行描绘，加强顾客的购买信心；实在不能使顾客对现有产品满意，不应勉强，否则会使顾客产生抗拒购买心理，此时要抓住时机推介替代性产品，提示购买的理由，使其产生周到之感，满足顾客求方便、求实惠的心理。

(5) 促进成交　在与顾客接触的过程当中，要密切注意掌握最佳成交时机，即顾客购买欲望最强、最渴望占有商品的时机。当这个时机来临时，顾客的言行表情会发出相应的信号，如顾客由不断的发问到突然不再发问；顾客的话题集中在某一个商品；顾客征求同伴意见；顾客不断点头；顾客关心药品售后服务等都是最佳成交的时机，如果这时店员从旁劝说，则将促使其购买。

当店员找出有成交的机会，而顾客又犹豫不决时，店员一定要坚守立场，努力说服顾客，促使其尽快下定决心。常用的方法有：将介绍的药品逐渐集中在两三个品种上，而把其他的都收回去，这样不但可以防止顾客犹豫不决，而且可掌握顾客的偏好；使用二选一法，应当问顾客"您需要这种或是那种？"，而不应该问"您要这种吗？"；要注意观察，确定顾客所喜欢的品种，这样不仅可加速成交，还会使顾客对你产生好感；可使用动作，如拿起发票准备填写或拿着袋子准备包装；也可以用真诚、恳切的态度与顾客对话，通过情感打动顾客的心。

> **知识拓展**
>
> **药品推介技巧**
>
> 　药品推介工作是营业员向顾客展示产品价值的有效途径。当顾客了解了产品的质量特性及其价值特征后，对增强其购买欲望，提高顾客满意度有极其重要的影响。常用的技巧如下。
>
> 　(1) 将产品特征详细地介绍给顾客。要以准确的语言向顾客介绍产品的特征。介绍的内容应当包括：药品的疗效、包装、工艺、使用的方便性及经济性、外观优点及价格

等。特别是新产品则应更详细地介绍。

（2）充分分析产品的优点。对不同类型、不同剂型、不同品牌的药品寻找出其特殊的作用，或者是某项特征在该产品中扮演的特殊角色、具有的特殊功能等。

（3）尽数产品给顾客带来的利益。推销人员应在了解顾客需求的基础上，把产品能给顾客带来的利益，尽量多地列举给顾客。不仅要讲产品外表的、实质上的利益，更要讲产品给顾客带来的内在的、附加的利益。在对顾客需求了解不多的情况下，应边讲解边观察顾客的专注程度和表情变化，在顾客表现出关注的主要需求方面要特别注意多讲解多举例。

（4）以"证据"说服顾客。应用真实的数据、案例、实物等证据解决顾客的各种疑虑，促使顾客购买。

活动四 ☆特殊药品的销售管理

1. 案例 6-13 "蒙汗药"经非法渠道流入市场案

据央视《焦点访谈》报道，某制药公司是我国两家定点生产三唑仑企业之一。2005 年 6 月，有关部门在对该企业进行例行检查时发现，这家企业生产的三唑仑没有按照国家规定通过国家指定的北京国药集团进行销售，而是流入河北、安徽、广东、陕西、辽宁、内蒙古、吉林等地的医药药材公司、医院、诊所，涉及药品共 192 箱计 151.4 万片。同时经公安部门查证，上述购买单位和个人的公司证明、一类精神药品的经营资质证明、身份证明等均系伪造，再加上销售公司个别业务员素质不高、法律意识不强，致使一些三唑仑药品经非法渠道流入市场。

2. 案例 6-14 氯胺酮原液流失案

氯胺酮是国家管制的特殊药品，经营这类药品的单位，要具备特殊药品的经营资格，每次购买都要提供医药公司的经营许可证或医疗机构执业许可证以及购买个人的身份证明。但在一次氯胺酮流失案件中，制毒分子的手续都是伪造的，销售过程中没有合同，也不走账，整个交易都是在两人之间完成的。国家管制的特殊药品就这样经非法渠道流入了市场。警方从制毒分子处缴获的由氯胺酮原液加工而成的 K 粉达 100 多千克。

3. 案例 6-15 某乡卫生院"贩毒"事件

某乡卫生院，有人通过伪造病历、开具假处方等手段骗领麻醉药品杜冷丁（即哌替啶），并几经转手以高价贩卖到贩毒者手中，经非法渠道流入市场。据初步调查，该乡卫生院均持有《麻醉药品、一类精神药品购用印鉴卡》。

4. 案例 6-16 某仓库私自经营毒性中药材

某市药品监督稽查支队检查了本市一处仓库，查封了一批毒性中药材，主要为巴豆、生川乌、生草乌 3 种。据介绍，这些药材如果使用不当，不仅会引起失声、腹泻，甚至可能导致服药人死亡。

议一议

同学们，以上特殊药品销售为什么违规？应如何解决？填表 6-3。

表 6-3　特殊药品销售违规案例分析

分析主题	分析内容
案例 6-13 是如何认定制药公司违规的？应如何处罚	
案例 6-14 如何认定林某违法？对涉案人员及单位应如何处罚	
案例 6-15 如何认定乡卫生院违法？涉案人员及单位应如何处罚	
案例 6-16 经营毒性中药材有什么规定	

5. 特殊药品销售管理内容

特殊管理的药品是指麻醉药品、精神药品、医疗用毒性药品、放射性药品。此外戒毒药品、医药行业使用的易制毒化学品以及治疗性功能障碍的药品也实行特殊管理。

(1) 麻醉药品和精神药品的经营管理　国家对麻醉药品和精神药品实行定点经营制度。国家药品监督管理局应当根据需求，确定麻醉药品和第一类精神药品的定点批发企业布局。

定点批发企业分为全国性批发企业和区域性批发企业。其中全国性批发企业是指跨省从事麻醉药品和第一类精神药品批发业务的企业，应当经国家药品监督管理局批准。区域性批发企业是指在本省内从事麻醉药品和第一类精神药品批发业务的企业，应当经所在地省级食品药品监督管理部门批准。以上两种类型的企业可以从事第二类精神药品批发业务。专门从事第二类精神药品批发业务的企业，应当经所在地省级食品药品监督管理部门批准。

全国性批发企业可从定点生产企业购进麻醉药品和第一类精神药品，除了可以向区域性批发企业供货外，经所在地省级食品药品监督管理部门批准，还可以直接向医疗机构销售麻醉药品和第一类精神药品；向医疗机构销售麻醉药品，应当将药品送至医疗机构，医疗机构不得自行提货；药品经营企业不得经营麻醉药品和第一类精神药品的原料药，不得零售麻醉药品和第一类精神药品。

区域性批发企业可以从全国性批发企业购进麻醉药品和第一类精神药品；经所在地省级药品监督管理部门批准，也可以直接从定点生产企业购进麻醉药品和第一类精神药品；可以向本省医疗机构销售麻醉药品和第一类精神药品；由于特殊地理位置的原因，需要就近向其他省医疗机构销售的，应当经国家药品监督管理局批准。

第二类精神药品可在经市级药品监督管理部门批准的药品零售连锁企业内零售。第二类精神药品零售企业应当凭执业医师出具的处方，按规定剂量销售第二类精神药品，并将处方保存 2 年备查；禁止超剂量或者无处方销售第二类精神药品；不得向未成年人销售第二类精神药品。

麻醉药品和精神药品实行政府定价，在制定出厂价和批发价格的基础上，逐步实行全国统一零售价格。麻醉药品和精神药品禁止使用现金进行交易，但是个人合法购买麻醉药品的除外。

(2) 医疗用毒性药品经营管理　医疗用毒性药品是指毒性剧烈、治疗剂量与中毒剂量相近，使用不当会致人中毒或死亡的药品。毒性药品分为中药和西药两大类。

毒性药品的收购和经营，由药品监督管理部门指定的药品经营企业承担；配方用药由有关药品零售企业、医疗机构负责供应。其他任何单位或者个人均不得从事毒性药品的收购、经营和配方业务。

医疗机构供应和调配毒性药品，需凭医生签名的处方。药品零售企业供应毒性药品，需凭盖有医生所在医疗机构公章的处方。每次处方限量不得超过 2 日剂量。调配处方时，必须认真负责，计量准确，按医嘱注明要求，并由配方人员及具有药师以上技术职称的复核人员签名盖章后方可发出。对处方未注明"生用"的毒性中药，应当付炮制品。如发现处方有疑问时，须经原处方医生重新审定后再进行调配。处方一次有效，取药后处方保存 2 年备查。

科研和教学单位所需的毒性药品，必须持本单位的证明信，经所在地县级以上药品监督管理部门批准后，供应单位方可发售。

群众自配民间单方、秘方、验方需用毒性药材，购买时需持有本单位或者街道办事处、乡政府的证明信，由供应部门发售。每次购用量不得超过 2 日剂量。

（3）放射性药品的经营管理　放射性药品是指用于临床诊断或治疗的放射性元素制剂或者其标记药物，包括裂变制品、推照制品、加速器制品、放射性同位素发生器及其配套药盒、放射性免疫分析药盒等。

经营放射性药品的企业，必须向能源部报送年度生产、经营计划，并抄报国家药品监督管理局。

放射性药品经营企业，必须建立质量检验机构，严格实行全过程的质量控制和检验。放射性药品的经营单位和医疗单位凭省、自治区、直辖市药品监督管理部门颁发的《放射性药品经营企业许可证》，医疗单位凭省、自治区、直辖市公安、环保和药品监督管理部门联合颁发的《放射性药品使用许可证》申请办理订货。

> **知识拓展**
>
> 毒性药品的种类
>
> （1）毒性中药品种有砒石（红砒、白砒）、砒霜、水银、生马钱子、生川乌、生草乌、生白附子、生附子、生半夏、生天南星、生巴豆、斑蝥、青娘虫、红娘虫、生甘遂、生狼毒、生藤黄、生千金子、生天仙子、闹阳花、雪上一枝蒿、红升丹、白降丹、蟾酥、洋金花、红粉、轻粉、雄黄 28 种。品种名录速记歌诀如下。
>
> 披金戴银一天仙，半升半降黄白钱。川南狼，闹粉娘，遂草炒豆熬酥糖。
>
> 注：披金为砒石（红砒、白砒），砒霜，洋金花，生千金子；银为水银；一天仙为雪上一枝蒿，生天仙子；半升半降为生半夏，红升丹，斑蝥，白降丹；黄白钱为生藤黄，雄黄，生白附子，生附子，生马钱子；川南狼为生川乌，生天南星，生狼毒；闹粉娘为闹阳花，红粉，轻粉，青娘虫，红娘虫；遂草为生甘遂，生草乌；豆为生巴豆；酥为蟾酥。
>
> （2）毒性西药品种有去乙酰毛花苷丙、阿托品、洋地黄毒苷、氢溴酸后马托品、三氧化二砷、毛果芸香碱、升汞、水杨酸毒扁豆碱、亚砷酸钾、氢溴酸东莨菪碱、士的宁。
>
> 速记歌诀为：双砷两品，三碱两苷加升宁。

任务三

药品的柜台陈列

任务目标　了解药品陈列的基本知识。
熟悉药品陈列的原则。
熟悉药品陈列的方式。
熟知药品的陈列管理。

活动一　陈列药品

练一练

组织学生参观药店，讨论表 6-4 所列问题。

表 6-4　药品陈列注意问题

分析主题	分析结果
1. 如何陈列药品	
2. 如何吸引顾客购买兴趣	

做一做

（1）全班同学分组，并选出组长。由组长负责，共同协商，制订出陈列方案。在制订的陈列区域按设计好的方案实施陈列，各组互相评分。

（2）陈列要求

① 药品的一般分类陈列。将准备好的材料陈列于适当的位置。

② 节假日的店堂布置与陈列。每个小组分别以元旦、春节等节日为背景，设计以节日为主题的药品门店陈列。

（3）结果（照片）

活动二　☆药品陈列的基本知识

1. 药品实物陈列和 POP 药盒陈列

药品陈列工作应分为药品实物陈列和 POP 药盒陈列两种。实物陈列是陈列的基本形式，药盒陈列是对 POP 广告的一种补充。

2. 陈列点、线、面的概念

（1）**陈列点**　陈列点又称为陈列位，即陈列的位置，只有将药品以适当的形式（考虑数量、价格、空间、组合方式）陈列在适当的位置，才能最大限度地提高销量，提升品牌，因为现在患者的购买行为随机性很大，这是 OTC 市场区别于医院市场的最大特点。

一般以下位置为较好的陈列点：店员习惯停留位置，在其后方的背架视线与肩膀之间的高度位置及其前方的柜台小腿以上的高度（第一层）位置为较好位置；消费者进入药店，第一眼看到的位置，即卖场正对门口的位置；各个方向不阻挡消费者视线（主要为沿卖场顺、逆时针行走时视线）的位置；光线充足的位置，在卖场内主要是正对卖场光源的位置；同类药品的中间位置；靠近柜台玻璃的药品较距玻璃较远位置的药品容易受到注意；非处方药采用自选形式的，患者较易拿取的位置为优势位置；著名品牌药品旁边的位置；消费者经常经过的交通要道。

选择陈列点时，除以上位置外，还应注意的是要根据药店药品类别布局而定，另外，要保持始终有一固定位置的药品陈列，方便患者重复购买。

（2）**陈列线**　陈列线是药品实物陈列和 POP 药盒陈列要形成一种线性关系，即有连续性，可以引导患者的购买行为。一些厂家的药盒在卖场码的很引人注目，如果正是患者关心的，会引起患者一丝注意，但转了一下，没有发现药品后，会马上取消进一步查看的念头，转去购买别的药品或者向店员咨询针对自己适应证的药品。所以如果条件许可的话，POP 形式的药盒陈列尽量和实物药品陈列近些，另外，配合其他 POP 广告、指示牌等或者导购员引导消费者。对于多产品的厂家，产品的线性陈列也是一个重点。

（3）**陈列面**　陈列面是指面向消费者的药品的单侧外包装面，销售额可随着陈列面的增大而增加。

成功的陈列面都具备以下特点：占据药店内最吸引顾客的位置，包装正面面向外，确保消费者对品牌、品名、包装留下印象；采用堆箱形式的陈列面可增加稳固性，使药品不易翻倒，确保安全；多产品集中排列；至少三个排列面，因为一个陈列面较易被品名价格标签挡住；留有陈列面缺口，给人以此药品正在热卖中的感觉。

3. 药品陈列技巧

药品陈列技巧主要集中在陈列点、陈列线、陈列面方面。另外还需注意的是：尽可能利用各种陈列方式多方位、多角度陈列药品及 POP 广告，增强视觉效果。在卖场里可选择的陈列地点有：柜台、背架、自选货架、橱窗、灯箱、收银台、陈列架、陈列台、陈列柜、店方允许的堆头地点等。

活动三　☆药品陈列的基本原则

药品陈列是 POP 广告之一，它是以药品为主题，利用各种药品固有的形状、色彩、性能，通过艺术造型和科学分类，来展示药品、突出重点、反映特色，以引起顾客注意，提高顾客对药品的了解、记忆和信赖的程度，从而最大限度地引起顾客的购买欲望。药品陈列具有 POP 广告共有的优点，同时又是便利顾客、保管药品的重要手段，因而是衡量服务质量高低的重要标志。药品陈列的目的则是最大程度地促进销售，提高产品的市场竞争力。

1. 陈列货架标准化

对于封闭式销售来说，典型售货柜台及货架既要便于各种身材顾客的活动，又要便于普通身材营业员的活动。为此商品柜台一般高度为 90~95 厘米、宽度为 46~60 厘米；货架宽度一般为 46~56 厘米，高度为 160~183 厘米；营业员活动区域宽度为 76~122 厘米，顾客活动区域宽度为 45~610 厘米；考虑到有的顾客需坐着挑选商品，而营业员需站着挑选服务，陈列柜的高可降至 86~91 厘米。

（1）陈列柜陈列　利用柜面和柜内陈列商品，其中柜面陈列可以放置小型陈列用具，亦可直接摆放有造型的商品，以小商品居多。陈列柜分前开、后开、前后开、敞开等款式。

（2）陈列架陈列　分为柜台式封闭销售的货架陈列和开架式敞开销售的货架陈列，有托架、柜型架、台型架、框型架、立架、挂具型等款式。

（3）陈列台陈列　分箱型台、平台阶、梯形台阶、桌形台等款式，利用台面陈列展示商品。

（4）地面陈列　将商品摆放于地面供顾客选用。一般用于医疗器械等大件笨重商品，也可将小件商品在地面堆成立体状态以吸引视线。

2. 分区分类并结合 GSP 陈列原则

药店经营的商品可分为药品与非药品两大类。药品又分为非处方药（内服药、外用药）和处方药（内服药、外用药）。非药品又分为（口服）食品、保健品、妆（药妆品）、消（消毒、防腐、杀虫剂等消字类）、械（医疗器械）。

根据 GSP 的要求，药品应按剂型或用途分类陈列。

（1）药品与非药品、内服药与外用药应分开存放，易串味的药品与一般药品应分开存放。处方药不得开架自选销售。

（2）处方药与非处方药应分柜摆放。

（3）危险品不应陈列。如因需要必须陈列时，只能陈列代用品或空包装。

（4）第二类精神药品、毒性中药品种和罂粟壳不得陈列。

（5）拆零药品应集中存放于拆零专柜，并保留原包装的标签。

（6）冷藏药品放置在冷藏设备中，按规定对温度进行监测和记录，保证存放温度符合要求。

（7）中药饮片装斗前应做质量复核，不得错斗、串斗，防止混药。饮片斗前应写正名正字。

（8）经营非药品应当设置专区，与药品区域明显隔离，并有醒目标志。

3. 体现企业及门店风格

药品陈列应与企业文化、药店环境、整体气氛保持一致。要突出企业特色，树立企业形象，突出良好的门店形象。让顾客无论是否得到"有形"商品，均能得到"无形"商品，即顾客对门店及企业的良好感觉，从而提高回头率。

4. 醒目原则

药品大、中、小分类清晰合理，使顾客进入店内很容易找到药品的陈列位置。药品陈列位置尽可能设置在顾客易于看见的地方，不宜太高或太低。附加文字说明，文字说明不仅用来阐述药品的有关事实如价格、产地、原料、规格、名称、用途等，而且是药品陈列创意的说明，是对陈列的进一步解释。

5. 易见易取原则

药品正面面向顾客，不被其他药品挡住视线；货架最低层不易看到的药品要倾斜陈列或前进陈列；货架最上层不易陈列得过高、太重；易碎药品、整箱药品不要上货架，中包装药品上架前必须全部打码上架，否则不能上架；速购药品放在最明显、最易选购的位置，如药店入口附近；选购药品摆放在比较安静、不易受到打扰、光线充足的位置上，便于顾客仔细观看，慢慢挑选；药店主推的药品可以陈列在端架、堆头或黄金位置，容易让顾客看到药品；特殊药品如精品、高档药品、名品可以摆放在距出售一般药品稍远、环境幽雅的地方，以显示药品的高档贵重。

药品陈列位置适中，便于取放。不要将药品放在顾客手拿不到的位置。放在高处的药品即使顾客费了很大的劲拿下来，如不满意，很难再放回原处，影响顾客的购物兴致和陈列布局的美观性。

6. 满陈列原则

药品陈列种类与数量要充足，以刺激顾客的购买欲望。丰富是吸引顾客、提高销售额的重要手段之一，品种单调、货架空荡的药店，顾客是不愿进来的。要及时补货，避免出现"开天窗"脱销的局面。

7. 整洁美观原则

陈列的药品要清洁、干净，没有破损、污物、灰尘，不合格的药品应及时从货架上撤下来。每种药品都有其优点，药品陈列应设法突出其特点。大胆采用多种艺术造型、艺术方法，运用多种装饰衬托所陈列药品的特点，使陈列美观大方。

8. 先进先出原则

将上架药品放在原有药品的后排或把近效期药品放在前排以便于销售，易变质的药品也应放在货架前排优先陈列。

9. 关联性原则

药店自选区（OTC区和非药品区）要强调药品之间的关联性，如感冒药区常和清热解毒消炎药相邻或与止咳药相邻，皮肤科用药和皮肤科外用药相邻，维生素类药和钙制剂在一起等。这样在顾客消费时产生连带性，也方便了顾客购物。

10. 季节性陈列原则

在不同的季节将应季药品（药品）陈列在醒目的位置（端架或堆头陈列），其药品陈列面、量较大，并悬挂POP，吸引顾客，促进销售。

活动四　☆药品陈列的方法

药品是药店经营的对象，药品是无生命的，而陈列展示则可使药品生动起来，通过不同

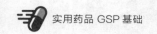

形式的展示，达到吸引消费者、售出药品的目的。

顾客购买药品的心理活动可概括为：关注、产生兴趣、联想、产生欲望、比较权衡、信任、决定行动、满足等八个阶段。良好的药品陈列与展示可以吸引顾客的注意力，并产生购买欲望。

1. 集中陈列法

按药品规格大小、价格高低、等级优劣、花色繁简、使用对象、使用价值的关联性、品牌产地等顺序进行陈列，便于指导顾客选购。规格由大到小，价格由贱到贵，等级由低到高，花色由简到繁、由素到艳，使用对象如老人用药、小儿用药、妇科用药等。并可采用纵向分段陈列，将货架沿纵向分成若干段，每段陈列不同的商品，以表现出商品的色彩调节作用，给顾客以品种多的感觉；也可横向分段陈列，每层陈列不同药品，以突出中间段的药品，或者将两种方式结合起来灵活采用。

2. 特殊陈列法

（1）橱窗陈列　利用药品或空包装盒，采用不同的组合排列方法展示季节性、广告支持、新药品及重点促销的药品。有综合式橱窗陈列（横向、纵向、单向）；系统式橱窗陈列；主题式橱窗陈列：节日陈列（以节日为主题）、事件陈列、场景陈列（诱发顾客购买行为，吸引过往观众的注意力）；季节性橱窗陈列等形式。

（2）专柜陈列　一般是按品牌设立，一般为同一厂商的各类药品的陈列。也有按功能设立，将功能相同或相关联的药品陈列于同一专柜。

（3）利用柱子的"主题式"陈列　一般柱子太多的店铺会导致陈列不便，但若将每根柱子作"主题式"陈列，不但特别而且能营造气氛。

（4）端架陈列　指双面的中央陈列架的两头。展示季节性、广告支持、特价药品、利润高的药品、新药品及重点促销的药品；端架陈列可进行单一大量的药品陈列，也可几种药品组合陈列于端架，展示的药品在货架上应有定位。

（5）分段陈列　上段是感觉性陈列，陈列"希望顾客注意"的药品、一些推荐药品、有意培养的药品。黄金段是人眼最易看到、最易拿取的位置，陈列具有差异化，如有特色的药品或高利润的药品、自有品牌药品、独家代理或经销药品、广告药品。中段是陈列价格较便宜、利润较少、销售量稳定的药品。下段陈列周转率高、体积大、重的药品。可陈列需求弹性低的药品。

（6）黄金位置的陈列　主要陈列重点推荐的药品，如高毛利率、需重点培养、重点推销的药品。

对于敞开式销售来说，中等身材的顾客主动注视及伸手可及的范围，从地板开始 60～180 厘米，这个空间称为药品的有效陈列范围。其中最易注视的范围为 80～120 厘米，称为黄金地带。黄金线指：男性 85～135 厘米，女性 75～125 厘米；次要高度：男性 70～85 厘米或 135～145 厘米，女性 60～75 厘米或 125～135 厘米。60 厘米以下、180 厘米以上是顾客不易注视接触的空间，60 厘米以下常用于陈列购买频率极低的药品或作为库存空间；180～210 厘米常作为库存空间以补充感陈列的货源；210～260 厘米虽难以吸引近距离注视，但可吸引远距离注视，具有一定的展示诱导功能，可作为装饰陈列或广告空间。另外，为方便顾客取放药品，货架上陈列的药品与上隔板应有一定距离，通常以手能伸进去拿出药品为宜，太宽了影响货架使用率，太窄了顾客难以拿取药品。

（7）**量感陈列**　如堆头陈列、多排面陈列、岛形陈列等。量感陈列产生"数大就是美"的视觉美感及"便宜"、"丰富"等刺激购买的冲动，它分为规则陈列和不规则陈列两种。规则陈列是将药品整整齐齐地码放成一定的立体造型，药品排列井然有序，通过表现商品的"稳重气息"，使顾客对商品的质量放心来扩大销售。不规则陈列，则是将药品随意堆放于篮子、盘子等容器里，不刻意追求审美的秩序性。这种陈列给顾客一种便宜、随和的印象，易使顾客在亲切感的鼓舞下触摸挑选药品，通常用于小件日用品的摆放。

适合于量感陈列的药品具体来说有：特价药品或具有价格优势的药品，新上市的新药品，新闻媒介大量宣传的药品。对于采用量感陈列的药品，在卖场药品数量不足时，可在适当位置用空的包装盒做文章，设法使陈列量显得丰富。

（8）**质感陈列**　着重强调药品的优良品质特色，以显示药品的高级性，适合于品牌、高档珍贵药品。陈列量极少，甚至一个品种只陈列一件，主要通过陈列用具、光、色的结合，配合各种装饰品或背景来突出商品极富艺术魅力的个性特色。

（9）**集中焦点的陈列**　利用照明、色彩、形状、装饰，制造顾客视线集中方。顾客是药品陈列效果的最终评判者，陈列应以视线移动为中心，从各种不同的角度，设计出吸引顾客、富于魅力的陈列法则，并且将陈列的"重点面"面向顾客流量最多的通道。"重点面"可以是药品的正面，也可以是商品的侧面，确定"重点面"的因素可以来自多方面，如以可见药品的最大形象、能显示丰富感来决定；以可见药品内部结构、能识别质地来确定；以容易陈列、能简化操作、省工省时的面来决定；以顾客重视的面来决定。

（10）**突出陈列**　将价格高、低，不同厂家的同类药品放在一起。陈列时着重突出某一种或几种药品，别的药品起辅助性作用。着重陈列的药品有：药店的主力药品、流行性药品、季节性药品，反映药店经营特色的药品，名贵药品等。这些药品或者应占用较大比例的陈列空间，或者要用艺术手法着重渲染烘托气氛，或是陈列于比较显眼的位置上。

还有一种突出陈列，是将某些药品陈列在特殊的位置如货架侧面、收银台等，如润喉片、创可贴等，这是小药品可采用的一种形式，用以活跃店内陈列气氛，吸引顾客，但不可过多，以免形成障碍，影响顾客的视野及行动路线。

做一做

学生分 10 个小组，每组 5 人，到模拟药店按要求在柜台摆放药品。

任务四

药品售后服务

任务目标　熟悉药品售后服务的重要性。
　　　　　　熟知药品售后服务管理的主要内容。
　　　　　　熟知药品售后服务的一般流程。

活动一　认识药品售后服务的重要性

议一议

　　请同学根据日常用药经验，讨论药品售后服务的重要性，并填写表6-5。

表 6-5　药品售后服务的重要性

分析主题	重要性
1. 对患者	
2. 对药品经营企业	
3. 对药品生产企业	
4. 对社会	

　　随着药品经营企业间的激烈竞争，药品经营企业的售后服务意识也越来越强。目前，我国药品经营企业的售后服务除了按照 GSP 要求开展用户访问、退货处理、用户质量投诉与处理外，药店还开展了一些特色服务，如送药上门，开设咨询台，免费提供用药咨询，跟踪指导患者正确用药，免费量血压、测体重，定期社区服务，在药店里提供药品免费打粉、切片等，这些都属于药品经营企业的售后服务范围。通过高质量的售后服务，既可以保证患者用药的安全性、有效性，又可反映出药品经营企业的管理水平与服务水平，从而提高企业的竞争力，创造更大的社会效益与经济效益。

活动二　　送货上门

议一议

　　请同学模拟药品送货上门，并讨论药品送货上门的要求及注意事项有哪些，填写表 6-6。

表 6-6　药品送货上门的要求及注意事项

分析主题	分析内容
1. 语言表达	
2. 具体要求	
3. 注意事项	

1. 送货上门的要求

顾客有送货需求时，按顾客要求准备商品。收银员将商品入机，打印送货小票。门店送货人员由当班负责人指派，送货范围一般为所在门店周围单程 15 分钟步行路程的范围内（大单购物除外），超范围无法送货上门的，请顾客谅解。

送货人员将商品、送货小票送到顾客手中，带回货款交收银员正式入机。如遇送货商品不符合顾客需求，应将商品与送货小票原封带回本店。

如店内只有两人当班，则不能执行送货作业，应请顾客谅解，待接班人员上班后再予以送货。

送货人员在送货途中如遇其他特殊情况，应及时向当班负责人汇报。

2. 注意事项

对一些老、弱、病、残的顾客，或是一次购物数量较大的顾客，公司可以提供送货上门服务项目。送货时应注意如下几点。

（1）遵守承诺　提供送货服务，营业员应提醒顾客有关送货的具体规定，诸如送货区域、送货时间等。送货必须言而有信，认真兑现自己的承诺。

（2）专人负责　为顾客提供送货服务，应当由专人负责。规模较大的药店或零售连锁公司，还需要组织专门的送货人员与送货车辆。即使雇请外单位人员负责代劳也要与之签订合同，以分清彼此之间的责任，并要求对方认真履行送货服务。

（3）免收费用　正常情况下，零售企业为顾客提供送货服务是不收费用的。但顾客对于送货提出某些特定要求，如进行特殊包装、连夜送货等，要与顾客达成协议，按协议费用执行即可。

（4）按时送达　门店对于已承诺的送货时间要严格遵守，将药品快速送到顾客手中。如有特殊情况应及时与顾客沟通并取得其谅解。

（5）确保安全　在送货上门的过程中，应采取必要的措施，确保所送药品的安全。假如在送货期间商品出现问题，应由销售单位负责理赔。送货到位之后，应请顾客对其开箱验收检查，然后正式签收。

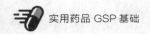

活动三	退货与换货

想一想

售出的药品能退货或换货吗？为什么？填写表 6-7。

表 6-7　药品退货与换货

分析主题	分析结果	分析原因
1. 能否退货		
2. 能否换货		

1. 药品退、换货业务的特殊性

GSP 规定，药品批发和零售连锁企业对药品质量的查询、投诉、抽查和销售过程中发现的质量问题要查明原因，分清责任，采取有效的处理措施，并做好记录；企业已售出的药品如发现质量问题，应向有关管理部门报告，并及时追回药品，做好记录。药品零售企业应在零售场所内提供咨询服务，指导顾客安全、合理用药；应在营业店堂明示服务公约，公布监督电话和设置顾客意见簿，对顾客的批评或投诉要及时加以解决；对顾客反映的药品质量问题，应认真对待、详细记录、及时处理。

药品是一种特殊商品，售后服务也具有一定的特殊性和复杂性。如果药品也像电器一样可以七天内"无条件退货"，则存在着质量隐患，如一些药品的存放要求非常严格，不知情的消费者如果退回没有启封但是因存放不当而变质的药品，由于店内的鉴别设备、店员的鉴别能力有限，这些药品有可能会损害下一位消费者的健康，并对药店造成较大的损失，还有可能导致各药房之间的恶意操作。

但对于实属商品质量问题的应无条件退货，并详细登记退货记录，包括商品批号、品名、生产厂、退货原因、退货单位或姓名、联系电话。仓库收到退货商品，应立即校清品名、规格、数量、包装，将签收回单送交业务部门，业务部门查清回单后，查明退货原因，并通知检验，质管部门检验后，向业务部门提供检验情况，由业务部门入账。

药品退、换货应遵循的原则：①须有本店购物电脑小票或发票，以确认药品是否为本店售出，非本店售出的药品无电脑小票（发票）不能办理退货；②存在药品质量问题且购物时间不超过七天的无条件退换货；③非药品质量问题的，原则上不退换货。

《药品经营质量管理规范》第一百七十三条：除药品质量原因外，药品一经售出，不得退换。

2. 药品退货与换货操作

（1）退货流程

① 核查货品及相关资料。顾客要求退货时，当班负责人核查是否符合退换货原则及是否为本店出售的商品。核查工作的重点：一是核对电脑小票（发票）；二是核对品名、规格、生产厂家、批号（可向采购部或物流配送部查询）等，以便查询相关的质量信息，做好销售档案；三是检查商品内外包装是否完整，本店专用的标价签是否存在，同批次商品批号是否吻合，是否在有效期内及质量情况。

② 办理退货。当班负责人确认可以退货的药品，由负责人输入授权密码，收银员按以下流程办理退款业务：a. 回收电脑小票、发票，已开发票的一定要回收，并在原发票上注明"作废"字样，小票（发票）上还有其他商品的，如顾客需要，可将其他商品开发票给顾客。b. 用 POS 收银机打印"退货小票"，请当班负责人在退货小票上签名。c. 填写《顾客退换货登记表》相关项，并请顾客签名。d. 将每笔退货的凭证（原始电脑小票或发票、退货小票）一起贴在《顾客退换货登记表》的背面。退回顾客货款的，请顾客签名确认。e. 建档，按退货先后顺序，整理《顾客退换货登记表》。每班结束后在《收银交接班本》上记录退货情况（退款等）。f. 反馈，必要时对顾客进行回访，并根据回访情况完善《顾客退换货登记表》相关项目。

（2）换货　换货工作实际上包含两个操作单元：一是退货，即顾客将已经购买的药品退回；二是销售，即重新选择购买需要的药品。因此换货也必须按退货的有关原则与操作流程办理各项退货工作，同时应积极地推介其他药品以供顾客重新购买。

（3）操作注意事项　无论退货还是换货，除必须严格核查退回（换回）的药品质量外，还应严格检查同批号的商品的质量。批号相同的产品意味着其质量状态一致，故如果是因为药品的质量问题而出现退、换货，则库存的同批号产品存在同样的质量问题，必须采取措施以防止有质量问题的药品再次售出。

非药品质量问题或者人为损坏等情况不宜退货，请门店营业员给顾客委婉地做好解释。

商品经检查，质量无异常，内外无破损，包装批号无问题，在确保不影响第二次销售的情况下或纯属顾客选择误差，经权衡考虑，可做换货处理，但互换商品必须遵循"换出商品价格等于或略高于换回商品价值"的换货原则。商品互换后要及时修改收银记录，保证账物相符。

门店应按一定的周期对退换货情况进行统计、分析，根据分析结果填写《门店商品质量问题报告表》，以便完善药品质量档案，采用恰当措施预防或减少类似事件的再发生，实现持续改进工作质量的目的。

《药品经营质量管理规范》第一百七十七条，企业应当协助药品生产企业履行召回义务，控制和收回存在安全隐患的药品，并建立药品召回记录。

对于召回药品须填写表 6-8。

表 6-8　药品召回记录表

名称	规格	生产厂家	生产批号	有效期	召回时间	召回数量	召回理由

活动四　用户访问

1. 药品批发企业

药品批发企业的用户访问应根据不同内容要求，酌情采用函电征询、上门访问、书面调

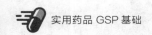

查、邀请用户座谈和利用会议调研等方式，广泛征求收集用户对药品质量、工作质量、服务质量的评价意见，建立药品质量、质量管理征询意见书。其格式见表6-9。

表6-9　药品质量、质量管理征询意见书

药品质量方面的意见(包括:外观、内在、包装质量,并请具体列出品名、规格、数量、批号、厂名、产地、进货日期、质量等)具体情况)
工作质量方面的意见(包括供应情况、运输、差错、问题处理、服务态度等)
建议与要求

每次访问应事先做好充分准备，明确访问目的，拟订调查提纲，组织好访问人员，注重工作效果，并做好访问记录，建立用户访问工作档案。企业对用户反映的意见和提出的问题必须跟踪了解，研究整改措施，做到件件有交代、桩桩有答复。按照全面质量管理的理论与实践，对来自客户的意见要认真研究对待，找出问题的症结，提出解决问题的办法，认真解决。

2. 药品零售企业

消费者在购买商品后，使用过程中经常会遇到这样或那样的问题。企业应建立顾客资料表（表6-10），掌握消费者使用药品的情况，特别是对社区内的老年顾客、慢性病患者、重点目标顾客，可帮助建立健康档案，为他们提供健康指导及医药咨询服务，既为消费者提供良好的售后服务，解除他们的后顾之忧，又能更好地满足顾客多方面的需求。

表6-10　顾客资料表

编号	姓名	性别	年龄	出生年月	籍贯	从事职业	收入水平
婚姻情况与家庭成员		健康状况		购买习惯与频率		是否会员(卡号)	
家庭住址		联系电话		回访情况		回访日期	

3. 注意事项

顾客的状况时刻处于一个动态变化的过程，因此顾客档案也需要数据化、精细化、系统化管理，这样管理的档案才对营销管理工作有指导性。

（1）动态管理　动态管理就是把顾客档案建立在已有资料的基础上进行随时更新，以变应变，而不是建立在静态上。市场在变，顾客也在变。客户档案建立后，置之不理，就会失去它的意义。另外，应定期开展顾客档案全面修订核查工作，对成长快或丢失的顾客分析原因后，另做观察。修订后的顾客档案，分门别类，整理为重要、特殊、一般性顾客三个档次。这样周而复始形成一种档案管理的良性循环，就能及时了解顾客的动态变化，为顾客提供有效帮助。

(2) 突出重点　有关不同类型的客户资料很多，要懂得透过这些资料找出重点客户，重点客户不仅要包括现在客户，而且还应包括未来客户或潜在客户。这样同时为企业选择新客户、开拓新市场提供资料，为企业进一步发展创造良机。对重要客户的档案管理，不能停留在一些简单的数据记录和单一的信息渠道来源上，应坚持多方面、多层次了解重要客户的情况。还要注意对重要客户的亲情化管理，如节假日的问候、生日的祝贺等，让顾客知道我们一直在关注他。

(3) 灵活运用　客户资料的收集管理，目的是在销售过程中加以运用。所以，在建立客户资料卡后，不能束之高阁，要以灵活运用的方式及时全面地提供给销售人员及其他有关人员，使他们能进行更详细的分析，使死资料变成活资料，提高客户管理的效率，减少工作的盲目性，有效地了解顾客动态，提高办事效率，增强企业的竞争力。

(4) 专人负责　由于客户资料只能供内部使用，所以客户管理应确定具体的规定和办法，应有专人负责管理，严格管理好客户情报资料的利用和借阅。

活动五　用户质量投诉与处理

针对用户的质量投诉，药品经营企业要认真对待和处理。要查清每一个用户投诉质量问题的原因，明确相关部门和人员的责任，并采取必要的措施，给用户一个满意的答复，同时也据此了解企业质量管理的薄弱环节，并加强管理。

企业要建立用户质量投诉的管理制度、用户投诉原因的调查制度、产品质量问题的处理制度及建立用户投诉档案等方法。

1. 投诉的原因

顾客投诉通常是在商品交易谈判结束后，由于对谈判过程或获得的商品不满而向工作人员诉求解决办法的一种常见行为。企业应对投诉原因进行调查：一是可明确质量责任；二是对属于产品本身的质量问题，通过查明原因，通知生产企业采取改进措施，防止再发生，并改进、提高产品质量。顾客投诉常见的原因如下。

(1) 对商品本身不满　顾客对商品效用的需求不仅多种多样，而且会不断变化。即使是交易谈判过程中已基本满意的商品，购买后仍有可能感到某些方面不满意。这种心理感觉达到一定强度时，顾客就可能产生抱怨甚至投诉。

(2) 对销售人员的服务过程不满　通常在交易谈判过程中，因销售人员的态度不佳，服务不规范、不标准或作业方式不当；或者因为对产品的期望过高，而产品的效用没有达到顾客的心理期望而引发顾客不满。如未能及时、正确地处理，使顾客的不满情绪加强，最终将导致投诉。

(3) 对售后服务不满　通常由于承诺的服务在商品售出后没有及时落实或落实不到位，从而导致顾客投诉。

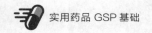

2. 投诉的处理原则

顾客投诉是服务领域中较为常见的现象。处理得当，投诉的问题得到妥善解决，也能增强企业信誉，改善企业形象。处理不当，投诉的问题得不到妥善解决，会对企业造成极坏影响，而且这种不良影响的传播速度很快，或干扰企业正常的营业秩序，严重的会导致客源的流失，因此工作人员必须重视顾客投诉，积极地寻求解决问题的办法并与顾客达成共识。

（1）首先要保持心情平静 一要换位思考，理解顾客的行为与观点，投诉是经营活动中的正常现象，是顾客应有的权利；二要重视顾客的投诉行为对企业形象的潜在影响。既要重视问题，又不必过分激动，保持心情平静，有助于冷静地解决问题，避免处理不当进一步激化矛盾。

（2）有效倾听与道歉 顾客投诉时情绪通常容易激动，对投诉问题的表述也可能不够清晰，因此工作人员需耐心、细致地倾听顾客的意见，与顾客谈话时的距离在一公尺以内，看顾客的眼睛以示自己的诚恳，用点头等恰当的肢体语言或用"是的""我知道""我很理解"等认同和肯定的语言，以及简单重复顾客的意见等方式表示已经确实准确地明白和理解了顾客的意见等，同时对顾客真诚地道歉，就能使顾客感到自己的意见得到听者的尊重和重视，激动的情绪逐渐平静下来，为协商解决问题创造条件。

（3）提供可执行的解决办法 顾客投诉的目的不仅是发泄情绪，更主要的是需要解决问题。因此处理顾客投诉就不仅是单纯地倾听，而是要积极地想办法解决问题。解决问题的办法必须是可行的、能取得顾客认可的，而且要为顾客帮助我们发现问题表示感谢。

（4）明确职责权限 一般情况下，顾客向门店投诉，由店长或领班负责处理，遇到解决不了的问题，应及时上报区域经理解决。如果顾客向总部投诉，接听人员应及时将一般问题交由区域经理处理。重大问题需及时报公司相关部门协助处理。

3. 投诉的处理方法

发现产品质量问题，属于产品本身的质量问题，一定要根据实际情况，按照有关规定，承担应该承担的质量责任，造成经济损失的还应负责赔偿实际经济损失；属用户储运或保管不当而造成的质量问题，要热情地给予技术上的指导和帮助，及时给予解决。

（1）药品质量造成的投诉 向顾客诚恳地道歉；替顾客退货或换货，奉送给顾客一份礼品；药品造成顾客物质损失、人身伤害和精神损失的，应适当给予赔偿和安慰；仔细调查发生药品问题的原因，并杜绝类似事件的再度发生。

（2）因药品使用不当造成的投诉 诚恳地向顾客道歉，承认自己交代不周而造成顾客损失；如果药品因店方的责任受损，应予退换；如果顾客不接受退换，店方应给予一定的补偿和安慰；如确由顾客使用不当而造成，切忌"得理不让人"。

（3）因服务态度不佳造成的投诉 这类投诉往往没有确凿的证据，同时也与顾客的不同心理感受有关，所以这类投诉处理起来比较困难。但有一点必须明确：正常人不会无缘无故地投诉，所以，只要产生了这类投诉，药店就必须承担责任，并向顾客保证今后一定加强对药品销售人员的教育，杜绝类似情形的再度发生；经理陪同当事人当面向顾客赔礼道歉，以期获得谅解；加强对销售人员的优质服务教育，并建立相应的监督机制。

（4）重大投诉 如药物不良反应、药疗事故等，请公司领导协助处理。

（5）无法当场解决的投诉 如顾客投诉的问题确实无法当场解决而需要用信件处理，应注意措辞一定要恭敬有礼，无错漏字，直接进入主题。先向顾客致以诚恳的歉意，然后叙述事件的来龙去脉，肯定顾客的意见有建设性；将门店需要说明的事件详加解释，再次道歉；最后把门店的赔偿方法说明，以利顾客决定。

如顾客不接受意见，需继续与对方商讨解决方案，至达成协议，如最终不能达成协议的，可留下顾客的联系方式，感谢顾客的投诉，再向上级汇报。

若事件处理中引起顾客愤怒，可考虑以下应对方法。

① 他人代为处理。接待人员因处理不当引起顾客的愤怒，应请他人代为接待，借以缓和顾客的情绪，并做进一步妥善处理。

② 场所变换。由于顾客在卖场的时间过久，可能会产生疲倦而更为不悦，而且若在卖场发生争论事件，也会影响卖场的气氛或其他顾客购物，所以最好请顾客到接待室或僻静处，以利于事件的处理。

③ 时间的配合。有些顾客可能对任何处理结果都不接受，此时应态度婉转地留下顾客资料，承诺在最短时间内给予答复解决。这样可能缓解顾客的不满情绪。必要时可由主要责任人员前往道歉，以表示公司处理事情的诚意，并希望能借此让顾客对公司产生好感，使问题得以缓和解决。

4. 建立用户投诉档案

企业要建立用户投诉档案。用户关于质量的函电、来访，必须登记备案，及时回复处理，并将投诉的时间、问题、内容、调查过程及处理结果等记录在案。每一投诉应有书面记录，保存在用户投诉档案内。有关药品投诉的书面记录在药品有效期后保存 1 年。

书面记录内容应包括：药品名称、规格、批号、投诉人姓名、投诉的内容和性质以及对投诉的答复。如果进行调查，书面记录应包括调查结果及采取的措施；如果不进行调查，则应有认为不必进行调查的原因以及对此做出决定的负责人签字。

知识拓展

药品投诉处理的十句禁句

1. 这个问题连孩子都会。

2. 你要知道一分价钱一分货。

3. 绝对不可能有这种事发生。

4. 请你找厂家，这不关我们的事。

5. 嗯……我不大清楚。

6. 我绝对没有说过这种话。

7. 这不知道怎么处理。

8. 公司规定就是这样的。

9. 你不识字吗？

10. 改天再通知你。

任务五

药品不良反应监测

任务目标 熟悉药品不良反应检测的重要性。
熟知药品不良反应检测的报告范围。
熟知药品经营企业不良反应检测的报告程序。

活动一　认识药品不良反应监测的重要性

1. 阅读 20 世纪世界著名药品不良反应案例

(1) 甘汞　1939～1948 年在英格兰、威尔士造成汞中毒，死亡 585 人。

(2) 醋酸铊　1930～1960 年，铊中毒，死亡万余人。

(3) 氨基比林　1931～1934 年，造成粒细胞缺乏症，死亡 2181 人。

(4) 磺胺酏　美国，20 世纪 60 年代，磺胺酏造成肾损害 358 人，死亡 107 人。

(5) 非那西丁　造成肾损害 2145 人，死亡 500 人

(6) 二碘二乙基锡　造成中毒性脑炎 270 多人，死亡 110 人。

(7) 反应停　造成海豹样畸形儿 10000 多人，死亡 5000 人。

(8) 异丙基肾气雾剂　造成严重心律失常、心衰，死亡 3500 人。

(9) 氯碘羟喹　日本，造成亚急性脊髓视神经病（瘫痪、失明等 11000 人、死亡几百人）。

(10) 心得宁　1968～1979 年，在美国造成眼-皮肤-黏膜综合征，受害 2257 人。

> **议一议**
> 　　不良反应是如何产生的？怎样才能避免药品不良反应？填写表 6-11。

表 6-11　药品不良反应产生的原因及对策

分析主题	分析内容
1. 产生原因	
2. 解决对策	

2. 药品不良反应监测的重要性

药品犹如一把双刃剑，既有其有利的一面，又有其有害的一面，即在达到治疗作用的同时，也会发生不良反应，对人体造成危害。自 20 世纪起，国际性药害事件不断发生，特别是"反应停"事件发生后，许多国家加强了新药管理，并开始重视药品不良反应。1963 年 WHO 建议在世界范围内建立药品不良反应监测系统，并于 1968 年建立了国际药品监测合作中心。该中心设在瑞典，为咨询性质的国际机构，发挥情报中心作用，至 2011 年 4 月已有 100 个成员国参加。美国、日本、德国、英国等许多国家建立了药品不良反应监测报告制度，设立了监测中心。

我国于 20 世纪 80 年代初，在上海、北京一些医院开展了监测药品不良反应研究，提供的监测资料引起关注。目前，我国已经初步建立了药品不良反应监测体系，国家药品监督管理局设立了国家药品不良反应监测中心和专家咨询委员会，卫健委也设立了相应的机构和人员；省级药品监督管理局已设立了 10 个省级药品不良反应监测中心，有的省还设立了地市级药品不良反应监测中心。

药品不良反应监测报告制度的目的就是为了更科学地指导合理用药，保障上市药品的安全有效。药品不良反应报告制度是国际上通行的科学、规范的制度，多数国家都已列入法制化程序。通过药品不良反应监测制度的实施，可以防止历史上药害事件的重演，为新药评审、上市药品的监测和再评价提供服务，为整顿和淘汰药品提供依据。开展药品不良反应监测报告，可以促进新药研制，促进合理用药，促进临床药学研究和药物流行病学研究。实行此制度也有利于开展国际药品信息交流，利用世界各国的信息为我国药品安全监测服务，提高我国药品质量和药物治疗水平。

活动二　药品不良反应监测的报告范围

1. 药品不良反应

药品不良反应（ADR）是指合格药品在正常用法用量下出现的与用药目的无关的或意外的有害反应。不包括无意或有意超剂量用药引起的有害反应，也不等同于医疗事故以及药品质量问题引起的有害反应。

药品不良反应主要包括如下类别。

（1）按病因分类

① A 类药品不良反应（量变型异常）：是由药物的药理作用增强所致，该型反应与药物剂量有关，占药物反应病例数的 70%～80%，可预测，其发生率高，死亡率低。副作用、毒性作用、二重感染、后遗反应、药物依赖性等均属 A 型不良反应。

② B 类药品不良反应（质变型异常）：是与正常药理作用完全无关的一种异常反应。这类反应可分为药物异常性和病人异常性两种。此类反应与药物剂量无直接关联，占药品不良反应病例数的 20%～30%，是不能预测发生的反应。其发生率低，死亡率高。过敏反应、特异质反应均属 B 型不良反应。

（2）按病人反应分类　①副作用；②变态反应，常见有皮肤反应和全身反应，如过敏性休克、血液病样反应等；③毒性反应，有中枢神经系统反应、造血系统反应、心血管系统反应及肝肾损害等；④药物依赖性，主要是长期使用麻醉药品、精神药品所致；⑤二重感染，

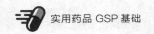

菌群失调；⑥特异质反应；⑦后遗反应，停药后遗留下来的生物学效应；⑧致癌作用；⑨致畸作用；⑩致突变作用。

2. 药品不良反应监测报告范围

WHO 监测中心要求，医务人员和药品生产与供应人员报告药品不良反应监测的范围，大致可归纳为未知的、严重的、罕见的、异乎寻常的、不可预测的药品不良反应。属于已知的不良反应，其程度和频率有较大改变的，以及其他医生认为值得报告的。对新药则要求全面报告，不论该反应是否已在说明书中注明。除了所有危及生命、致残直至丧失劳动能力或死亡等严重不良反应外，我国要求报告的还包括如下范围。

① 对人体有害的副作用。是治疗剂量的药物所产生的某些与治疗目的无关的作用。

② 毒性反应。虽然也是常规使用剂量，但由于使用者的年龄、体质状况而造成相对药物剂量过大或用药时间过长引起的反应。这类反应对人体危害较大。临床常见的毒性反应有：中枢神经反应，如头痛、眩晕、失眠、耳鸣、耳聋等；造血系统反应，如再生障碍性贫血、颗粒白细胞减少等；肝肾损害，如肝肿大、肝痛、肝肾功能减退、黄疸、血尿、蛋白尿等；心血管系统反应，如血压下降或升高、心律失常等。

③ 各种类型的过敏反应。也称变态反应，只有特异性体质的病人才能出现，与药物剂量无关。临床常见的过敏反应有全身性反应、皮肤反应等。

④ 新药投产使用后发生的各种不良反应。

⑤ 疑为药品所致的突变、癌变、畸形。

⑥ 非麻醉药品产生的药物依赖性。

⑦ 疑为药品间相互作用导致的不良反应。

⑧ 其他一切意外的不良反应。

药品法规定，新药监测期内的药品应报告该药品发生的所有不良反应；新药监测期已满的药品，报告该药品引起的新的和严重的不良反应；进口药品自首次获准进口之日起 5 年内，报告该进口药品发生的所有不良反应；满 5 年的，报告该进口药品发生的新的和严重的不良反应。

知识拓展

严重不良反应

《药品管理法》规定的"严重不良反应"是指具有下列情形之一的：

(1) 因服用药品引起死亡；

(2) 因服用药品引发癌症或致畸；

(3) 因服用药品损害了重要生命器官，威胁生命或丧失正常生活能力；

(4) 因服用药品引起了身体损害而导致住院治疗；

(5) 因药品不良反应延长了住院治疗时间。

出现以上严重不良反应，药品经营企业需在 24 小时内上报。

活动三　药品经营企业不良反应报告程序

1. 建立不良反应报告制度

根据 GSP 的规定，药品经营企业要按照国家有关药品不良反应报告制度的规定和企业的相关制度，注意收集由本企业售出药品的不良反应情况。发现不良反应情况，应按规定上报有关部门。

　　药品经营企业应经常考察本企业经营药品的质量、疗效、不良反应，并及时向当地药品监督管理部门报告。尤其是医药零售企业，直接与消费者接触，对于消费者在使用过程中出现的质量问题和不良反应，应及时向质量管理部门汇报，经质量管理部门调查汇总后，向当地药品监督管理部门报告。国家食品药品监督管理总局 2004 年印发的《药品不良反应报告和监测管理办法》中明确要求：药品经营企业在按照国家药品监督管理局有关规定进行的药品经营活动中，应注意收集从本单位售出的药品发生的不良反应的反馈情况，尤其是大众自行购用的非处方药品发生的不良反应，一经发现，应按规定报告。

　　药品经营企业要建立不良反应报告的管理制度或程序，设置相应组织机构并配备人员，负责本单位药品不良反应的情况收集、报告和管理工作。在各类与质量管理相关的人员岗位职责中要明确其不良反应报告的责任，并严格按制度和要求执行。

2. 药品不良反应报告程序

　　药品不良反应报告程序如图 6-1 所示。

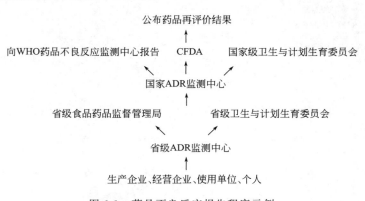

图 6-1　药品不良反应报告程序示例

　　《药品质量管理规范》第一百七十五条，企业应当按照国家有关药品不良反应报告制度的规定，收集、报告药品不良反应信息。

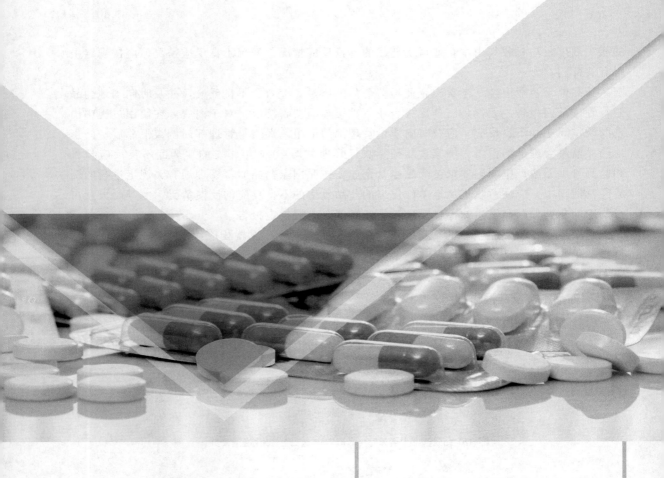

项目七

药品经营的验证管理

项目说明

　　本项目共完成三个任务。任务一通过山西疫苗事件，使同学们理解验证、冷链物流相关概念，感受验证的重要性；任务二通过相关医药经营企业对冷链设施设备的验证使同学们知道验证的内容及操作实施；任务三使同学们了解验证的实施管理及相关文件。

任务一

认识验证

任务目标 理解验证及验证的重要性。
熟知验证的类型。

验证的概念及重要性

活动一 阅读案例

案例 7-1 山西疫苗事件

2010 年 3 月 17 日，有媒体报道称山西近百名儿童注射疫苗后不明病因致残，四个孩子不明病因死亡。这一事件被称为山西疫苗事件。

原因在于大量疫苗高温暴露！比如夏天会将成箱的疫苗从冷库搬出，在办公大楼闷热的大厅里往疫苗盒上贴"山西疾控专用"的标签，造成疫苗高温暴露。疫苗是异体蛋白物质，对光照、温度十分敏感。

活动二 ☆理解验证及验证的重要性

> 议一议
> 　　请进行分组讨论：山西疫苗药难事件产生的原因及解决措施。

1. 验证相关概念

冷链药品存储及配送环节是保证冷链药品在物流配送中质量的重要环节，药品生产、经营、物流企业和使用单位通常是通过采用专用设施和流程管理来保证这些环节的冷链药品质量。所涉及的物流设备包括：冷藏库、冷冻库、供电保障系统、备用发电机组、仓库空调系统、冷藏车辆、温湿度监控系统、冰箱与冰柜、红外测温仪、蓄冷箱、泡沫箱和冰袋（盒）等。依据《药品经营质量管理规范》附录验证管理的要求，对冷库、冷藏运输车辆、冷藏箱、保温箱以及温湿度自动监测系统（以下简称监测系统）等进行验证，确认相关设施、设备及监测系统能够符合规定的设计标准和要求，并能安全、有效地正常运行和使用，确保冷

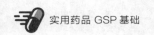

藏、冷冻药品在储存、运输过程中的质量安全。

（1）冷藏药品 指对储藏、运输条件有冷处或冷冻等温度要求的药品。冷处指温度符合 2～10℃ 的储藏、运输条件。除另有规定外，生物制品应在 2～8℃ 避光储藏、运输。冷冻指温度符合 −2℃ 及以下的储藏、运输条件。

（2）冷链 指冷藏药品等温度敏感性药品的储藏、流通过程都必须处于规定的温度环境下，以保证药品质量的特殊供应链管理系统。

（3）验证 指药品批发企业对药品储藏、运输过程涉及的设施设备等方面的性能状态、效果进行有文件证明的一系列活动。包括验证方案、验证原始记录、验证报告及实施验证过程中形成的其他文档或材料。

2. 验证的重要性

药品批发企业冷链物流设施设备验证是规范药品冷链管理、确保药品质量的必然要求。

《药品经营质量管理规范》2000 年版在药品经营领域成效显著，但对冷链物流设施设备的管理要求，仅限于冷库的独立设库和温湿度控制性规定。

近年来，国家和地方各级药品监督管理部门不断强化药品冷链管理。2006 年 3 月 8 日，卫生部和国家食品药品监督管理总局共同颁布了《疫苗储存和运输管理规范》，首次对疫苗的储存、运输温度监测、储运设施设备提出了较为详细的要求；2008 年 10 月 7 日，浙江省以地方性标准形式发布了国内第一部《药品冷链物流技术与管理规范》（DB33/T 713—2008）；2010 年 4 月 28 日，《江苏省药品冷链物流操作规范（暂行）》开始实施，并首次对药品冷链验证做了较为详细的地方性规范要求，冷链验证管理要求不再局限于疫苗，而是扩展到了所有冷藏药品。

卫生部发布的《药品经营质量管理规范》（2013 年版）第三十六条、第四十九、第五十一条、第五十三至第五十六条分别对药品经营企业的设施设备验证和校准的制度管理、冷链设施设备的配备、冷链设施设备总体要求、设备校准与验证提出了明确要求。这是继《药品生产质量管理规范》后，设备验证管理首次被引入 GSP 管理，是修订版 GSP 的显著亮点。2016 年修订的《药品经营质量管理规范》沿用了 2013 年版关于验证的内容。

从药事法规和各地药品监督管理部门相继出台的规范性文件不难看出包括冷链物流设施设备在内的设备验证是药品批发企业亟待开展的一项重要工作，也是提高自身质量管理水平、确保药品质量的有效手段。

活动三　☆阅读 GSP 附录"验证的管理"第五条

1.《药品经营质量管理规范》附录 5 第五条

第五条　企业应当根据验证方案实施验证。

（一）相关设施设备及监测系统在新投入使用前或改造后需进行使用前验证，对设计或预定的关键参数、条件及性能进行确认，确定实际的关键参数及性能符合设计或规定的使用条件。

（二）当相关设施设备及监测系统超出设定的条件或用途，或是设备出现严重运行异常或故障时，要查找原因、评估风险，采取适当的纠正措施，并跟踪效果。

（三）对相关设施设备及监测系统进行定期验证，以确认其符合要求，定期验证间隔时间不超过 1 年。

（四）根据相关设施设备和监测系统的设计参数以及通过验证确认的使用条件，分别确定最大的停用时间限度；超过最大停用时限的，在重新启用前，要评估风险并重新进行验证。

请同学们分组讨论，在什么情况下需要对相关设备进行验证？需要验证的设施设备有哪些？

2. 使用前验证

相关设施设备与温度控制及温度监测系统在新投入使用前或改造后对设计或预定的关键参数、条件及性能进行测试并确认，确定实际的关键参数及性能符合设计方案或规定的使用条件和标准的验证。

3. 专项验证

当相关设施设备与温度控制及温度监测系统改变、超出设定的条件或用途，或者发生设备严重运行异常或故障时，应当针对所调整或改变的情况进行专项验证，以确定其性能及参数符合设定的标准。

4. 定期验证

应当根据相关设施设备与温度控制及温度监测系统的具体情况进行定期验证，确认处于正常使用和运行的相关设施设备及系统的参数漂移、设备损耗、异常变化趋势等情况，定期验证间隔时间不超过 1 年。

5. 停用时间超过规定时限的验证

根据相关设施设备和监测系统的设计参数以及通过验证确认的使用条件，分别确定最大的停用时间限度；超过最大停用时限的，在重新启用前，要评估风险并重新进行验证。

任务二

冷链设施设备的验证

任务目标 熟悉冷链物流设施设备验证的方法和步骤。

熟知《药品经营质量管理规范》对验证的具体要求。

熟悉如何对冷库、冷藏车、冷藏箱进行验证。

活动一 药品冷链物流设施设备验证的步骤

1. 制订验证方案，明确验证方法，编制验证文件

编制验证文件必须包含以下内容：①本次验证的对象设施或设备。②明确验证实施的起止时间（精确至秒，以便与温湿度记录数据对应）、验证时间（可根据设备用途确定 24 小时、48 小时、72 小时、168 小时）、环境温湿度要求、监测点位数量和布设、记录间隔时间（5～10 分钟）、开关门次数和对应时间（确认开门时间对库区温湿度的影响）、验证仪器调配、不同装载容积（空载、半载和满载）和对应的温湿度调控方法、验证实施人员等基本内容。③依据设备档案和使用说明书制定设施或设备基本技术参数明细表。④验证用温湿度记录仪器明细表。⑤验证用温湿度记录仪器的计量校正确认记录。⑥设备档案资料的现场确认记录。⑦设备验证前现场确认记录。⑧制定设施设备不同的操作方法以获取对应的运行数据。

2. 验证实施

设备管理人员必须严格按照验证方案，在规定的时间、外界环境温湿度内，分别按空载或预定装载容积进行模拟运行，利用检定合格的温湿度记录仪器取得不同操作方法下的设备运行及温度控制结果（即验证数据），真实、完整、及时地填写验证记录。

设施设备需要
验证的情况

3. 验证结论

依据验证记录是否符合冷链物流设施设备标示性能或使用方法的要求，得出明确的验证结论，提出客观评价和建议。

4. 出具验证报告

冷链物流设施设备的温湿度调控性能验证应由质量管理部门形成书面验证报告。验证报

告应包括验证方案、验证过程概述、验证对象及所用计量设备概况、设备运行及温湿度控制记录、验证结果和再验证周期等内容。验证报告应保存至设施设备使用满1年后备查。验证所用温湿度记录仪器的计量校准证书复印件、记录仪采集数据趋势图和温湿度数据列表等一系列原始记录应作为验证报告的附件收录。验证过程中所调阅的设备档案，应标明档案编号。

> **议一议**
>
> 　　同学们分组想一想，验证的工作程序有哪些？并用图示表示。

活动二　　冷库的验证

1.《药品经营质量管理规范》附录5"验证管理"第六条（一）

（一）冷库验证的项目至少包括：

温度分布特性的测试与分析，确定适宜药品存放的安全位置及区域；

温控设施运行参数及使用状况测试；

监测系统配置的测点终端参数及安装位置确认；

开门作业对库房温度分布及药品储存的影响；

确定设备故障或外部供电中断的状况下，库房保温性能及变化趋势分析；

对本地区的高温或低温等极端外部环境条件，分别进行保温效果评估；

在新建库房初次使用前或改造后重新使用前，进行空载及满载验证；

年度定期验证时，进行满载验证。

同学们分组讨论，药品储存库房或仓间需验证哪些项目？

2. 验证方法

存放冷链药品的冷藏库房的验证目前主要有根据库房体积全面性验证、根据库房体积周期性验证、根据库房面积选择性验证3种方法。

（1）根据库房体积全面性验证　冷链设备安装企业一般采用根据库房体积全面性验证。其操作流程是在不同的极端季节，对不同温度段要求的库房各进行一次空载、半载和满载验证，仪器的放置原则是将库房这个立体空间按照一定大小分割成若干个正方体，如以2立方米的正方体来分割库房，在库房外部、正方体的中心点、库房门、库房内八个角及制冷设备的出回风口各放置温度记录仪，对这些点的温度进行连续72小时记录，通过对温度记录仪数据的读取和分析，了解和掌握库房各个位置的温度及设备的状态，确定日常库房温度的监测及报警点，明确设备启停点的位置。

（2）根据库房体积周期性验证　冷链药品的生产及经营企业一般采用根据库房体积周期性验证。进行库房温度分布的空载、满载验证及周期性的再验证。空载验证的目的是检测冷库温度最高及最低点的分布，日常监控探头位置的确定，调节冷库的设施设备；满载验证的目的是证明空载验证的冷库温度最高及最低点的分布是否出现变化，日常监控探头位置的确定是否正确，获得的结果是为了证明冷库的状态是否在正常范围内。

（3）根据库房面积选择性验证　一些小型的药品生产及经营企业或冷链设备验证刚起步的企业因资金和观念的影响往往采用根据库房面积选择性验证。仅进行满载验证而不进行周期性的再验证，仪器放置在每扇冷库门的附近、产品存储位置、库区走道、库区中心位置和库区各面的中心位置，验证时间为 24～72 小时。通过对温度记录仪数据的读取和分析，了解和掌握库房这些位置的温度及设备状态，确定冷藏库房是否符合存放冷链药品的要求。

【附】　　　　　　　　　　　冷库库房验证实例
　　　　　　　　　　　　　冷库库房温度验证方案
　　　　　　　　　　验证单位：×××医药有限公司

报告起草：＿＿＿＿＿＿＿＿＿＿＿　日期：＿＿＿＿＿＿＿＿＿＿＿

报告审核：＿＿＿＿＿＿＿＿＿＿＿　日期：＿＿＿＿＿＿＿＿＿＿＿

报告批准：＿＿＿＿＿＿＿＿＿＿＿　日期：＿＿＿＿＿＿＿＿＿＿＿

1　验证目的

×××医药有限公司在冷链药品储存保管的过程中，利用双制冷风机组自动控制确保药品存储符合要求。了解冷库温度分布情况，为冷库温度日常监测提供布点依据；获取冷库温度分布情况，为冷库使用者提供放货指导。保证库房内温度在 2～8℃ 范围，从而验证冷库库房的性能符合《药品经营质量管理规范》中的冷链药品储存要求，确保冷链药品在储存过程中安全有效。

2　验证组织与机构

为了更好地完成此次验证工作，特建立验证小组，明确小组成员构成和相关成员的职责。

2.1　验证小组成员：

2.1.1　高级质量副总（组长）：

2.1.2　质量部经理：

2.1.3　仓储部经理：

2.1.4　冷链质量专管员：

2.1.5　设施设备管理：

2.2　高级质量副总（验证组长）

2.2.1　审核并批准性能验证方案和报告。

2.2.2　根据验证计划，安排验证工作的进度并监督执行。

2.2.3　汇总验证数据，参与偏差调查并提供专业意见。

2.2.4　批准验证方案和报告。

2.3　仓储部

2.3.1　承担性能确认工作中本部门需要完成的操作、检测工作，收集汇总相关信息。

2.3.2　及时上报验证过程中发生的与验证方案不符的偏差，参与偏差调查并提供专业意见。

2.4　质量监督部

2.4.1　审核验证方案和报告。

2.4.2　承担验证中本部门需要完成的工作，审核检测记录和报告，汇总相关数据。

2.4.3　管理受控文件，为受控文件赋予独立唯一的编号。

2.4.4　对验证执行过程中发生的偏差进行评估并发起偏差调查，根据调查结果作出继续或终止验证的决定，报高级质量总监批准。

2.5 设施设备管理

协助分析验证数据，及时提供相关设施设备报告。

3 验证内容

验证方法：

3.1 验证对象

2～8℃冷库。库房编号：F1C1冷库、F1C2冷库、F1C4冷库、F1C5冷库、F1C7冷库。

3.2 实施方法

3.2.1 验证时间：对冷库进行为期3天的验证，然后根据连续监测的每个点的温度算出冷库的温度冷、热分布，选取具有代表性的监测点作为日常监测点，进行仓库的温湿度日常监测，建立日常预警机制。

3.2.2 温度采集时间间隔：1分钟。

3.2.3 采集点分布，设置见图7-1。

3.3 验证地点

仓库冷库库房内。

3.4 验证时间

计划2016年10月份上旬。

3.5 测温仪

RC-4迷你型温度记录仪。

3.6 实施人员

××、××。

4 验证结论

4.1 各监测点的温度数据记录及分析是否在2～8℃。

4.2 确定最冷点/最热点。

4.3 制冷设备功能是否可靠，设置温度是否合理。

4.4 温度记录探头是否准确精确。

5 再验证周期

5.1 原则上一年验证1次，当冷库设施设备发生变化时可随时验证。

5.2 如遇任何重大变更，如更换重要配套设备或重大维修项目，及时验证。

×××医药有限公司

验证小组

2016年9月30日

冷库温度分布验证报告（冷库1）

一、验证范围

对冷库进行为期3天的验证，然后根据连续监测的每点温度算出冷库的温度冷、热分布，选取具有代表性的监测点作为日常监测点，进行仓库的温湿度日常监测，建立日常预警机制。

二、仓库描述

1. F1C1：2～8℃冷库，占地面积约67平方米，内室容积约168立方米。

2. 冷库温度分布要素（图7-1）。

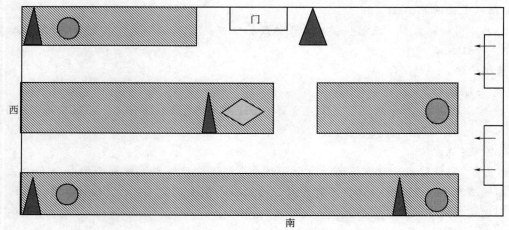

图 7-1 冷库温度分布要素

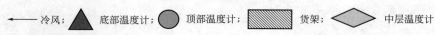

←—冷风；▲ 底部温度计；● 顶部温度计；▨ 货架；◇ 中层温度计

3. RFID 布点图（图 7-2）。

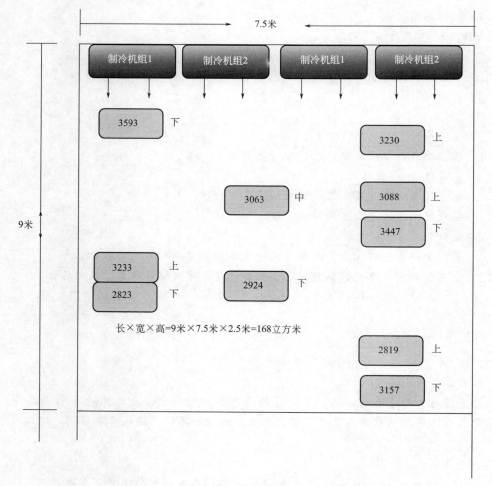

图 7-2 RFID 布点图

三、验证标准

冷库：2～8℃。

四、验证用具

RFID。

五、验证步骤

1. 布点原则

布点数量：平均布点，分高中低三个层面，每层面再根据需要布置若干点。

关键点的监测：角落、风机出风口、进门处、探头处。

做好验证的分布图，给分布点及对应的 RFID 编号，保证数据的准确性。

2. 测试频率

1 分钟/次。

六、验证结论

1. 各监测点的温度数据证明，冷库温度在要求的 2～8℃内。

实验记录

时间：2016 年 10 月 10 日～2016 年 10 月 13 日。

RFID 启动时间：2016 年 10 月 10 日 08:20。

停止时间：2016 年 10 月 13 日 07:59。

室外温度：25～33℃。

序号	RFID 编码	位置	平均温度/℃
1	3593	底层	5.83 最热点
2	2924	底层	5.41
3	3157	底层	5.24
4	2823	底层	5.24
5	3088	顶层	5.31
6	3233	顶层	5.30
7	2819	顶层	5.27
8	3230	顶层	5.23 最冷点
9	3447	底层	5.45
10	3063	中层	5.29

2. 最冷点/最热点。

3. 制冷设备是可靠的，设置温度合理。

4. 温度记录探头是可靠的。

七、再验证周期

1. 一般情况下二年再验证 1 次。

2. 如遇任何重大变更，如更换重要配套设备或重大维修项目，完成后均要再次验证，以证明各种重大变更不会对使用效果产生影响。

做一做

通过阅读冷库温度验证实例，同学们分组讨论，并完成表7-1。

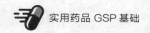

表 7-1　药品冷库库房温度验证讨论表

讨论题目	讨论内容
1. 验证方案包括多少项目？	
2. 验证标准	
3. 布点原则	
4. 测试频率	

活动三　冷藏车的验证

阅读《药品经营质量管理规范》附录 5"验证管理"第六条（二）

（二）冷藏车验证的项目至少包括：

1. 车厢内温度分布特性的测试与分析，确定适宜药品存放的安全位置及区域；

2. 温控设施运行参数及使用状况测试；

3. 监测系统配置的测点终端参数及安装位置确认；

4. 开门作业对车厢温度分布及变化的影响；

5. 确定设备故障或外部供电中断的状况下，车厢保温性能及变化趋势分析；

6. 对本地区高温或低温等极端外部环境条件，分别进行保温效果评估；

7. 在冷藏车初次使用前或改造后重新使用前，进行空载及满载验证；

8. 年度定期验证时，进行满载验证。

【附】　冷藏车验证实例

冷藏车温度验证方案

验证单位：×××医药有限公司

报告起草：_____　日　期：_____

报告审核：_____　日　期：_____

报告批准：_____　日　期：_____

1　验证目的

×××医药有限公司在冷链药品运输储存配送的过程中，利用冷藏车制冷风机自动控制确保药品存储符合要求。了解冷藏车车厢内的温度分布情况，为冷藏车内温度日常监测提供布点依据；获取冷藏车温度分布情况，为冷藏车使用者提供指导。保证冷藏车内温度在 2～8℃范围，从而验证冷藏车的性能符合《药品经营质量管理规范》中的冷链药品运输储存要求，确保冷链药品在运输储存过程中安全有效。

2　验证组织与机构

为了更好地完成此次验证工作，特建立验证小组，明确小组成员构成和相关成员的职责。

2.1　验证小组成员

2.1.1　高级质量副总（组长）：

2.1.2　质量部经理：

2.1.3　仓储部经理：

2.1.4　冷链质量专管员：

2.1.5　设施设备管理：

2.2 高级质量副总（验证组长）

2.2.1 审核并批准性能验证方案和报告。

2.2.2 根据验证计划，安排验证工作的进度并监督执行。

2.2.3 汇总验证数据，参与偏差调查并提供专业意见。

2.2.4 批准验证方案和报告。

2.3 仓储部

2.3.1 承担性能确认工作中本部门需要完成的操作、检测工作，收集汇总相关信息。

2.3.2 及时上报验证过程中发生的与验证方案不符的偏差，参与偏差调查并提供专业意见。

2.4 质量监督部

2.4.1 审核验证方案和报告。

2.4.2 承担验证中本部门需要完成的工作，审核检测记录和报告，汇总相关数据。

2.4.3 管理受控文件，为受控文件赋予独立唯一的编号。

2.4.4 对验证执行过程中发生的偏差进行评估并发起偏差调查，根据调查结果作出继续或终止验证的决定，报高级质量总监批准。

2.5 设施设备管理

协助分析验证数据，及时提供相关设施设备报告。

3 验证内容

验证方法：

3.1 验证对象：冷藏车豫×××（5.5立方米）；豫×××（30立方米）。

3.2 实施方法

3.2.1 验证时间：对冷藏车进行3小时的验证，然后根据连续监测的每个点温度算出冷藏车温度冷、热分布，选取具有代表性的监测点作为日常监测点。

3.2.2 温度采集时间间隔：1分钟。

3.2.3 采集点分布，设置见图7-3。

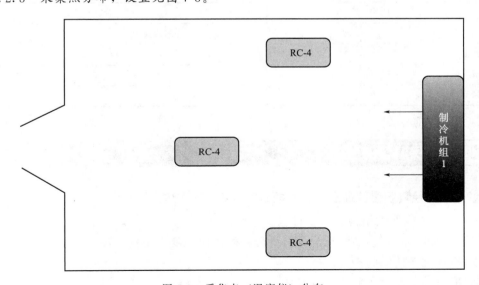

图7-3 采集点（温度仪）分布

布点原则：验证数据真实性、准确性、稳定性。

布点说明：平均布点，分高中低三个层面，每层面再根据需要布置若干点。

3.3 验证地点：×××医药有限公司。

3.4 验证时间：计划 2016 年 10 月份下旬。

3.5 测温仪：RC-4 迷你型温度记录仪。

3.6 实施人员：××、××。

4 验证结论

4.1 各监测点的温度数据记录及分析是否在 2～8℃。

4.2 确定最冷点/最热点。

4.3 制冷设备功能是否可靠，设置温度是否合理。

4.4 温度记录探头是否准确精确。

5 再验证周期

5.1 原则上一年验证 1 次，当冷藏车设施设备发生变化时可随时验证。

5.2 如遇任何重大变更，如更换重要配套设备或重大维修项目，及时验证。

×××医药有限公司验证小组

2016 年 10 月 3 日

做一做

（1）阅读冷藏车温度的验证实例，同学们分组想一想，完成表 7-2。

（2）组织验证、校准相关设施设备的是（　　　）。

A. 企业负责人　　　　　　　　　B. 企业质量负责人

C. 质量管理部门　　　　　　　　D. 企业质量管理部门负责人

（3）模拟以上验证方案的项目内容，自己做出冷库或冷藏车的温度验证方案。

表 7-2　药品冷藏车温度验证讨论表

讨论主题	讨论内容
1. 验证包括多少项目	
2. 验证标准	
3. 布点情况	
4. 测试频率	

活动四　保温箱的验证

阅读《药品经营质量管理规范》附录 5 第六条（三）

（三）冷藏箱或保温箱验证的项目至少包括：

1. 箱内温度分布特性的测试与分析，分析箱体内温度变化及趋势；

2. 蓄冷剂配备使用的条件测试；

3. 温度自动监测设备放置位置确认；

4. 开箱作业对箱内温度分布及变化的影响；

5. 高温或低温等极端外部环境条件下的保温效果评估；

6. 运输最长时限验证。

【附】 保温箱验证实例

保温箱验证方案

1 验证对象

公司冷链运输设备保温箱：保温箱为新乡市登科冷链设备有限公司生产的生物疫苗冷藏箱（型号：LCX-Ⅰ型-12L、LCX-Ⅱ型-18L）。

2 验证依据

根据《药品经营质量管理规范》《〈药品经营质量管理规范〉附录》的要求，制订保温箱验证方案。

3 验证目的及意义

检查保温箱运行情况，在常温下使用标准冰排的保温性能，得到有效参数，确保公司冷藏药品在运输过程中的温度符合冷藏药品的储存要求，保证冷藏药品在运输过程中的质量安全。

为达到上述目的，特制订本验证方案，对保温箱进行验证。验证过程中应严格按照本方案规定的内容进行，若因特殊原因确需变更时，应填写验证方案变更申请及批准书，报质量负责人批准。

4 验证人员及职责

验证人员岗位		职责
组　长	×××（质量负责人）	负责验证工作的督导、指导、协调与审批
组　员	×××（质管部经理）	负责组织、实施及验证全过程的组织工作，对验证程序和结果进行确认
	×××（保管员）	组织实施验证方案，参加会签验证方案、验证报告；配合第三方验证设备的安装、调试及仪器仪表的校正，并做好相应记录
	×××（司机）	
	×××（第三方）	负责验证实施，验证过程中的取样、检验、测试及验证报告的出具

5 验证所需仪器设备

5.1 公司冷链运输保温箱：新乡市登科冷链设备有限公司生产的生物疫苗冷藏箱（型号：LCX-Ⅰ型-12L、LCX-Ⅱ型-18L）。

5.2 标准冰排：灌装自来水到冰排标示灌装位置，经冷冻 12 小时以上冻结的冰排。

5.3 验证用温湿度传感器：经中国航空工业集团公司校准的北京传感天空科技有限公司生产的温湿度传感器（型号：JK-TK10）。

5.4 冻结冰排用冰柜：澳柯玛顶开式冷冻箱（型号：BD-200）。

6 验证环境温度

记录验证的天气情况，在自然温度下进行验证。

7 验证内容

7.1 箱内温度分布特性的测试与分析，分析箱体内温度变化及趋势。

7.1.1 可接受标准：保温箱内温度在 2～8℃范围内。

7.1.2 测试方法：将已校准的温湿度传感器均匀分布在箱内不同位置，布点位置见图 7-4。

在冷库中开箱预冷到 8℃以下，保温箱中放置 6 块冰排，样品若干（药品包装盒），样

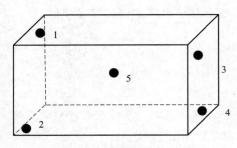

图 7-4　温度仪测点分布图

品用隔温塑料泡与冰排隔离，启动温度检测设备，检查设备运行正常后，密闭箱体，将保温箱放置于自然环境中 12 小时，每 5 分钟记录温度数据，分析箱内温度的分布情况。

　　7.2　蓄冷剂配置使用的条件测试

　　7.2.1　可接受标准：保温箱内温度在 2~8℃ 范围内。

　　7.2.2　测试方法：保温箱在冷库中开箱预冷至 8℃ 以下后，放置冰排，样品若干（药品包装盒），样品用隔温塑料泡与冰排隔离，启动温度检测设备，检查设备运行正常后，密闭箱体，将保温箱放置于自然环境中 12 小时，每 5 分钟记录温度数据，分析保温箱内的温度变化情况，确定配置蓄冷剂的使用数量。

　　7.3　温度自动监测设备放置位置确认

　　7.3.1　可接受标准：能够准确反映箱体内温度变化状况，安装位置具有选择性、代表性。

　　7.3.2　测试方法：将已校准的温湿度传感器按 7.1 中的操作方法均匀分布在箱体内，观察布点温度分布情况，对 7.1 中记录的数据进行分析，最终确认温度自动监测设备放置的位置。

　　7.4　开箱作业对箱内温度分布及变化的影响

　　7.4.1　可接受标准：箱体内温度在 2~8℃ 范围内的时间。

　　7.4.2　测试方法：按 7.1 中的操作方法进行操作，密闭箱体，将保温箱放置于自然环境中，半个小时后，随机打开保温箱箱盖，观察至箱体内温度超过冷藏药品储存条件，每分钟记录温度数据，分析箱内温度变化情况，确认开箱作业对箱内温度分布及变化的影响，确定保温箱开箱时限。

　　7.5　高温或低温等极端外部环境条件下的保温效果评估

　　7.5.1　可接受标准：极端外部环境下，箱内温度可保持在 2~8℃ 范围内。

　　7.5.2　测试方法：在夏季高温（自然环境温度高于 33℃）或冬季低温（冷库外界环境温度低于 0℃）时进行保温测试。按 7.1 中的操作方法进行操作，密闭箱体，将保温箱放置于自然环境中，每 5 分钟记录温度数据，分析保温箱内温度的变化情况，确认保温箱在极端外部环境下的保温效果。

　　7.6　运输最长时限验证

　　7.6.1　可接受标准：保温箱内温度保持在 2~8℃ 范围的时间不少于 8 小时。

　　7.6.2　测试方法：按 7.1 中的操作方法进行操作，密闭箱体，将保温箱放置于自然环境中，每 5 分钟记录温度数据，分析保温箱内温度的变化趋势，确认运输最长时限。

　　8　验证结果评定及结论

　　验证小组完成了验证方案所规定的全部程序后，在无漏项等异常情况下对验证结果进行评估分析，确定无需进一步补充验证；结果符合要求的出具保温箱验证报告；验证报告由质量负责人审核批准。

9　再验证周期

为确保公司所用的保温箱能够达到预期保温效果，一般情况下在每年夏天 7～8 月份再验证 1 次。

保温箱验证报告

1　概述

验证小组根据保温箱验证方案，本次验证自 2017 年 7 月 10 日至 2017 年 7 月 12 日对××药业有限公司保温箱进行验证。

2　验证结果及结果分析

2.1　箱内温度分布特性的测试与分析，分析箱体内温度变化及趋势

见附件 1《箱内温度分布测试记录》。

2.2　蓄冷剂配置使用的条件测试

见附件 2《蓄冷剂配置使用测试记录》。

2.3　温度自动监测设备放置位置确认

通过对"箱内温度分布特性的测试与分析"的数据进行分析：箱内温度分布均匀，箱盖处温度比箱底温度高 0.1℃左右，因此温度自动检测设备放置于箱内任何部位都能够有效监测箱内实时温度。

2.4　开箱作业对箱内温度分布及变化的影响

见附件 3《开箱作业箱内温度测试记录》。

2.5　高温或低温等极端外部环境条件下的保温效果评估

见附件 4《极端外部环境下的保温效果测试记录》。

2.6　运输最长时限验证

见附件 5《运输最长时限验证记录》。

3　再验证

3.1　一般情况下，每年进行 1 次保温箱验证。

3.2　保温箱停用超过 6 个月，再次启用时需进行验证，以证明保温箱性能没有发生改变。

附件 1

箱内温度分布测试记录

保温箱编号		自然环境温度/℃				
时间	测点温度/℃					
	1	2	3	4	5	

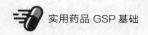

附件 2

蓄冷剂配置使用测试记录

保温箱编号		蓄冷剂数量		自然环境温度/℃	
时间	测点温度/℃				
	1	2	3	4	5

附件 3

开箱作业箱内温度测试记录

保温箱编号		自然环境温度/℃	
开始时间		开始温度/℃	
结束时间		结束温度/℃	
时间	测点温度/℃				
	1	2	3	4	5
最先到达 8℃ 的情况	监测点		用时		
是否存在 偏差 □是 □否	偏差 描述		偏差 处理		

结论:

检查人: 审核人:

附件 4

极端外部环境下的保温效果测试记录

保温箱编号			开始时间		年　月　日	
自然环境温度/℃			结束时间		年　月　日	
时间	测点温度/℃					
	1	2	3	4	5	

附件 5

运输最长时限验证记录

保温箱编号			自然环境温度/℃			
开始时间	年　月　日		结束时间		年　月　日	
时间	测点温度/℃					
	1	2	3	4	5	

做一做

（1）阅读保温箱的验证实例，同学们分组想一想，完成表 7-3。

表 7-3　药品保温箱验证讨论表

讨论主题	讨论内容
1. 温湿度传感器的分布	
2. 验证标准	
3. 验证方法	
4. 必须在几种情况下测试验证	

（2）判断正误：冷藏、冷冻药品到货时，应当对其运输方式及运输过程的温度记录、运输时间等质量控制状况进行重点检查并记录。不符合温度要求的需要对药品质量进行检查，检查合格的方可验收。（　　）

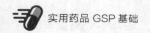

活动五　自动温湿度监测系统的验证

1. 阅读《药品经营质量管理规范》附录5"验证管理"第六条（四）

（四）监测系统验证的项目至少包括：

采集、传送、记录数据以及报警功能的确认；

监测设备的测量范围和准确度确认；

测点终端安装数量及位置确认；

监测系统与温度调控设施无联动状态的独立安全运行性能确认；

系统在断电、计算机关机状态下的应急性能确认；

防止用户修改、删除、反向导入数据等功能确认。

2. 阅读《药品经营质量管理规范》附录3"温湿度自动监测"第一条和第三条

第一条　企业应当按照《药品经营质量管理规范》（以下简称《规范》）的要求，在储存药品的仓库中和运输冷藏、冷冻药品的设备中配备温湿度自动监测系统（以下简称系统）。系统应当对药品储存过程的温湿度状况和冷藏、冷冻药品运输过程的温度状况进行实时自动监测和记录，有效防范储存运输过程中可能发生的影响药品质量安全的风险，确保药品质量安全。

第三条　系统温湿度数据的测定值应当按照《规范》第八十三条的有关规定设定。

（一）按包装标示的温度要求储存药品，包装上没有标示具体温度的，按照《中华人民共和国药典》规定的贮藏要求进行储存。

（二）储存药品相对湿度为35％～75％。

【附】　温湿度自动监测系统验证实例

温湿度自动监测系统验证方案

1　验证目的及意义

×××药业有限公司在药品储运过程中，利用温湿度自动监测系统保障药品的储运温湿度符合药品贮藏条件。在实际工作状况下，测试温湿度自动监测系统各项功能，验证温湿度自动监测系统的性能符合《药品经营质量管理规范》及其附录等相关法规要求，确认能够符合规定的设计标准和要求，并可安全、有效地正常运行和使用，确保冷藏药品在储存、运输过程中的药品质量。

2　验证人员及职责

验证人员		职　责
组　长	×××（质量负责人）	负责验证工作的督导、指导、协调与审批
组　员	×××（质管部经理）	负责组织、实施及验证全过程的组织工作,对验证程序和结果进行确认
	×××（仓库保管员）	提供现场支持与全程监督;负责验证方案的实施,配合第三方验证设备的安装、调试及仪器仪表的校正,配合第三方参与验证工作全过程
	×××（司机）	
	×××（第三方:×× 信息技术有限公司）	负责验证实施,验证过程中的取样、检验、测试及结果报告

3 验证对象

温湿度监测系统。

3.1 温湿度监测系统描述

需要进行验证的温湿度自动监测系统共有1套，如下所示。

共计：22个温度测点、18个湿度测点。

3.1.1 冷库1：2个温度测点、2个湿度测点。

3.1.2 冷库2：2个温度测点、2个湿度测点。

3.1.3 阴凉库1：4个温度测点、4个湿度测点。

3.1.4 阴凉库2：2个温度测点、2个湿度测点。

3.1.5 麻醉药品仓库：2个温度测点、2个湿度测点。

3.1.6 常温库：2个温度测点、2个湿度测点。

3.1.7 医疗器械仓库：2个温度测点、2个湿度测点。

3.1.8 中药饮片库：2个温度测点、2个湿度测点。

3.1.9 冷藏运输车：2个温度测点。

3.1.10 保温箱：2个温度测点。

4 验证标准

《药品经营质量管理规范》及其附录。

5 验证准备

根据温湿度自动监测系统验证要求，确保系统按照设计要求安全、可靠、稳定的运行。

6 验证项目

6.1 确认监测系统的构成。

6.1.1 可接受标准

温湿度自动监测系统厂商提供的资料齐全。

6.1.2 措施及方法

依据现有温湿度自动监测系统厂商提供的资料，核查现有系统的组成是否符合要求，资料是否齐备。

6.2 确认系统数据的采集、传送、记录以及报警功能是否正常。

6.2.1 可接受标准

库房、冷藏车、保温箱温湿度：

① 实时数据都能按周期正常显示刷新，并符合要求；

② 历史数据能够按正常周期记录，能够传送至软件系统供查询，并符合要求；

③ 报警功能正常，并符合要求。

6.2.2 措施及方法

启动温湿度自动监测系统，核查现有温湿度自动监测系统，确认现有系统设计时具备数据自动采集、传送、记录及报警功能；检查系统数据的采集情况，软件或显示屏上按规定时限间隔刷新显示。

查询温湿度历史数据，验证库房、冷藏车、保温箱的温湿度历史数据记录是否符合规定。通过现场对各探头的人为干预，确认现有系统数据自动采集、传送、存储以及报警功能

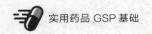

正常。

6.3 确认监测设备的测量范围和准确度

6.3.1 可接受标准

检测设备的测量范围和准确度符合《规范》附录 3 "温湿度自动监测"第四条的规定。

6.3.2 措施及方法

检查现有温湿度自动监测系统监测设备产品合格证，确认测量范围和准确度。

6.4 确认测点终端安装数量及位置

6.4.1 可接受标准

6.4.1.1 系统中测点终端安装数量与实际设施设备面积对应关系，符合《规范》附录 3 "温湿度自动监测"第十三条、第十四条的要求。

6.4.1.2 系统中测点终端安装位置符合《规范》附录 3 "温湿度自动监测"第十五条的要求。

6.4.2 措施及方法

6.4.2.1 核查现有温湿度自动监测系统，确认现有系统中测点终端安装数量与实际设施设备面积对应关系符合规定。

6.4.2.2 核查现有温湿度自动监测系统，确认现有系统中测点终端安装位置符合规定。

6.5 监测系统与温度调控设施无联动状态的独立安全运行性能的确认

6.5.1 可接受标准

系统保持独立、安全运行，不得与温度调控设施、设备联动，防止温度调控设施异常导致系统故障的风险。

6.5.2 措施及方法

核查现有温湿度自动监测系统，确认现有系统与温度调控设施无联动状态。

通过模拟现有温湿度自动监测系统温湿度超标情况，确认现有监测系统实际与温度调控设施无联动状态。

6.6 确认系统在断电、计算机关机状态下的应急性能

6.6.1 可接受标准

系统在断电、计算机关机状态下能够独立地不间断运行，数据记录不丢失，并且采用短信通讯的方式，向至少 3 名指定人员发出报警信息。

6.6.2 措施及方法

模拟现有供电系统中断，确认现有系统仍然可以正常运行且报警有效；

模拟现有系统中计算机关机，确认现有系统仍然可以正常运行且报警有效。

6.7 防止用户修改、删除、反向导入数据等功能确认

6.7.1 可接受标准

系统具有对数据不可更改、删除的功能，不得有反向导入数据的功能；

系统不得对用户开放温湿度传感器监测值修正、调整功能，防止用户随意调整，造成监测数据失真。

6.7.2 措施及方法

核查现有温湿度自动监测系统各项功能，确认系统无用户修改、删除、反向导入数据的

功能；

通过检查现有系统软件各功能项目，确认系统没有对用户开放温湿度传感器监测值修正、调整功能。

7　针对上述验证过程中发现的问题制定纠偏及预防措施，提供解决和处理问题的方法

根据温湿度自动监测系统验证中发现的问题，制定和提出纠偏、整改及预防方案和措施，确保系统符合法规要求。

8　再验证

8.1　在一般情况下，每年进行1次温湿度自动监测系统验证。

8.2　如遇任何重大变更，如更换重要配套设备或重大维修项目，完成后均要再次验证，以证明各种重大变更不会对使用效果产生影响。

8.3　温湿度自动监测系统停用超过6个月，再次启用时需进行验证，以证明温湿度自动监测系统性能没有发生改变。

温度自动监测系统验证报告

1　概况

验证小组根据温湿度自动监测系统验证报告方案，本次验证自 2017 年 8 月 5 日至 2017 年 8 月 8 日对某药业有限公司温湿度自动监测系统进行系统验证。

2　验证结果及结果分析

2.1　监测系统构成的确认

见附件1《监测系统构成的确认》。

2.2　采集、传送、记录数据以及报警功能的确认

见附件2《采集、传送、记录数据以及报警功能测试》。

2.3　监测设备的测量范围和准确度确认

见附件3《监测设备的测量范围和准确度验证》。

2.4　测点终端安装数量及位置确认

见附件4《测点终端安装数量及位置验证》。

2.5　监测系统与温度调控设施无联动状态的独立安全运行性能确认

见附件5《监测系统无联动独立运行性能检测》。

2.6　系统在断电、计算机关机状态下应急性能确认

见附件6《断电、计算机关机应急性能检测》。

2.7　防止用户修改、删除、反向导入数据等功能确认

见附件7《防止用户修改、删除、反向导入数据功能检测》。

3　再验证

3.1　在一般情况下，每年进行1次温湿度自动监测系统验证。

3.2　如遇任何重大变更：如更换重要配套设备或重大维修项目，完成后均要再次验证，以证明各种重大变更不会对使用效果产生影响。

3.3　温湿度自动监测系统停用超过6个月，再次启用时需进行验证，以证明温湿度自动监测系统性能没有发生改变。

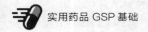

附件 1

监 测 系 统 构 成 的 确 认

检查项目	检查内容	测试结果 符合标准 （是/否）
资料检查	验证方案	
	用户培训记录	
	管理主机设备合格证	
	测点终端合格证	
	仓库、冷藏运输车、保温箱系统说明书或操作手册	
	监测系统验收报告	

备注：

是否存在偏差	□是 □否	偏差描述		偏差处理	

结论：

执行人			日期	
审核人			日期	

附件 2

采 集、传 送、记 录 数 据 以 及 报 警 功 能 测 试

检查项目	检查内容	测试结果符合标准 （是/否）
通过管理主机和系统软件查看实时监测数据	系统正常显示仓库的实时温湿度数据，并至少每隔 1 分钟更新一次测点温湿度数据；运输过程中运输车辆和保温箱正常显示实时温度数据，并至少每隔 1 分钟更新一次测点温度数据	
通过管理主机和系统软件监测历史数据上传	数据记录在正常和断电等异常状况下，不丢失数据，能够传输至监测系统软件	
	测点终端采集的数据应当通过网络自动传送到管理主机进行处理和记录，并采用可靠的方式进行数据保存，确保不会丢失和不被改动	

检查项目	检查内容	测试结果符合标准（是/否）
检查设定的存储记录间隔，并通过软件系统查看历史记录	系统能够查询仓库、运输车辆和保温箱的历史数据记录，并且仓库监测历史数据记录间隔不超过30分钟，运输车辆和保温箱历史数据记录间隔不超过5分钟，当温湿度超过规定范围时，数据记录间隔不超过2分钟	
	系统与企业计算机终端有数据对接，可自动在计算机终端存储数据，可通过计算机终端进行实时数据和历史数据查询	
模拟温度超高、超低，湿度超高、超低报警工况	管理主机和软件中能够显示并记录实时温度超高、超低，湿度超高、超低报警的不同报警信息，并产生本地声光报警和短信报警，短信报警至少能够通知3名指定人员，报警内容要求能够区分4种报警	

备注：				
是否存在偏差	☐是 ☐否	偏差描述	偏差处理	

结论：

执行人		日期	
审核人		日期	

附件3

监测设备的测量范围和准确度验证

检查项目	检查内容	测试结果符合标准（是/否）
温湿度传感器检查	检查设备厂商提供的说明书相关资料，确定温湿度传感器测量范围符合要求	
	验证用温湿度传感器计量校准证书内容清晰可见，要求每一温度传感器均存在经认可的计量机构出具的计量校准证书	
	计量校准证书内容包括：校准证书编号、被校准器具编号、校准人、核验员、批准人、校准日期、发证单位、使用的计量标准器具、校准结果等内容，并且校准时间在1年的有效期内	
	所有温湿度传感器设备的最大允许误差应当符合以下要求：一、测量范围在0～40℃之间，温度的最大允许误差为±0.5℃；二、测量范围在－25～0℃之间，温度的最大允许误差为±1.0℃；三、相对湿度的最大允许误差为±5%RH	
	温湿度传感器计量校准证书的数量与验证现场实际设备的数量一致	

备注：

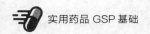

续表

检查项目			检查内容		测试结果符合标准 （是/否）
是否 存在 偏差	□是 □否	偏差 描述		偏差 处理	
结论：					
执行人				日期	
审核人				日期	

附件 4

测点终端安装数量及位置验证

步　骤	接受标准	测试结果 符合标准 （是/否）
测点终端安装数量 与实际设施设备面积 对应关系检测	每一独立的药品库房或仓间至少安装 2 个测点终端	
	常温库、阴凉库、冷库：平面仓库面积在 300 平方米以下的，至少安装 2 个测点终端；300 平方米以上的，每增加 300 平方米至少增加 1 个测点终端，不足 300 平方米的按 300 平方米计算；冷库：测点终端的安装数量，其安装数量按每 100 平方米面积计算	
	每台独立的冷藏运输车辆或车厢，安装的温度测点终端数量不得少于 2 个。车厢容积超过 20 立方米的，每增加 20 立方米至少增加 1 个测点终端，不足 20 立方米的按 20 立方米计算	
	每台保温箱至少配置一个测点终端	
测点终端安装位置 检测	平面仓库测点终端安装的位置不得低于药品货架或药品堆码垛高度的 2/3 位置	
	测点终端的安装位置应当考虑仓库的结构及出风口、门窗、散热器分布等因素，防止因安装位置不合理而影响对环境温湿度监测的准确性	
	测点终端应当牢固安装在合理位置，能够有效防止储运作业及人员活动对监测设备造成影响或损坏，其安装位置不得随意变动	

备注：					
是否 存在 偏差	□是 □否	偏差 描述		偏差 处理	
结论：					
执行人				日期	
审核人				日期	

附件 5

监测系统无联动独立运行性能检测

检查项目	检查内容	测试结果符合标准（是/否）
核查现有温湿度自动监测系统运行情况	系统设计中与温湿度调控设施无联动状态,并符合接受标准	
模拟现有温湿度自动监测系统温湿度超标	温湿度调控设施未启动制冷和除湿情况下,监测系统温湿度上限超标后,温度和湿度控制系统未启动	
	温湿度调控设施正在制冷和加湿情况下,监测系统温湿度下限超标后,温度和湿度控制系统未停止	

备注:

是否存在偏差	□是 □否	偏差描述		偏差处理	

结论:

执行人		日期	
审核人		日期	

附件 6

断电、计算机关机应急性能检测

检查项目	检查内容	测试结果符合标准（是/否）
模拟现有供电系统中断	当发生供电中断的情况时,系统能以短信通讯的方式,向至少3名指定人员发出报警信息	
	测点终端和系统管理主机仍然可以正常运行,数据记录不丢失	
模拟现有系统中计算机关机	计算机关机时,监测系统能够独立地不间断运行,可以有效防止因供电中断、计算机关闭或故障等因素影响系统正常运行或造成数据丢失	

备注:

是否存在偏差	□是 □否	偏差描述		偏差处理	

结论:

执行人		日期	
审核人		日期	

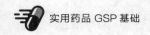

附件 7

防止用户修改、删除、反向导入数据功能检测

检查项目	检查内容	测试结果符合标准（是/否）
核查现有温湿度自动监测系统	检查监测系统中数据，无用户修改、删除、反向导入数据的功能	
	未对用户开放温湿度传感器监测值修正、调整的功能	
检查现有系统软件各功能项目	现场检测系统软件，无用户修改、删除、反向导入数据的功能	
	未对用户开放温湿度传感器监测值修正、调整的功能	

备注：

是否存在偏差	□是 □否	偏差描述		偏差处理	

结论：

执行人		日期	
审核人		日期	

做一做

（1）阅读温湿度自动监测系统的验证实例，同学们分组讨论表 7-4 相关内容。

表 7-4　药品温湿度自动监测系统验证讨论表

验证项目	可接受标准	采取的方法和措施

（2）什么情况下必须再验证？

任务三

验证的实施

任务目标 熟悉验证需要的文件，认识验证总计划。
了解验证文件的管理。

为了做好验证工作，企业必须成立验证组织，建立验证委员会（验证领导小组）。验证委员会主要负责验证的总体策划与协调、验证文件的审核批准，并为验证提供必要的资源。按项目成立项目验证小组，验证小组由各职能部门的代表组成，负责本项目验证文件的制定以及验证活动的协调。

验证文件在验证活动中起着十分重要的作用，它是实施验证的指导性文件，也是完成验证、确立生产运行各种标准的客观证据。验证文件主要包括验证总计划、验证方案、验证报告以及实施验证过程中形成的其他相关文档或资料。

活动一　认识验证总计划

验证总计划是对公司的整个体系，及用于建立性能充分的方法进行综述的文件。

通常验证需要对整条冷链进行细致的准备和安排。此外，要根据正式批准的标准工作程序和管理程序来开展所有的工作。验证还具有如下特征。

（1）**多方参与性**　验证的完成不是一个人或部门能独立完成的，往往需要各方面专家的合作，比如药学人员、计量人员、工程人员及验证专家等。

（2）**时限性**　一般来说，验证工作需要有严格的时间安排。

（3）**成本**　验证研究成本是很高的，因为它们需要时间、专业人员和昂贵的技术。

以上因素需有一个经过组织的结构化的方法，验证总计划中应当对此进行足够详细的描述。

验证总计划应当包括所有和技术操作相关的验证活动，应包括对冷藏药品贮藏、运输过程、设施设备和计算机系统等的状态、职责、效果进行的验证。

验证总计划是概述性文件，因此应当简明。验证总计划不需要重复其他已有的文件，只需参考这些文件。验证总计划应当经过相关管理部门批准。

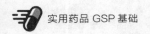

活动二 验证文件的管理与回顾

验证文件一般包括：验证总计划、验证工作管理制度，如验证管理、验证工作内容、验证工作基本程序等；验证方案，如验证对象、验证目的、验证小组、验证时间、实施步骤、技术要求等；验证原始数据；验证报告，包括验证结果、偏差分析、评价与建议、结论、再验证周期等。这些资料由验证专职组织归档保存。

质量管理部门也要对验证工作进行必要的回顾，回顾工作体现在以下几个方面。

验证文件的
管理与回顾

第一，验证管理规程是否完善，如是否有计划、有组织、定周期、定程序；验证组织工作是否规范，如是否按验证对象建立验证小组，制订验证方案，写出验证报告，收齐验证原始记录。

第二，验证方案是否科学，验证方案中是否目的明确、方法是否科学可行、技术指标和验证周期是否预先设定、实施步骤是否具体详尽。

第三，验证报告是否可靠完整，如验证报告中是否有数据、结论、评价、建议；原始数据完整，指标量化，验证文件归档齐全。

只有对验证工作的规范化回顾，才能使验证工作真正起到应有的作用。

练一练

1. 每一独立的药品库房或仓间至少安装（   ）个测点终端，并均匀分布。
A. 1   B. 2   C. 3   D. 4

2. 系统温湿度测量范围在 0～40℃ 之间，温度的最大允许误差为（   ）。
A. ±0.5℃   B. ±1.0℃   C. ±2.0℃   D. ±5.0℃

3. 系统温湿度测量相对湿度的最大允许误差为（   ）RH。
A. ±1%   B. ±2%   C. ±5%   D. ±10%

4. 平面仓库面积在 300 平方米以下的，至少安装（   ）个测点终端。
A. 1   B. 2   C. 3   D. 4

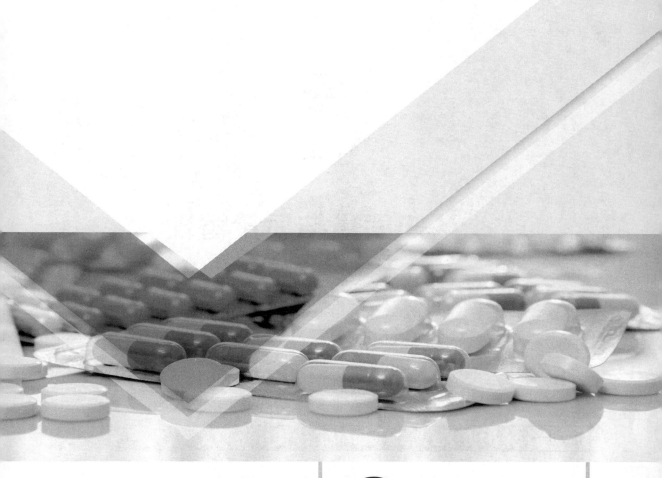

项目八

药品经营的质量管理

项目说明

本项目共完成三个任务，任务一认知质量与质量管理，由药品质量问题引发的灾难事件出发，使同学们感受药品质量管理的重要性，正确理解药品质量的生命周期及其在生命周期内确保药品质量的重要性；任务二学习药品经营质量管理，使同学们了解药品质量管理的发展历程，理解药品全面质量管理对确保药品质量的重要性；任务三学习药品经营质量风险管理，通过药品质量风险案例使同学们了解药品质量风险的可能性和危害的严重性，学会利用风险工具开展风险确认、风险分析和风险评价，进而采取措施控制风险，确保药品质量的均匀稳定性，为群众提供安全有效的药品。

任务一

认知质量与质量管理

任务目标　熟知药品质量的生命周期。
　　　　　熟知药品质量的属性。
　　　　　熟知质量管理的发展过程。

认知质量与质量管理

活动一　　讨论分析"高温运输药品"事件

想一想

通过阅读案例 5-2，讨论高温对药品有什么影响？填表 8-1。

表 8-1　"高温运输药品"对药品的影响

分析主题	分析结果
1. 药品的质量可能会出现哪些风险	
2. 药品质量管理的哪个环节出了问题	
3. 如何采取措施控制风险	

活动二　　☆理解质量的产生与质量管理的发展

想一想

学生分组讨论，药品经营对质量的影响。填表 8-2。

　　质量是如何产生的？提起质量大多数人认为质量是生产出来的，也有人认为质量是检验出来的，但这些都是片面的认识。质量检验属于事后把关，它只是按照规格和标准去检验，药品是否符合某种标准，这就是最早人们认为"质量是靠最终把关"的形成，目前，很容易理解这是错误的。检验只能验证产品是否符合某种规格标准，但产品的质量绝不会因为检验

表 8-2　药品经营对质量的影响讨论表

分析主题	分析结果
1. 药品采购过程	
2. 药品运输工程	
3. 药品验收过程	
4. 药品储存养护过程	
5. 药品配送过程	
6. 药品销售过程	

而存在。"质量是生产出来的"这种认识是一个飞跃，为了保证质量，人们加大生产过程管理，但这还不够全面。直到 20 世纪 70 年代末，人们对质量的产生才有一个统一的认识：质量产生于一个组织工作的全过程。

药品的质量产生于药品组织工作的全过程，这个全过程包括：药品研发、药品生产、药品流通、药品使用和药品上市再评价等五个过程，以上过程均产生质量，如"高温运输药品"事件，有可能使疫苗等不耐温的药品发生变质，导致医学事件；再如沙利度胺引起的药难事件，就是在药品的研发过程出现质量问题，没有认识到该药是一个 100% 致畸形的药物。产生药品质量的五个过程，也称为药品的生命周期（图 8-1），即从开始产生药品质量的研发阶段到药品质量结束的再评价阶段。

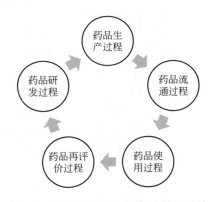

图 8-1　药品质量生命周期的循环图示

1. 质量的有关概念和属性

（1）质量　质量的概念是一个不断变化的变量，人们对它的认识和定义随着社会的进步不断变化。有人认为质量是指产品、过程和服务满足规定要求或潜在需要的固有特性的程度。但这种带有固定式的定义不能赋予质量强大的生命力和内涵精髓，对于生产者、经营者、使用者（顾客），身份不同，质量是有区别的，他们对质量认识的高度融合和相互制约、相互促进，才能推动质量的不断提升。因此，质量就是满足使用者需要（顾客），不给使用者（顾客）带来任何的伤害。

（2）质量管理　国际标准和国家标准的定义：质量管理是"在质量方面指挥和控制组织的协调的活动"。质量管理是指确定质量方针、目标和职责，并通过质量体系中的质量策划、控制、保证和改进来使其实现的全部活动。

2. 质量管理的发展过程

质量是一个不断发展的变量，质量管理也是随着质量的变化而不断发生改变的，但其核心目的是确保产品的质量。

(1) 质量检验管理阶段 最早的质量管理是生产者依据自己的经验积累保证产品质量。如铁匠打一把菜刀靠的是实际操作经验的积累，依靠感官估计。这称为"操作者的质量管理"或者"传统的质量管理"。

随着社会的发展，出现了"技术标准"，人们根据"技术标准"检验产品的质量。这称为"检验员的质量管理"。

质量检验管理阶段一直延续到 19 世纪末期，属于事后把关的质量管理，对不符合质量标准的产品造成了极大的损失。

(2) 统计质量管理阶段 1924 年，美国数理统计学家 W. A. 休哈特提出控制和预防缺陷的概念。一般利用数理统计的原理，对产品缺陷加以分析，找出预防产品缺陷的质量管理方法，有生产控制工程师承担。这就将"事后把关"提前到产品的生产过程控制质量。

(3) 现代化的质量管理阶段 20 世纪 60 年代，人们认识到产品质量来源于产品的生命周期，提出了全面质量管理的概念，后来又提出了标准化质量管理。质量管理转变为全员性、全过程的质量管理。标准化质量管理阶段是目前管理的最高层次，一切工作皆有标准，并能贯彻执行，保证产品质量，可以免检放行。

3. 全面质量管理

按照 ISO 8402—1994 给予全面质量管理的定义是："一个组织以质量为中心，以全员参与为基础，目的在于通过让顾客满意和本组织所有成员及社会受益而达到长期成功的管理途径"。

全面质量管理体现了全面、全员、全过程的特点，同时把顾客的满意提到了质量管理的层面。

(1) 全面的质量，包括产品质量、服务质量、成本质量；

(2) 全过程的质量，指质量贯穿于生产的全过程，用工作质量来保证产品质量；

(3) 全员参与的质量，对员工进行质量教育，强调全员把关，组成质量管理小组；

(4) 全企业的质量，目的是建立企业质量保证体系。

想一想

质量管理发展经历了哪几个阶段？填表 8-3。

表 8-3　质量管理的发展阶段及特点

分析主题	分析结果
1. 传统的质量管理阶段	
2. 质量检验管理阶段	
3. 统计质量管理阶段	
4. 全面质量管理阶段	
5. 标准化质量管理阶段	

4. 药品经营质量管理（GSP）与全面质量管理（TQC）

药品经营质量管理规范（GSP）是对药品经营过程各环节、各方面实行严格监控而提出的具体要求，目的是确保药品经营过程中的药品质量。它涉及企业各部门的活动，只有各部门紧密协调、有机组织起来，才能形成有效的保证药品质量的质量保证体系，这同全面质量管理的思想保持一致。但从企业经营管理的角度对 TQC 和 GSP 进行比较，则可发现二者之间又有差别，TQC 的本质是以质量为中心，不断开发出让顾客满意的产品，同时取得良好的经济效益和社会效益，具有进攻性、开拓性的质量管理，不是满足现行的质量标准/规定，而是通过质量监控、信息反馈等不断使产品更新换代。而 GSP 的本质是预防为主的预防型质量管理，无论对硬件、软件、人员的要求，处处体现预防为主，把差错事故消灭掉，确保经营的药品质量符合现行的药品质量标准。

想一想

请同学们根据自己对 TQC 和 GSP 的理解，讨论并填表 8-4。

表 8-4 TQC 与 GSP 的关系

讨论主题	讨论结果
1. TQC 思想与 GSP 思想是否一致	
2. TQC 与 GSP 的区别	
……	

活动三 　理解经营过程的概念

议一议

讨论药店销售岗位的工作内容，并填表 8-5。

表 8-5 药店销售岗位的工作内容

讨论主题	讨论内容
1. 销售的药品来自哪个岗位	
2. 销售岗位的工作任务	
3. 销售岗位销售的药品到哪里去了	

ISO 9000 系列标准对过程的定义为：将输入转化为输出的一组彼此相关的资源和活动。如图 8-2 所示。

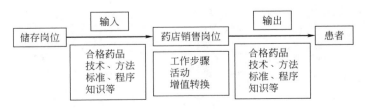

图 8-2 过程概念示意图

药店岗位具有三重身份。第一重身份是储存岗位的顾客，储存岗位输入的药品必须是合

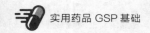

格的；第二重身份是生产者或制造者，要确保在店药品的质量；第三重身份是销售者，患者是它的顾客，它要保证药品质量，安全有效，不给患者带来伤害。当然，每个岗位的工作人员同样具备这三种身份。

质量贯穿整个过程中，满足顾客需要是整个过程的核心。

一个组织就是由这些过程组成的系统，质量就产生于这个过程中，所以，一个组织的质量管理就是通过对组织内部的各种过程管理来实现的。

想一想

你所理解的员工的"三重身份"是什么？填表 8-6。

表 8-6 员工的"三重身份"讨论表

讨论主题	分析结果
1. 员工的身份之一	
2. 员工的身份之二	
3. 员工的身份之三	

任务二

学习药品质量管理

任务目标　熟知药品质量管理的步骤。
学会做好质量控制和质量保证工作。
学会建立质量体系并有效运作。
学会使用工具进行质量经济分析。

活动一　学习质量管理的步骤

想一想

你所在班级管理的步骤有哪些？填表 8-7。

表 8-7　班级管理的步骤

班级管理步骤	内容
步骤一	
步骤二	
步骤三	
步骤四	
步骤五	
……	

药品质量管理的实施有几个步骤？填表 8-8。

表 8-8　药品质量管理的步骤

药品质量管理步骤	内容
步骤一：	
步骤二：	
步骤三：	
步骤四：	
步骤五：	
……	

约瑟夫·朱兰（Joseph M. Juran）博士是世界著名的质量管理专家，他所倡导的质量管理理念和方法始终深刻影响着世界企业界以及世界质量管理的发展。他的"质量计划、质量控制和质量改进"被称为"朱兰三部曲"。他最早把帕累托原理引入质量管理。《管理突破》及《质量计划》两书是他的经典之著。由朱兰博士主编的《质量控制手册》被称为"当今世界质量控制科学的名著"，为奠定全面质量管理（TQM）的理论基础和基本方法做出了卓越的贡献。

质量管理的实施步骤应是：质量策划—质量实施—质量改进，如图 8-3 所示。

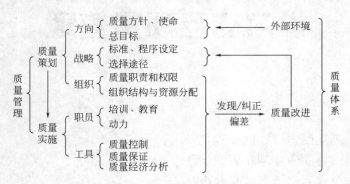

图 8-3　质量管理的步骤

（1）质量策划是质量管理的第一步，也是最重要的一步。它为企业所有部门的活动提供行为指南。所有的质量活动都围绕着质量策划制定的方针、目标而开展。质量策划的基本要求是：应遵循国家的有关质量方针、政策和法规；根据顾客需求；考虑产品的适用性、安全性和有效性的保证程度；考虑到质量体系有效运行保证程度；考虑到企业对质量体系结构要素的保证程度。质量策划的内容包括：质量管理的方向、质量管理的战略和质量管理的组织。

质量策划是致力于制定质量目标，规定必要的运行过程并提供相关资源，以实现质量目标。

质量方针是由最高管理者正式发布的关于质量方面的全部意图和方向。

质量目标是质量方面所追求的目标。

质量控制与
质量保证

（2）质量实施是质量管理的第二步，也是最关键的一步。它包括赋予产品质量的职员和确保质量的工具，完成质量目标的具体过程。

（3）质量改进是质量管理的第三步，也是质量管理的精髓。质量是一个螺旋上升的变量，客户的需求不断变化，对质量的要求也发生变化，质量改进就是产品不断达到客户满意，同时使企业受益的关键一步。

活动二　☆实施质量控制（QC）活动

议一议

某经营企业新进一批解热镇痛药物维生素 C 银翘片，如何证明这批药物是合格的？填表 8-9。

表 8-9　维生素 C 银翘片合格证明材料

证明材料	内容
证明材料之一	
证明材料之二	
证明材料之三	
证明材料之四	
………	

质量控制是为了达到质量要求所采取的作业技术和活动。有三层意思：一是质量要求，二是作业技术（包括质量标准和方法），三是质量活动人员的素质等。

1. 质量要求

质量就是满足顾客需要，不使用户承担任何风险。质量要求实际上是顾客要求，但顾客的需求是定性的。以顾客的语言来表达，把顾客的语言以组织的语言来量化，用以指导产品的设计和开发，符合顾客需求的产品特性，渗入工艺规程的设计，用技术的语言转化为质量标准，接下来的任务就是采取各种技术手段和行动去符合这些质量要求。

2. 质量标准

标准的含义是指对重复性事物和概念所做的统一规定。它以科学、技术和实践经验的综合成果为基础，经有关方面协商一致，由主管机构批准，以特定形式发布，作为共同遵守的准则和依据。

药品的养护技术标准或者验收标准，必须经过国家主管机构协调统一发布，是企业必须遵守的行为准则。药品的质量标准可以分为药典标准和部颁标准。药典是记载药品标准的法典。药品标准的内容一般包括：法定名称、来源、性状、鉴别、纯度检查、含量或效价、类别、剂量、规格、储藏、制剂等。

3. 质量控制方法

质量控制涵盖药品生产、放行、市场质量反馈的全过程，包括原辅料、包材、工艺用水、中间体及成品的质量标准和分析方法的建立、取样和检验，及产品的稳定性考察和市场不良反馈样品的复核等工作。

实验室是质量控制活动的主要载体，其核心目的在于获取反映产品质量的真实客观的检验数据，为质量评估提供依据。

实验室工作流程：取样，留样，稳定性考察，试剂及试液的管理，标准品及对照品的管理，仪器的确认、校准与维护，分析方法的验证及确认，OOS 调查，原始数据的管理，检验等。

想一想

药品养护过程如何做到药品质量的控制？填表 8-10。

表 8-10　药品养护过程的药品质量控制

质量控制方法	内容
质量控制方法一	
质量控制方法二	
质量控制方法三	
质量控制方法四	
………	

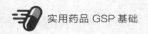
活动三　☆实施质量保证（QA）活动

案例 8-1

2019 年 7 月，有感冒病人到×××大药房购买抗病毒口服液，在使用过程中发现其中一瓶抗病毒口服液中有絮状物，仔细辨认是一根 2mm 的头发。

> **议一议**
>
> 根据以上案例学生分组讨论，并填表 8-11。

表 8-11　抗病毒口服液事件

讨论主题	讨论结果
1. 2mm 头发来源	
2. 为什么会有 2mm 头发	
3. 检验合格能否放行？为什么	
4. 药品放行的权利	
……	

ISO 9000—1994 给出质量保证的定义：为提供足够的信任表明实体能够满足质量要求，而在质量体系中实施并根据需要进行证实的全部有计划、有系统的活动。质量保证的内容绝不是单纯的保证质量，保证质量是质量控制的任务，质量保证是以保证质量为基础，进一步引申到提供"信任"这一基本目的。

活动四　建立质量体系

> **议一议**
>
> 你所在的院校由哪些部门组成？填表 8-12。

表 8-12　××××学院部门及职责

部门	职责
1.	
2.	
3.	
……	

系统也称体系，是表示由部分组成的整体，广泛存在于自然界、人类社会及人们的思维之中。例如，一个经营企业就可以看作一个系统，它由许多部门组成，它们相互依存、相互制约，为企业的共同目标协调工作。这些部门就是组成企业这个系统的要素，又称子系统。这些部门中的每个岗位称为子系统的元素。

系统的特点：系统是由两个或两个以上要素（部分、环节）组成的整体；各要素之间、要素与系统之间、以及整体与环境之间，都存在着一定的有机联系；任何系统都具有其特定的功能。如图 8-4 所示。

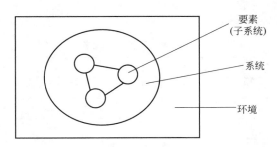

图 8-4　环境、要素、系统关系示意图

质量管理是指在质量方面指挥和控制组织协调的活动，通常包括制定质量方针、质量目标，实施质量策划、质量控制、质量保证和质量改进等活动。为保证产品、过程或服务满足质量要求，把企业的组织机构、职责和权限、工作方法和程序、技术力量和业务活动、资金和资源、信息等协调统一起来所形成的一个有机整体，称为一个企业的质量管理体系。

想一想

质量控制、质量保证和质量体系三者之间关系是什么？填 8-13。

表 8-13　QC、QA、QS 三者之间的关系

问题	讨论结果
1. QC 能否提供信任？	
2. QA 能否提供信任？	
3. QS 与 QC、QA 有什么关系？	
……	

要开展全面质量管理，首先应制定质量方针，同时进行质量策划、设计并建立一个科学有效的质量体系。而要建立质量体系，则应设置质量管理组织机构，明确其职责权限，然后开展质量控制活动和内部质量保证活动。质量控制活动是作业技术和活动，而内部质量保证活动则是为了取得企业领导的信任而开展的活动，二者之间是很难明显区分开来的，活动和工作都是质量管理。外部质量保证活动，是在合同上或法规中有质量保证要求时才发生的。这种外部质量保证活动的开展，是为了取得需方的信任。外部质量保证只能建立在企业内部质量管理基础上，也就是说，质量保证体系应建立在质量管理体系基础上。离开质量管理和质量控制，就谈不上质量保证。离开质量管理体系，也就不可能建立质量保证体系。

活动五　实施质量改进

案例 8-2　慢性病患者的抱怨

张大爷患有高血压病多年，经常在小区旁边的药店购买降压药物。有时血压控制不稳，经常到医院看医生，非常不方便。有次购买降压药物时向药店工作人员抱怨：医院离住的地方远，血压测量不方便。

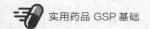

想一想

药店根据张大爷的抱怨，应做哪些改变？填表 8-14。

表 8-14　药店改进措施

改进措施	内容
1. 改进措施一	
2. 改进措施二	
3. 改进措施三	
……	

质量改进是为向本组织及其顾客提供更多的收益，在整个组织内所采取的旨在提高活动和过程的效益、效率的各种措施。对质量改进的内涵可以理解为：质量改进的目的是为供需双方提供更多的利益；质量改进是通过过程实现的，组织的所有活动都是通过过程实现的，它贯穿药品质量的所有过程；质量改进追求更高的过程效果和效率目标的持续活动，从不符合质量标准到符合质量标准不能认为是质量改进；质量改进的性质是创造性的，以创造性的思维方式或措施，使活动和过程得到有效的改变；质量改进是质量管理的灵魂。

质量改进能否实施或持续实施，关键在于领导层的理念和认识，只有领导认识到质量改进的重要性，才能努力为组织的质量改进创造一个良好的环境。质量改进除可以采用统计工具和分析工具外，还可采用下列方法。

（1）建立顾客投诉系统，从顾客对产品或服务的反馈情况识别需要改进的活动和过程。

（2）建立质量审核评价系统，包括组织内部的质量审核和组织外部审核，外部审核包括官方检查认证及顾客认证机构的审核，从这些审核结论中获得质量改进的诊断信息。

（3）质量经济的分析与应用。

（4）戴明循环（PDCA 循环），如图 8-5 所示，即管理工作要经过计划（plan）、执行（do）、检查（check）、处理（action）四个阶段八个步骤：①分析现状，找出质量存在的问题；②分析产生问题的原因；③找出主要原因；④拟定措施，制订计划；⑤采取措施，执行计划；⑥检查工作，调查效果；⑦总结经验，纳入标准；⑧遗留问题转入下一个循环。如此循环不止，每循环一次就提高一步，就上升到一个高度，而且是大循环套小循环，一环扣一环，小循环保大循环，一环推一环，不是原地转。

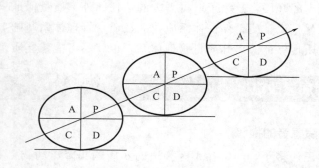

图 8-5　戴明循环图示

朱兰认为：质量改进的最终效果是按照比原计划目标高得多的质量水平进行工作。如此工作必然得到比原来目标高得多的产品质量。质量改进与质量控制效果不一样，但两者是紧密相关的，质量控制是质量改进的前提，质量改进是质量控制的发展方向，控制意味着维持其质量水平，改进的效果则是突破或提高。可见，质量控制是面对"今天"的要求，而质量改进是为了"明天"的需要。

做一做

　　根据 PDCA 循环，做出药店药品经营的质量改进措施。

任务三

学会药品经营质量风险管理

任务目标　了解药品风险的涵义。
　　　　　　学会识别药品风险、分析药品风险级别。
　　　　　　学会采取相应措施控制药品风险。
　　　　　　学会药品风险审核。

质量风险管理

活动一　　**理解药品经营质量风险的涵义**

案例 8-3

2008 年 11 月 6 日，国家食品药品监督管理总局通报了刺五加不良反应事件调查处理结果，认定完达山药业公司生产的刺五加注射液部分药品在流通环节被雨水浸泡，受到细菌污染，后又被更换标签并销售，致使 3 名使用该药品的患者死亡。

"收回药品 GMP 证书""企业直接责任人 10 年内不得从事药品生产、经营活动"，国家药监局给出了严厉的惩罚。尽管完达山药业当初生产方面合规的保证最终证明是有根据的，但流通环节的软肋却让企业彻底低头。

议一议

根据以上案例，请同学们议一议如何避免事件的发生，填表 8-15。

表 8-15　刺五加事件

讨论主题	讨论结果
1. 药品生产环节有问题吗	
2. 此事件发生的风险环节在哪	
3. 此事件危害程度如何	
4. 为什么会发生此事件	
5. 如何控制此事件的发生	

国家药品监督管理部门强调：企业应当采取前瞻或回顾的方式，对药品流通过程中的质量风险进行评估、控制、沟通和审核。

风险是指危害发生的可能性和严重性的组合。危害是对健康造成的损害，包括由产品质量（安全性、有效性、质量）损失或可用性问题所导致的危害。可能性是指危害/伤害发生的可能性及频率；严重性是指危害/伤害后果的严重程度。二者是风险的两个属性。

可能性是某一事件发生的机会。有关可能性的程度可以用不同的等级来表示：极不可能/不大可能/可能/很可能/几乎可能或难以置信/不可能/可能性极小/偶尔/经常，一般采用五级。

严重性是指某一事件发生后可能带来的损失。有关严重性的程度可以用不同的等级来表示：无关紧要/微小/中等/严重/毁灭性，一般采用五级。

风险具有如下特征：

(1) 风险具有客观性　风险一般是客观存在的，如阿司匹林受潮有可能分解产生水杨酸，这一事件是客观的。

(2) 风险具有突发性。

(3) 风险具有损失性　风险发生后会带来损失，如阿司匹林受潮分解产生水杨酸后，就要销毁。

(4) 风险具有不确定性。

(5) 风险具有可测性　风险是可以预测到的，如阿司匹林受潮可以分解出水杨酸，这一风险是知道的。

活动二　☆质量风险管理

案例 8-4

某药品经营企业对药品阿司匹林的储存：密闭，避光储存。如果阿司匹林受潮的话会导致结构变化，分解出水杨酸，对胃肠道有很大的刺激。

根据以上案例，请同学们分组讨论，并填表 8-16。

表 8-16　阿司匹林储存的风险

讨论主题	讨论结果
风险一:遇光	
风险二:湿度	
风险三:温度	
风险四:密闭	

质量风险管理是在整个产品生命周期中采用前瞻或回顾的方式，对质量风险进行评估、控制、沟通、审核的系统过程。质量风险管理与质量体系相结合，是一项指导科学性和实践性决策用以维护产品质量的过程。

在药品的经营企业，质量风险管理就是对药品购、进、储、养、销、运和售后服务等环节采用前瞻或回顾的方式，对可能出现的风险事件进行评估、控制、沟通、审核的系统过程，以确保药品经营质量。

风险管理流程分为风险评估、风险控制、风险审核、风险措施执行等。如图 8-6 所示。

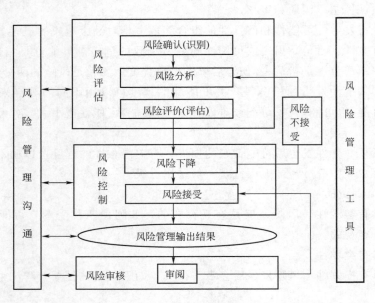

图 8-6　质量风险管理流程

活动三　质量风险评估方法

质量风险评估分为三步：风险识别、风险分析和风险评价。

1. 风险识别

> **想一想**
> 某药品经营企业对药品阿司匹林的养护有可能影响质量的风险事件有哪些？填写表 8-17。

表 8-17　影响阿司匹林质量的风险识别

讨论主题	讨论结果
风险一	
风险二	
风险三	
风险四	
……	

风险识别是指发现、列举和描述风险要素的过程。也称为风险辨识。它包括风险源、风险事件、风险原因和风险潜在后果的识别，但也要注意将人为决策、指挥、企业能力、操作失误和环境等因素纳入风险识别的范围。

风险识别是系统地使用信息来寻找和识别所述风险疑问或问题的潜在根源。药品在经营过程中，引起质量风险的关键影响因素，包括企业负责人的质量风险意识、组织机构、人员配置、管理制度与职责的制定、管理条件和仓储设施、过程管理（药品购进、收货、检查验收、储存与养护、药品销售、出库与运输、售后服务）等多个环节和关键控制点，任何一个环节出错都将导致不同的危害事件，即每个环节都存在着不同的风险。

风险识别的目的是确定影响企业工作目标或系统的事件或情况，为风险控制提供帮助。

风险识别可以采用头脑风暴法、情景分析法、检查表法、风险矩阵、事件树分析、因果分析、失败模式分析法等方法去识别风险。

知识拓展

头脑风暴法

头脑风暴法，由美国 BBDO 广告公司的奥斯本首创，也称奥斯本法。该方法主要由价值工程工作小组人员在正常融洽和不受任何限制的气氛中以会议形式进行讨论、座谈，打破常规，积极思考，畅所欲言，充分发表看法。

头脑风暴的特点是：无限制地自由联想和讨论，充分激发创造性思维和设想。禁止批评和评论。

小组人数一般为 10～15 人（课堂教学也可以班为单位），最好由不同专业或不同岗位者组成；时间一般为 20～60 分钟；设主持人一名，主持人只主持会议，对设想不作评论。设记录员 1～2 人，要求认真将与会者每一设想无论好坏都完整地记录下来。

2. 风险分析

想一想

某药品经营企业在药品储存养护中，温湿度监测、调控设施设备不到位，不能满足实时监测和自动调控（包括冷库）。请分析这些风险因素可能带来的后果，填表 8-18。

表 8-18　温湿度监测、调控设施设备不到位的风险分析

讨论主题	讨论结果
后果一	
后果二	
后果三	
……	

风险分析是对识别的风险因素进一步理解分析对药品质量影响的程度，为风险评价、决定风险控制策略和方法提供信息支持的过程。它包括初步分析、后果分析、可能性分析、不确定分析、敏感性分析等。

风险分析就是对风险的严重性和可能性进行分析判段。严重性（S）就是对风险源可能造成的后果的衡量，可能性（P）就是有害事件发生的频率或可能性。它们分别分三级，分级标准如表 8-19。

3. 风险评价

（1）风险评价的概念　风险评价是在风险识别和风险分析的基础上，对风险发生的概率、严重程度及其检测性等因素进行综合分析，确定风险的严重程度，已确定采取相应控制

表 8-19　风险分级标准

危害因素分级	严重性	发生率
高(3)	质量影响很大,对患者造成危害,公司经济有损失	经常发生
中(2)	质量影响较小,对患者无危害,公司经济有损失	偶尔发生
低(1)	质量影响很小,对患者无危害,公司经济无损失	很少发生

措施的过程。

(2) 风险指数　RPN(risk priority number)是事件发生的频率、严重程度和检测等级三者乘积,被称为风险系数或风险顺序数,其数值愈大潜在问题愈严重。

$$RPN＝S×O$$

RPN 是风险指数,S 是风险严重程度,O 是风险发生的可能性。

某药品经营企业在进行风险管理过程中,将企业存在风险的所有问题分类,对其严重性和可能性进行评价,制定 1~5 分的打分标准,如影响药品质量类缺陷严重性(表 8-20),影响药品质量类缺陷发生的可能性(表 8-21),影响药品质量类缺陷发生的可识别/可预测性(表 8-22)。

表 8-20　风险评估——严重性

类别	严重性系数	标准
无关紧要	1	对药品质量有微小影响,可能会引起该批或该批某一部分的损失或者小的损失
微小	2	对药品质量有较小影响,可能会引起目前批的损失
中等	3	对药品质量有中等影响,不仅会引起当前批的损失,还会影响该批次的后续批次
严重	4	对药品质量有高的影响,可能会持续一段时间并且严重影响产品的供应
毁灭性	5	对药品质量有严重的影响,可能会持续几周、几个月,会影响到整个连续生产的所有后续批次,需要较高的成本才能消除该影响

表 8-21　风险评估——可能性

类别	严重性系数	标准
罕见	1	每 50 年可能发生一次的事件,事件发生的概率接近于零
不可能	2	每 5~10 年可能发生一次的事件,概率非常低,但可以预见
可能	3	每 3~5 年可能发生一次的事件,事件可能发生,控制措施可能被破坏
很可能	4	一年发生一次或多次的事件,人们不会感到意外
几乎肯定	5	事故每年发生的次数很高,事件频频发生,控制措施不到位

表 8-22　风险评估——可识别/可预测性

类别	可识别系数	标准
几乎是确定的	1	目前方法几乎可以确切地检测出失败模式,有可靠的检测方法
可能性大	2	目前的方法可以检测出失败模式的可能性大
中等可能性	3	目前的方法有中等可能性检测出失败模式
可能性小	4	目前的方法只有极小的可能性检测出失败模式
几乎不可能	5	完全没有可靠的方法检测出失败模式

风险指数等于严重性与可能性的乘积，风险等级定量描述如表 8-23。

表 8-23　风险评估——风险等级定量描述

严重性	可能性				
	1	2	3	4	5
5	5	10	15	20	25
4	4	8	12	16	20
3	3	6	9	12	15
2	2	4	6	8	10
1	1	2	3	4	5

通常，如果风险指数也就是可能性与严重性的乘积在 1～4 区间为低风险，乘积在 5～9 区间为中等风险，乘积在 10～25 区间为高风险。

议一议

填写表 8-24。

表 8-24　风险评估讨论表

讨论主题	讨论结果
1. 风险严重性是如何分级的	
2. 风险可能性是如何分级的	
3. 风险可预测性是如何分级的	
4. 风险等级是如何定量描述的	

风险优先度＝严重性×发生频率×发生的可能性。风险优先度越高说明风险发生的有限度越高，计算所有风险的风险优先度后，可以使用帕累托图（也称二八法则）对所有风险重新排序，以确定影响最大需要立即整改的风险。

依据风险可以接受的程度，把风险划分为三个等级。

① 不可接受的风险，即高风险或严重风险。这种风险对企业的损失是毁灭性的，不可接受的，无论给企业带来多大效益，或者企业无论投入多大的力量，不惜代价也要进行风险控制。

② 可接受的风险，即中等风险或一般风险，这种风险一般不会给客户带来损害。对这种风险的控制要考虑企业成本与收益之间的平衡，并评估机会和潜在的后果。

③ 广泛可接受的风险，即低风险或轻微风险，这种风险对企业的影响很轻微或极小，可采取风险防范控制措施。

知识拓展

帕累托分析（二八法则）

帕累托分析即二八法则，是由意大利经济学家维尔弗雷多·帕累托提出的。他注意到 19 世纪英国人的财富和收益模式，在调查取样中发现大部分的财富流向了少数人手里，即社会上 20％的人占有 80％的社会财富。

　　二八法则认为，在任何事情上，主要的结果通常归于少数的原因、投入和努力，而大部分的努力只带来微小的影响。原因和结果、投入和产出、努力和报酬之间，存在着无法解释的不平衡，常常是"多数只造成少许影响，少数却造成主要的、重大的影响"。二八法则向人们提出这种独特的分析方法和思考方式，让人理解不平衡、确认不平衡，然后去利用不平衡，针对问题采取行动，带来正面的影响。二八法则让经理层的人明白，以最少的开支和努力赚取最大的效益。如一个公司80%的利润来源于20%的顾客，就应该让20%的顾客乐意合作；若80%的利润来自20%的产品，那么公司就应该尽全力销售高利润的产品。

　　在整个风险评估过程中，风险分析是最重要的环节，需要相当有经验的技术人员以及质量相关人员共同完成。在风险分析过程中，由于人员的专业技术或对打分标准的理解出现偏差，有可能会造成风险很高的因素被误评为中低风险，进而被忽略，造成产品质量缺陷，甚至影响患者的用药安全；或者本来很低的风险被误评为高风险，进而投入大量的人力、物力、财力去控制消除风险，造成不必要的浪费。因此，在风险评估过程中，要甄选高水平的团队队员，确保所有部门都参与评估及所有参与风险分析的人员都能正确理解风险评估的过程。

活动四　质量风险控制、风险沟通和风险审核

做一做

　　阿司匹林需要干燥通风、防潮避光保存，对湿度这个风险如何控制？填表 8-25。

表 8-25　湿度对阿司匹林影响的风险控制

主题	内容
风险控制一	
风险控制二	
风险控制三	
……	

1. 理解风险控制

　　风险控制是采取措施，其目的是将风险降低到一个可以接受的水平。针对经营过程各环节进行的质量风险评价，为减少人为因素引发的经营环节高风险，采取相应的质量风险控制措施。

　　风险控制包括消除风险、降低风险和接受风险。

　　降低风险发生的严重性和可能性所采取的措施称为风险降低。主要问题是可采取什么样的措施来控制、降低或消减风险，以及来控制风险时能否产生新的风险。风险降低主要致力于消除风险发生的根本原因；减少风险发生的可能性；风险转移或分担；风险结果最小

化等。

接受风险的决定称为风险接受。通过风险控制、风险降低，使风险、利益和资源间达到合适的平衡点，能够接受风险。例如，阿司匹林储存中的湿度控制，不仅要考虑到设施设备的运转、监测设备的购置、人员检测、季节及天气变化，还要考虑风险控制的成本，在保证湿度控制达标的基础上，找到二者的平衡。

但是药品经营全过程中，环节众多，过程复杂，因此必须加强预先防范、同步控制、重视事后反馈控制，从而将质量风险降至可接受的水平。

有效发现和控制对质量有重大影响的关键控制点，从而降低质量管理中的漏洞或者盲点。具体措施包括加强企业负责人的质量风险意识，建立质量风险管理组织机构，确立质量风险管理制度，定期开展质量风险管理活动，加强全员质量风险管理制度培训，培养全员质量风险管理意识。

2. 风险沟通

风险沟通也称风险交流，是指在决策者和其他涉险人员之间分享有关风险和风险管理的信息。各方可以在风险管理过程的任何阶段进行沟通。应当充分交流质量风险管理过程的结果并有文件和记录。

通过风险沟通，能够促进风险管理的实施，使各方掌握更全面的信息从而调整或改进整改措施及效果。应沟通的信息包括风险的性质、发生的可能性、严重程度、可接受性、控制和纠正预防措施、可识别或可预测性等。

在药品经营过程中，质量风险的确认、风险评估、严重程度、风险控制、处理等信息都需要充分交流，通过质量风险沟通的形式，完整记录书面结果。药品经营全过程包括药品购进、收货、检查验收、储存与养护、药品销售、出库与运输、售后服务等多个环节和关键控制点，开展质量风险管理，并以文件形式固定下来。

3. 风险审核

风险审核也称风险回顾，在整个风险管理流程的最后阶段，应该对风险管理的结果进行审核。风险管理是一个持续性的质量管理过程，应当建立定期回顾检查机制，回顾频率应基于风险级别确定。

在药品的经营管理过程中，风险管理接受的标准是正确的描述风险；识别风险产生的根本原因；有具体的风险消减行动计划（方案）；确定纠正、补救和预防行动计划；所有行动计划有效；行动有责任人和目标完成日期；随时监控行动计划的进展状态；按计划进行或完成所有行动计划等。

活动五 使用风险管理工具

1. 风险管理工具——因果图（鱼刺图）

想一想

某医药公司储存的阿司匹林发生了变色。引起阿司匹林变色的因素有哪些？填表 8-26。

表 8-26　阿司匹林变色因素讨论表

主题	内容
变色因素一	
变色因素二	
变色因素三	
变色因素四	
……	

在药品流通过程中常常出现一些质量问题，为了解决这些问题，需要对产生质量风险的原因进行分析，用箭头表示因果关系作成的鱼刺状图，称为"因果图"，又叫"鱼刺图""石川图"，见图 8-7。

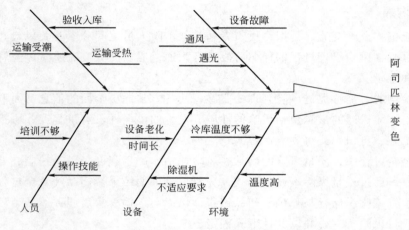

图 8-7　阿司匹林变色因果图

鱼骨图由日本管理大师石川馨先生所发明，故又名石川图。鱼骨图是一种发现问题"根本原因"的方法，它也可以称为"Ishikawa"或者"因果图"。其特点是简捷实用，深入直观。它看上去有些像鱼骨，问题或缺陷（即后果）标在"鱼头"外。在鱼骨上长出鱼刺，上面按出现机会多寡列出产生问题的可能原因，有助于说明各个原因之间是如何相互影响的。

上图鱼刺的骨，是表示因果关系的箭头，正中央是脊背。影响产品质量的因素一般有人、机（设备）、验（物料）、法（规程）、环（环境）五大因素，也可根据具体情况增减项目，把因素用箭头排列在两侧。如图 8-7 所示，每一个层次的原因总是较大原因的原因、较小原因的结果；任何一个原因对高一层表现为原因，对低一层表现为结果。因果图按问题的不同可分为三类：一是结果分析型，特点是沿着"为什么会产生这样的风险？"一追到底；二是工序分析型，按工序的流程，把影响各工序的原因填在相应的工序上；三是原因罗列型，先把全部因素不分层次罗列出来，再整理出它们之间的关系，作出因果图。

做一做

某药店受到顾客的投诉——服务态度、指导用药有待改善，请同学们讨论引起服务态度、指导用药有待改善投诉的原因，根据讨论结果，作出服务态度、指导用药有待改善的因果图。

2. 风险管理工具——过程分析

将必要控制的监视和测量检查具体到每个过程，并根据相关风险而改变，称为过程分析。过程分析图如图8-8。

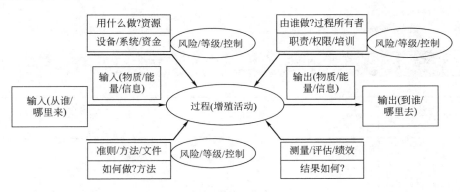

图8-8　过程分析图（乌龟图）

做一做

按照过程分析的要求对药品验收过程分析，并作出过程分析图（乌龟图）。

附　录

经营环节	风险因素	产生原因	风险后果	风险控制	风险分析	风险评估
质量管理体系	1. 企业领导人的质量风险意识； 2. 组织机构； 3. 人员配置； 4. 仓储设施,管理条件； 5. 过程管理	各项管理措施不到位	1. 经营质量缺陷药品(质量问题、包装破损、短少等)； 2. 发生假药、劣药经营行为； 3. 所经营药品引发新的严重不良反应	1. 加强企业领导人的质量风险意识； 2. 加强全员质量风险培训,培养全员质量风险管理意识； 3. 确立企业全面的计算机信息管理系统,支持质量风险管理要求； 4. 加强过程管理； 5. GSP 检查	1. 人为因素影响较大； 2. 系统可控	风险较高
采购环节	1. 供应商审核； 2. 购进药品审核； 3. 供货单位销售人员资质审核	1. 未审核； 2. 资质过期； 3. 审核不到位	购入假药或劣药	1. 健全企业全面的计算机信息管理系统,建立完善的质量数据库,未经审核,ERP 系统不能确认企业为合格供应商；资质过期,系统自动报警；经营范围不匹配的,系统未能审核通过； 2. 对审核人员加强药品购进管理制度、首营企业和首营品种审核制度及相关程序的培训； 3. 通过年度药品质量进货评审,对质量信誉不好的企业退出供应商或不购进其产品	1. 人为因素影响较大； 2. 系统可控	风险高,企业提供虚假证明材料；销售人员挂靠企业或未经授权代理其他企业产品或冒充药品的产品

236

经营环节	风险因素	产生原因	风险后果	风险控制	风险分析	风险评估
收货环节	收货检查	1. 未核对采购信息 2. 检查不到位	1. 接收非我企业购进商品； 2. 接收假药（受污染）或劣药； 3. 接收药品质量明显缺陷（外观质量问题、包装破损、短少等）产品	1. 确立企业全面的计算机信息管理系统，无采购订单的，ERP系统未能生成收货指令；收货需凭系统指令——"采购订单"执行； 2. 对收货人员加强药品采购管理制度、收货程序的培训； 3. 严格执行药品收货管理制度	1. 系统可控； 2. 人为因素影响较大	1. 风险较高，易混入假劣药； 2. 风险适中，由于是中间环节，后期有质量检查验收环节控制
质量检查验收环节	检查验收	1. 未验收； 2. 检查验收不到位； 3. 验收延误； 4. 抽样不到位； 5. 资料核对不严	1. 将按假药处理的品种，如受污染、假进口品种或劣药品种作为合格品验收； 2. 验收合格药品质量缺陷（外观质量问题、包装破损、短少等）产品； 3. 验收延误（冷链运输药品），造成药品质量缺陷（内在质量）、药品失效	1. 确立企业全面的计算机信息管理系统，验收员凭收货员在ERP系统中的收货确认执行验收； 2. 对验收员加强药品质量检查验收管理制度、抽样程序、验收程序和进口药品、冷链药品管理制度的培训； 3. 严格执行冷链管理药品要求； 4. 验收不合格药品，质量管理员要履行质量复核手续	1. 人为因素影响较大； 2. 系统可控	风险较高，验收环节是药品入库管理关键环节，是质量管理重点

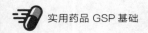

续表

经营环节	风险因素	产生原因	风险后果	风险控制	风险分析	风险评估
储存养护环节	储存管理、养护检查	1. 药品未按存储条件(常温库、阴凉库、冷库)分开存放; 2. 仓库合理储存不到位,药品堆码不到位; 3. 仓库未及时保养,仓储环境卫生执行不到位; 4. 仓库温湿度检测、调控设施、设备不到位,不能满足时时检测和自动调控(包括冷库); 5. 药品存储未按"五区"分开存放,不合格药品未做到专人专区管理,实施色标管理不到位; 6. 养护员检测温湿度、指导保管员调控温湿度设施执行不到位; 7. 药品催销执行不到位; 8. 养护检查过程发现问题未及时处理; 9. 季度养护分析执行不到位; 10. 保管卡登记不到位	1. 储存不当,造成药品污染、变质、失效(温湿度影响),成为假药; 2. 储存药品过期成为劣药; 3. 储存药品发生质量缺陷(储存造成外观质量问题、包装破损、短少等)产品; 4. 药品储存批号、数量差错	1. 完善人员培训,养护员、保管员积极落实岗位管理职责,严格执行药品养护、存储、保管、仓库温湿度管理制度等相关制度和程序; 2. 药品应按存储条件(常温库、阴凉库、冷库)分开存放,仓库合理储存库、堆码; 3. 养护设施要及时保养、更新,定期清洁药品储存区域; 4. 仓库温湿度检测、调控设施、设备需满足时时检测和自动调控(包括冷库); 5. 药品存储应按"五区"分开存放,不合格药品专人专区管理实施色标管理; 6. 养护员检测温湿度、指导保管员调控温湿度设施需严格按制度执行; 7. 定期进行药品催销; 8. 养护检查过程中,发现问题及时向质量管理部门上报,质量管理部门复核确认后,及时处理; 9. 季度养护分析汇总及时,有分析,有结果;	1. 人为因素影响较大; 2. 系统可控; 3. 仓库设施、设备更新提高	风险高,储存环节保持药品质量稳定是药品经营企业最重要的质量管理环节,其中温湿度控制是关键,直接影响药品质量(特别是冷藏药品温湿度控制)

经营环节	风险因素	产生原因	风险后果	风险控制	风险分析	风险评估
储存养护环节				10. 保管卡登记齐全、规范,月度盘点,保证账、货、卡相符率100%; 11. 强化公司的计算机信息管理系统管理; 12. 落实质量否决权管理制度,保管员发现药品污染、变质、失效、药品过期或药品质量缺陷,报质量管理部门,复核确认后,入不合格库,严禁销售		
销售环节	购货单位审核、购货单位采购人员审核、销售管理	1. 销售部门对客户选择管理不到位;未梳理客户渠道,盲目新开户; 2. 质量管理人员未对客户资质审核; 3. 由于仓储运输环节疏忽原因,造成销售假药、劣药	1. 销售假药、劣药; 2. 销售药品存在质量缺陷(质量问题、包装破损、短少等)产品	1. 健全企业全面的计算机信息管理系统,建立完整规范的质量数据库(未经资质审核的客户,系统不支持发出,问题药品,系统不支持发出); 2. 规范销售人员销售行为; 3. 对销售人员加强药品销售管理制度、程序的培训	1. 人为因素影响较大; 2. 系统可控	风险较高

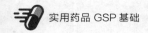

续表

经营环节	风险因素	产生原因	风险后果	风险控制	风险分析	风险评估
出库运输环节	1. 出库复核； 2. 冷链药品运输	1. 药品出库复核管理制度不到位； 2. 药品出库执行"先产先出,近期先出,按批号发货"原则不到位,质量不合格药品发出； 3. 出库复核员坚持"四不发"原则,强化药品外观质量的复核执行工作不到位； 4. 药品搬运人员、运输人员贯彻药品运输管理制度不到位,搬运、堆码药品严格遵守药品外包装标识的要求规范操作不到位； 5. 冷藏药品运输未按要求执行； 6. 药品追溯信息不完全	1. 发出假药、劣药(发错药、发过期药)； 2. 运输原因造成药品变质、药品失效等问题,形成假药； 3. 问题药品(药品质量缺陷等)发出； 4. 发出药品批号错误,数量差错	1. 复核员认真执行药品出库复核管理制度,严格执行"先产先出,近期先出,按批号发货"原则； 2. 出库复核坚持"四不发"原则,强化药品外观质量的复核； 3. 药品搬运人员、运输人员贯彻药品运输管理制度,搬运、堆码药品严格遵守药品外包装标识的要求规范操作； 4. 冷藏药品必须保证冷链的完整； 5. 健全企业全面的计算机信息管理系统；满足过期药品不能发出；系统支持执行"先产先出,近期先出,按批号发货"原则	1. 人为因素影响较大； 2. 系统可控	风险较高,出库运输环节是药品到使用用户前的最后关键环节,是质量管理重点

经营环节	风险因素	产生原因	风险后果	风险控制	风险分析	风险评估
药品退货环节	1. 药品销后退回的验收； 2. 药品购进退出管理	1. 收货人员未进行系统核对而接收退货； 2. 退货保管员未核实是否原发出； 3. 抽样不到位； 4. 销后退回检查验收不到位（冷链保存药品退货未判定验收不合格）； 5. 药监部门确认的假劣药品不能再执行购进退出程序，确认的假药、劣药再次销售； 6. 召回药品未经质量审核重新发出	1. 接收销后退回假药（受污染、变质、失效）或劣药，按验收合格入库； 2. 销后退回验收合格药品质量缺陷（外观质量问题、包装破损、短少，严重不良反应等）产品； 3. 假药、劣药再次销售	1. 健全企业全面的计算机信息管理系统，系统支持收货员凭销售退货订单收货；支持验收员凭收货员系统确认后执行验收；支持销后退回验收判定质量不合格药品不能出库； 2. 对验收员加强药品质量检查验收管理制度、抽样程序、药品销后退回验收程序的培训； 3. 保管员加强对药品销后退回、购进退出管理制度的培训； 4. 严格执行冷链管理药品要求，退货应判定质量不合格； 5. 验收不合格药品，质量管理员要履行质量复核手续	1. 人为因素影响较大； 2. 系统可控	风险高，药品销后退回验收环节是售出药品重新入库管理关键环节，对药品质量验收合格与否是质量管理重点

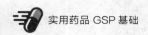

经营环节	风险因素	产生原因	风险后果	风险控制	风险分析	风险评估
售后服务环节	质量信息、质量查询、质量投诉、用户访问、药品不良反应信息反馈、药品召回、质量事故调查	1. 药监系统发布假药或劣药信息遗漏或反馈不及时或未及时启动应急预案； 2. 质量信息反馈延误； 3. 药品不良反应信息收集不主动； 4. 各类质量信息收集不全面，未做分析和汇总； 5. 未及时启动应急预案（药品召回、质量事故调查）	1. 信息遗漏或反馈延误，造成致死致残个案； 2. 信息遗漏，造成使用假药、劣药； 3. 信息遗漏或反馈延误，引发新的严重不良反应； 4. 信息遗漏或反馈延误，使用药品质量缺陷产品	1. 健全企业"进、储、销、运"的计算机信息管理系统，支持质量管理人员确认的暂停发货指令； 2. 对质管员加强药品质量信息、质量查询、质量投诉及用户访问管理制度、程序的培训； 3. 质量员熟练掌握对药品不良反应监测和报告管理制度、药品召回管理制度、药品质量事故处理管理制度的运用；对各类应急预案的启动程序清楚； 4. 质量人员严格执行质量否决权赋予的责任	1. 人为因素影响较大； 2. 系统可控； 3. 新的严重不良反应（未知风险）	风险高，售后环节是药品质量服务最后环节，是质量信息收集、反馈的集散点，是管理重点

附录二 药品经营质量管理规范

国家食品药品监督管理总局令

第 28 号

《国家食品药品监督管理总局关于修改〈药品经营质量管理规范〉的决定》已于 2016 年 6 月 30 日经国家食品药品监督管理总局局务会议审议通过，现予公布，自公布之日起施行。

局长　毕井泉

2016 年 7 月 13 日

药品经营质量管理规范

（2000 年 4 月 30 日原国家药品监督管理局局令第 20 号公布　2012 年 11 月 6 日原卫生部部务会议第一次修订　2015 年 5 月 18 日国家食品药品监督管理总局局务会议第二次修订　根据 2016 年 6 月 30 日国家食品药品监督管理总局令第 28 号国家食品药品监督管理总局局务会议《关于修改〈药品经营质量管理规范〉的决定》修正）

第一章　总　　则

第一条　为加强药品经营质量管理，规范药品经营行为，保障人体用药安全、有效，根据《中华人民共和国药品管理法》、《中华人民共和国药品管理法实施条例》，制定本规范。

第二条　本规范是药品经营管理和质量控制的基本准则。

企业应当在药品采购、储存、销售、运输等环节采取有效的质量控制措施，确保药品质量，并按照国家有关要求建立药品追溯系统，实现药品可追溯。

第三条　药品经营企业应当严格执行本规范。

药品生产企业销售药品、药品流通过程中其他涉及储存与运输药品的，也应当符合本规范相关要求。

第四条　药品经营企业应当坚持诚实守信，依法经营。禁止任何虚假、欺骗行为。

第二章　药品批发的质量管理

第一节　质量管理体系

第五条　企业应当依据有关法律法规及本规范的要求建立质量管理体系，确定质量方针，制定质量管理体系文件，开展质量策划、质量控制、质量保证、质量改进和质量风险管理等活动。

第六条　企业制定的质量方针文件应当明确企业总的质量目标和要求，并贯彻到药品经营活动的全过程。

第七条　企业质量管理体系应当与其经营范围和规模相适应，包括组织机构、人员、设施设备、质量管理体系文件及相应的计算机系统等。

第八条　企业应当定期以及在质量管理体系关键要素发生重大变化时，组织开展内审。

第九条　企业应当对内审的情况进行分析，依据分析结论制定相应的质量管理体系改进措施，不断提高质量控制水平，保证质量管理体系持续有效运行。

第十条　企业应当采用前瞻或者回顾的方式，对药品流通过程中的质量风险进行评估、控制、沟通和审核。

第十一条　企业应当对药品供货单位、购货单位的质量管理体系进行评价，确认其质量保证能力和质量信誉，必要时进行实地考察。

第十二条　企业应当全员参与质量管理。各部门、岗位人员应当正确理解并履行职责，承担相应质量责任。

第二节　组织机构与质量管理职责

第十三条　企业应当设立与其经营活动和质量管理相适应的组织机构或者岗位，明确规定其职责、权限及相互关系。

第十四条　企业负责人是药品质量的主要责任人，全面负责企业日常管理，负责提供必要的条件，保证质量管理部门和质量管理人员有效履行职责，确保企业实现质量目标并按照本规范要求经营药品。

第十五条　企业质量负责人应当由高层管理人员担任，全面负责药品质量管理工作，独立履行职责，在企业内部对药品质量管理具有裁决权。

第十六条　企业应当设立质量管理部门，有效开展质量管理工作。质量管理部门的职责不得由其他部门及人员履行。

第十七条　质量管理部门应当履行以下职责：

（一）督促相关部门和岗位人员执行药品管理的法律法规及本规范；

（二）组织制订质量管理体系文件，并指导、监督文件的执行；

（三）负责对供货单位和购货单位的合法性、购进药品的合法性以及供货单位销售人员、购货单位采购人员的合法资格进行审核，并根据审核内容的变化进行动态管理；

（四）负责质量信息的收集和管理，并建立药品质量档案；

（五）负责药品的验收，指导并监督药品采购、储存、养护、销售、退货、运输等环节的质量管理工作；

（六）负责不合格药品的确认，对不合格药品的处理过程实施监督；

（七）负责药品质量投诉和质量事故的调查、处理及报告；

（八）负责假劣药品的报告；

（九）负责药品质量查询；

（十）负责指导设定计算机系统质量控制功能；

（十一）负责计算机系统操作权限的审核和质量管理基础数据的建立及更新；

（十二）组织验证、校准相关设施设备；

（十三）负责药品召回的管理；

（十四）负责药品不良反应的报告；

（十五）组织质量管理体系的内审和风险评估；

（十六）组织对药品供货单位及购货单位质量管理体系和服务质量的考察和评价；

（十七）组织对被委托运输的承运方运输条件和质量保障能力的审查；

（十八）协助开展质量管理教育和培训；

（十九）其他应当由质量管理部门履行的职责。

第三节 人员与培训

第十八条 企业从事药品经营和质量管理工作的人员，应当符合有关法律法规及本规范规定的资格要求，不得有相关法律法规禁止从业的情形。

第十九条 企业负责人应当具有大学专科以上学历或者中级以上专业技术职称，经过基本的药学专业知识培训，熟悉有关药品管理的法律法规及本规范。

第二十条 企业质量负责人应当具有大学本科以上学历、执业药师资格和 3 年以上药品经营质量管理工作经历，在质量管理工作中具备正确判断和保障实施的能力。

第二十一条 企业质量管理部门负责人应当具有执业药师资格和 3 年以上药品经营质量管理工作经历，能独立解决经营过程中的质量问题。

第二十二条 企业应当配备符合以下资格要求的质量管理、验收及养护等岗位人员：

（一）从事质量管理工作的，应当具有药学中专或者医学、生物、化学等相关专业大学专科以上学历或者具有药学初级以上专业技术职称；

（二）从事验收、养护工作的，应当具有药学或者医学、生物、化学等相关专业中专以上学历或者具有药学初级以上专业技术职称；

（三）从事中药材、中药饮片验收工作的，应当具有中药学专业中专以上学历或者具有中药学中级以上专业技术职称；从事中药材、中药饮片养护工作的，应当具有中药学专业中专以上学历或者具有中药学初级以上专业技术职称；直接收购地产中药材的，验收人员应当具有中药学中级以上专业技术职称。

从事疫苗配送的，还应当配备 2 名以上专业技术人员专门负责疫苗质量管理和验收工作。专业技术人员应当具有预防医学、药学、微生物学或者医学等专业本科以上学历及中级以上专业技术职称，并有 3 年以上从事疫苗管理或者技术工作经历。

第二十三条 从事质量管理、验收工作的人员应当在职在岗，不得兼职其他业务工作。

第二十四条 从事采购工作的人员应当具有药学或者医学、生物、化学等相关专业中专以上学历，从事销售、储存等工作的人员应当具有高中以上文化程度。

第二十五条 企业应当对各岗位人员进行与其职责和工作内容相关的岗前培训和继续培训，以符合本规范要求。

第二十六条 培训内容应当包括相关法律法规、药品专业知识及技能、质量管理制度、职责及岗位操作规程等。

第二十七条 企业应当按照培训管理制度制定年度培训计划并开展培训，使相关人员能正确理解并履行职责。培训工作应当做好记录并建立档案。

第二十八条 从事特殊管理的药品和冷藏冷冻药品的储存、运输等工作的人员，应当接受相关法律法规和专业知识培训并经考核合格后方可上岗。

第二十九条 企业应当制定员工个人卫生管理制度，储存、运输等岗位人员的着装应当符合劳动保护和产品防护的要求。

第三十条 质量管理、验收、养护、储存等直接接触药品岗位的人员应当进行岗前及年度健康检查，并建立健康档案。患有传染病或者其他可能污染药品的疾病的，不得从事直接接触药品的工作。身体条件不符合相应岗位特定要求的，不得从事相关工作。

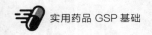

第四节　质量管理体系文件

第三十一条　企业制定质量管理体系文件应当符合企业实际。文件包括质量管理制度、部门及岗位职责、操作规程、档案、报告、记录和凭证等。

第三十二条　文件的起草、修订、审核、批准、分发、保管，以及修改、撤销、替换、销毁等应当按照文件管理操作规程进行，并保存相关记录。

第三十三条　文件应当标明题目、种类、目的以及文件编号和版本号。文字应当准确、清晰、易懂。

文件应当分类存放，便于查阅。

第三十四条　企业应当定期审核、修订文件，使用的文件应当为现行有效的文本，已废止或者失效的文件除留档备查外，不得在工作现场出现。

第三十五条　企业应当保证各岗位获得与其工作内容相对应的必要文件，并严格按照规定开展工作。

第三十六条　质量管理制度应当包括以下内容：

（一）质量管理体系内审的规定；

（二）质量否决权的规定；

（三）质量管理文件的管理；

（四）质量信息的管理；

（五）供货单位、购货单位、供货单位销售人员及购货单位采购人员等资格审核的规定；

（六）药品采购、收货、验收、储存、养护、销售、出库、运输的管理；

（七）特殊管理的药品的规定；

（八）药品有效期的管理；

（九）不合格药品、药品销毁的管理；

（十）药品退货的管理；

（十一）药品召回的管理；

（十二）质量查询的管理；

（十三）质量事故、质量投诉的管理；

（十四）药品不良反应报告的规定；

（十五）环境卫生、人员健康的规定；

（十六）质量方面的教育、培训及考核的规定；

（十七）设施设备保管和维护的管理；

（十八）设施设备验证和校准的管理；

（十九）记录和凭证的管理；

（二十）计算机系统的管理；

（二十一）药品追溯的规定；

（二十二）其他应当规定的内容。

第三十七条　部门及岗位职责应当包括：

（一）质量管理、采购、储存、销售、运输、财务和信息管理等部门职责；

（二）企业负责人、质量负责人及质量管理、采购、储存、销售、运输、财务和信息管理等部门负责人的岗位职责；

（三）质量管理、采购、收货、验收、储存、养护、销售、出库复核、运输、财务、信

息管理等岗位职责;

(四)与药品经营相关的其他岗位职责。

第三十八条 企业应当制定药品采购、收货、验收、储存、养护、销售、出库复核、运输等环节及计算机系统的操作规程。

第三十九条 企业应当建立药品采购、验收、养护、销售、出库复核、销后退回和购进退出、运输、储运温湿度监测、不合格药品处理等相关记录,做到真实、完整、准确、有效和可追溯。

第四十条 通过计算机系统记录数据时,有关人员应当按照操作规程,通过授权及密码登录后方可进行数据的录入或者复核;数据的更改应当经质量管理部门审核并在其监督下进行,更改过程应当留有记录。

第四十一条 书面记录及凭证应当及时填写,并做到字迹清晰,不得随意涂改,不得撕毁。更改记录的,应当注明理由、日期并签名,保持原有信息清晰可辨。

第四十二条 记录及凭证应当至少保存5年。疫苗、特殊管理的药品的记录及凭证按相关规定保存。

第五节 设施与设备

第四十三条 企业应当具有与其药品经营范围、经营规模相适应的经营场所和库房。

第四十四条 库房的选址、设计、布局、建造、改造和维护应当符合药品储存的要求,防止药品的污染、交叉污染、混淆和差错。

第四十五条 药品储存作业区、辅助作业区应当与办公区和生活区分开一定距离或者有隔离措施。

第四十六条 库房的规模及条件应当满足药品的合理、安全储存,并达到以下要求,便于开展储存作业:

(一)库房内外环境整洁,无污染源,库区地面硬化或者绿化;

(二)库房内墙、顶光洁,地面平整,门窗结构严密;

(三)库房有可靠的安全防护措施,能够对无关人员进入实行可控管理,防止药品被盗、替换或者混入假药;

(四)有防止室外装卸、搬运、接收、发运等作业受异常天气影响的措施。

第四十七条 库房应当配备以下设施设备:

(一)药品与地面之间有效隔离的设备;

(二)避光、通风、防潮、防虫、防鼠等设备;

(三)有效调控温湿度及室内外空气交换的设备;

(四)自动监测、记录库房温湿度的设备;

(五)符合储存作业要求的照明设备;

(六)用于零货拣选、拼箱发货操作及复核的作业区域和设备;

(七)包装物料的存放场所;

(八)验收、发货、退货的专用场所;

(九)不合格药品专用存放场所;

(十)经营特殊管理的药品有符合国家规定的储存设施。

第四十八条 经营中药材、中药饮片的,应当有专用的库房和养护工作场所,直接收购地产中药材的应当设置中药样品室(柜)。

第四十九条　储存、运输冷藏、冷冻药品的，应当配备以下设施设备：

（一）与其经营规模和品种相适应的冷库，储存疫苗的应当配备两个以上独立冷库；

（二）用于冷库温度自动监测、显示、记录、调控、报警的设备；

（三）冷库制冷设备的备用发电机组或者双回路供电系统；

（四）对有特殊低温要求的药品，应当配备符合其储存要求的设施设备；

（五）冷藏车及车载冷藏箱或者保温箱等设备。

第五十条　运输药品应当使用封闭式货物运输工具。

第五十一条　运输冷藏、冷冻药品的冷藏车及车载冷藏箱、保温箱应当符合药品运输过程中对温度控制的要求。冷藏车具有自动调控温度、显示温度、存储和读取温度监测数据的功能；冷藏箱及保温箱具有外部显示和采集箱体内温度数据的功能。

第五十二条　储存、运输设施设备的定期检查、清洁和维护应当由专人负责，并建立记录和档案。

第六节　校准与验证

第五十三条　企业应当按照国家有关规定，对计量器具、温湿度监测设备等定期进行校准或者检定。

企业应当对冷库、储运温湿度监测系统以及冷藏运输等设施设备进行使用前验证、定期验证及停用时间超过规定时限的验证。

第五十四条　企业应当根据相关验证管理制度，形成验证控制文件，包括验证方案、报告、评价、偏差处理和预防措施等。

第五十五条　验证应当按照预先确定和批准的方案实施，验证报告应当经过审核和批准，验证文件应当存档。

第五十六条　企业应当根据验证确定的参数及条件，正确、合理使用相关设施设备。

第七节　计算机系统

第五十七条　企业应当建立能够符合经营全过程管理及质量控制要求的计算机系统，实现药品可追溯。

第五十八条　企业计算机系统应当符合以下要求：

（一）有支持系统正常运行的服务器和终端机；

（二）有安全、稳定的网络环境，有固定接入互联网的方式和安全可靠的信息平台；

（三）有实现部门之间、岗位之间信息传输和数据共享的局域网；

（四）有药品经营业务票据生成、打印和管理功能；

（五）有符合本规范要求及企业管理实际需要的应用软件和相关数据库。

第五十九条　各类数据的录入、修改、保存等操作应当符合授权范围、操作规程和管理制度的要求，保证数据原始、真实、准确、安全和可追溯。

第六十条　计算机系统运行中涉及企业经营和管理的数据应当采用安全、可靠的方式储存并按日备份，备份数据应当存放在安全场所，记录类数据的保存时限应当符合本规范第四十二条的要求。

第八节　采　购

第六十一条　企业的采购活动应当符合以下要求：

（一）确定供货单位的合法资格；

（二）确定所购入药品的合法性；

（三）核实供货单位销售人员的合法资格；

（四）与供货单位签订质量保证协议。

采购中涉及的首营企业、首营品种，采购部门应当填写相关申请表格，经过质量管理部门和企业质量负责人的审核批准。必要时应当组织实地考察，对供货单位质量管理体系进行评价。

第六十二条　对首营企业的审核，应当查验加盖其公章原印章的以下资料，确认真实、有效：

（一）《药品生产许可证》或者《药品经营许可证》复印件；

（二）营业执照、税务登记、组织机构代码的证件复印件，及上一年度企业年度报告公示情况；

（三）《药品生产质量管理规范》认证证书或者《药品经营质量管理规范》认证证书复印件；

（四）相关印章、随货同行单（票）样式；

（五）开户户名、开户银行及账号。

第六十三条　采购首营品种应当审核药品的合法性，索取加盖供货单位公章原印章的药品生产或者进口批准证明文件复印件并予以审核，审核无误的方可采购。

以上资料应当归入药品质量档案。

第六十四条　企业应当核实、留存供货单位销售人员以下资料：

（一）加盖供货单位公章原印章的销售人员身份证复印件；

（二）加盖供货单位公章原印章和法定代表人印章或者签名的授权书，授权书应当载明被授权人姓名、身份证号码，以及授权销售的品种、地域、期限；

（三）供货单位及供货品种相关资料。

第六十五条　企业与供货单位签订的质量保证协议至少包括以下内容：

（一）明确双方质量责任；

（二）供货单位应当提供符合规定的资料且对其真实性、有效性负责；

（三）供货单位应当按照国家规定开具发票；

（四）药品质量符合药品标准等有关要求；

（五）药品包装、标签、说明书符合有关规定；

（六）药品运输的质量保证及责任；

（七）质量保证协议的有效期限。

第六十六条　采购药品时，企业应当向供货单位索取发票。发票应当列明药品的通用名称、规格、单位、数量、单价、金额等；不能全部列明的，应当附《销售货物或者提供应税劳务清单》，并加盖供货单位发票专用章原印章、注明税票号码。

第六十七条　发票上的购、销单位名称及金额、品名应当与付款流向及金额、品名一致，并与财务账目内容相对应。发票按有关规定保存。

第六十八条　采购药品应当建立采购记录。采购记录应当有药品的通用名称、剂型、规格、生产厂商、供货单位、数量、价格、购货日期等内容，采购中药材、中药饮片的还应当标明产地。

第六十九条　发生灾情、疫情、突发事件或者临床紧急救治等特殊情况，以及其他符合

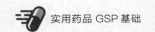

国家有关规定的情形，企业可采用直调方式购销药品，将已采购的药品不入本企业仓库，直接从供货单位发送到购货单位，并建立专门的采购记录，保证有效的质量跟踪和追溯。

第七十条　采购特殊管理的药品，应当严格按照国家有关规定进行。

第七十一条　企业应当定期对药品采购的整体情况进行综合质量评审，建立药品质量评审和供货单位质量档案，并进行动态跟踪管理。

第九节　收货与验收

第七十二条　企业应当按照规定的程序和要求对到货药品逐批进行收货、验收，防止不合格药品入库。

第七十三条　药品到货时，收货人员应当核实运输方式是否符合要求，并对照随货同行单（票）和采购记录核对药品，做到票、账、货相符。

随货同行单（票）应当包括供货单位、生产厂商、药品的通用名称、剂型、规格、批号、数量、收货单位、收货地址、发货日期等内容，并加盖供货单位药品出库专用章原印章。

第七十四条　冷藏、冷冻药品到货时，应当对其运输方式及运输过程的温度记录、运输时间等质量控制状况进行重点检查并记录。不符合温度要求的应当拒收。

第七十五条　收货人员对符合收货要求的药品，应当按品种特性要求放于相应待验区域，或者设置状态标志，通知验收。冷藏、冷冻药品应当在冷库内待验。

第七十六条　验收药品应当按照药品批号查验同批号的检验报告书。供货单位为批发企业的，检验报告书应当加盖其质量管理专用章原印章。检验报告书的传递和保存可以采用电子数据形式，但应当保证其合法性和有效性。

第七十七条　企业应当按照验收规定，对每次到货药品进行逐批抽样验收，抽取的样品应当具有代表性：

（一）同一批号的药品应当至少检查一个最小包装，但生产企业有特殊质量控制要求或者打开最小包装可能影响药品质量的，可不打开最小包装；

（二）破损、污染、渗液、封条损坏等包装异常以及零货、拼箱的，应当开箱检查至最小包装；

（三）外包装及封签完整的原料药、实施批签发管理的生物制品，可不开箱检查。

第七十八条　验收人员应当对抽样药品的外观、包装、标签、说明书以及相关的证明文件等逐一进行检查、核对；验收结束后，应当将抽取的完好样品放回原包装箱，加封并标示。

第七十九条　特殊管理的药品应当按照相关规定在专库或者专区内验收。

第八十条　验收药品应当做好验收记录，包括药品的通用名称、剂型、规格、批准文号、批号、生产日期、有效期、生产厂商、供货单位、到货数量、到货日期、验收合格数量、验收结果等内容。验收人员应当在验收记录上签署姓名和验收日期。

中药材验收记录应当包括品名、产地、供货单位、到货数量、验收合格数量等内容。中药饮片验收记录应当包括品名、规格、批号、产地、生产日期、生产厂商、供货单位、到货数量、验收合格数量等内容，实施批准文号管理的中药饮片还应当记录批准文号。

验收不合格的还应当注明不合格事项及处置措施。

第八十一条　企业应当建立库存记录，验收合格的药品应当及时入库登记；验收不合格的，不得入库，并由质量管理部门处理。

第八十二条　企业按本规范第六十九条规定进行药品直调的，可委托购货单位进行药品验收。购货单位应当严格按照本规范的要求验收药品，并建立专门的直调药品验收记录。验收当日应当将验收记录相关信息传递给直调企业。

第十节　储存与养护

第八十三条　企业应当根据药品的质量特性对药品进行合理储存，并符合以下要求：

（一）按包装标示的温度要求储存药品，包装上没有标示具体温度的，按照《中华人民共和国药典》规定的贮藏要求进行储存；

（二）储存药品相对湿度为35%～75%；

（三）在人工作业的库房储存药品，按质量状态实行色标管理，合格药品为绿色，不合格药品为红色，待确定药品为黄色；

（四）储存药品应当按照要求采取避光、遮光、通风、防潮、防虫、防鼠等措施；

（五）搬运和堆码药品应当严格按照外包装标示要求规范操作，堆码高度符合包装图示要求，避免损坏药品包装；

（六）药品按批号堆码，不同批号的药品不得混垛，垛间距不小于5厘米，与库房内墙、顶、温度调控设备及管道等设施间距不小于30厘米，与地面间距不小于10厘米；

（七）药品与非药品、外用药与其他药品分开存放，中药材和中药饮片分库存放；

（八）特殊管理的药品应当按照国家有关规定储存；

（九）拆除外包装的零货药品应当集中存放；

（十）储存药品的货架、托盘等设施设备应当保持清洁，无破损和杂物堆放；

（十一）未经批准的人员不得进入储存作业区，储存作业区内的人员不得有影响药品质量和安全的行为；

（十二）药品储存作业区内不得存放与储存管理无关的物品。

第八十四条　养护人员应当根据库房条件、外部环境、药品质量特性等对药品进行养护，主要内容是：

（一）指导和督促储存人员对药品进行合理储存与作业。

（二）检查并改善储存条件、防护措施、卫生环境。

（三）对库房温湿度进行有效监测、调控。

（四）按照养护计划对库存药品的外观、包装等质量状况进行检查，并建立养护记录；对储存条件有特殊要求的或者有效期较短的品种应当进行重点养护。

（五）发现有问题的药品应当及时在计算机系统中锁定和记录，并通知质量管理部门处理。

（六）对中药材和中药饮片应当按其特性采取有效方法进行养护并记录，所采取的养护方法不得对药品造成污染。

（七）定期汇总、分析养护信息。

第八十五条　企业应当采用计算机系统对库存药品的有效期进行自动跟踪和控制，采取近效期预警及超过有效期自动锁定等措施，防止过期药品销售。

第八十六条　药品因破损而导致液体、气体、粉末泄漏时，应当迅速采取安全处理措施，防止对储存环境和其他药品造成污染。

第八十七条　对质量可疑的药品应当立即采取停售措施，并在计算机系统中锁定，同时报告质量管理部门确认。对存在质量问题的药品应当采取以下措施：

（一）存放于标志明显的专用场所，并有效隔离，不得销售；

（二）怀疑为假药的，及时报告食品药品监督管理部门；

（三）属于特殊管理的药品，按照国家有关规定处理；

（四）不合格药品的处理过程应当有完整的手续和记录；

（五）对不合格药品应当查明并分析原因，及时采取预防措施。

第八十八条　企业应当对库存药品定期盘点，做到账、货相符。

第十一节　销　　售

第八十九条　企业应当将药品销售给合法的购货单位，并对购货单位的证明文件、采购人员及提货人员的身份证明进行核实，保证药品销售流向真实、合法。

第九十条　企业应当严格审核购货单位的生产范围、经营范围或者诊疗范围，并按照相应的范围销售药品。

第九十一条　企业销售药品，应当如实开具发票，做到票、账、货、款一致。

第九十二条　企业应当做好药品销售记录。销售记录应当包括药品的通用名称、规格、剂型、批号、有效期、生产厂商、购货单位、销售数量、单价、金额、销售日期等内容。按照本规范第六十九条规定进行药品直调的，应当建立专门的销售记录。

中药材销售记录应当包括品名、规格、产地、购货单位、销售数量、单价、金额、销售日期等内容；中药饮片销售记录应当包括品名、规格、批号、产地、生产厂商、购货单位、销售数量、单价、金额、销售日期等内容。

第九十三条　销售特殊管理的药品以及国家有专门管理要求的药品，应当严格按照国家有关规定执行。

第十二节　出　　库

第九十四条　出库时应当对照销售记录进行复核。发现以下情况不得出库，并报告质量管理部门处理：

（一）药品包装出现破损、污染、封口不牢、衬垫不实、封条损坏等问题；

（二）包装内有异常响动或者液体渗漏；

（三）标签脱落、字迹模糊不清或者标识内容与实物不符；

（四）药品已超过有效期；

（五）其他异常情况的药品。

第九十五条　药品出库复核应当建立记录，包括购货单位、药品的通用名称、剂型、规格、数量、批号、有效期、生产厂商、出库日期、质量状况和复核人员等内容。

第九十六条　特殊管理的药品出库应当按照有关规定进行复核。

第九十七条　药品拼箱发货的代用包装箱应当有醒目的拼箱标志。

第九十八条　药品出库时，应当附加盖企业药品出库专用章原印章的随货同行单（票）。

企业按照本规范第六十九条规定直调药品的，直调药品出库时，由供货单位开具两份随货同行单（票），分别发往直调企业和购货单位。随货同行单（票）的内容应当符合本规范第七十三条第二款的要求，还应当标明直调企业名称。

第九十九条　冷藏、冷冻药品的装箱、装车等项作业，应当由专人负责并符合以下要求：

（一）车载冷藏箱或者保温箱在使用前应当达到相应的温度要求；

（二）应当在冷藏环境下完成冷藏、冷冻药品的装箱、封箱工作；

（三）装车前应当检查冷藏车辆的启动、运行状态，达到规定温度后方可装车；

（四）启运时应当做好运输记录，内容包括运输工具和启运时间等。

第十三节　运输与配送

第一百条　企业应当按照质量管理制度的要求，严格执行运输操作规程，并采取有效措施保证运输过程中的药品质量与安全。

第一百零一条　运输药品，应当根据药品的包装、质量特性并针对车况、道路、天气等因素，选用适宜的运输工具，采取相应措施防止出现破损、污染等问题。

第一百零二条　发运药品时，应当检查运输工具，发现运输条件不符合规定的，不得发运。运输药品过程中，运载工具应当保持密闭。

第一百零三条　企业应当严格按照外包装标示的要求搬运、装卸药品。

第一百零四条　企业应当根据药品的温度控制要求，在运输过程中采取必要的保温或者冷藏、冷冻措施。

运输过程中，药品不得直接接触冰袋、冰排等蓄冷剂，防止对药品质量造成影响。

第一百零五条　在冷藏、冷冻药品运输途中，应当实时监测并记录冷藏车、冷藏箱或者保温箱内的温度数据。

第一百零六条　企业应当制定冷藏、冷冻药品运输应急预案，对运输途中可能发生的设备故障、异常天气影响、交通拥堵等突发事件，能够采取相应的应对措施。

第一百零七条　企业委托其他单位运输药品的，应当对承运方运输药品的质量保障能力进行审计，索取运输车辆的相关资料，符合本规范运输设施设备条件和要求的方可委托。

第一百零八条　企业委托运输药品应当与承运方签订运输协议，明确药品质量责任、遵守运输操作规程和在途时限等内容。

第一百零九条　企业委托运输药品应当有记录，实现运输过程的质量追溯。记录至少包括发货时间、发货地址、收货单位、收货地址、货单号、药品件数、运输方式、委托经办人、承运单位，采用车辆运输的还应当载明车牌号，并留存驾驶人员的驾驶证复印件。记录应当至少保存5年。

第一百一十条　已装车的药品应当及时发运并尽快送达。委托运输的，企业应当要求并监督承运方严格履行委托运输协议，防止因在途时间过长影响药品质量。

第一百一十一条　企业应当采取运输安全管理措施，防止在运输过程中发生药品盗抢、遗失、调换等事故。

第一百一十二条　特殊管理的药品的运输应当符合国家有关规定。

第十四节　售后管理

第一百一十三条　企业应当加强对退货的管理，保证退货环节药品的质量和安全，防止混入假冒药品。

第一百一十四条　企业应当按照质量管理制度的要求，制定投诉管理操作规程，内容包括投诉渠道及方式、档案记录、调查与评估、处理措施、反馈和事后跟踪等。

第一百一十五条　企业应当配备专职或者兼职人员负责售后投诉管理，对投诉的质量问题查明原因，采取有效措施及时处理和反馈，并做好记录，必要时应当通知供货单位及药品生产企业。

第一百一十六条　企业应当及时将投诉及处理结果等信息记入档案，以便查询和跟踪。

第一百一十七条　企业发现已售出药品有严重质量问题，应当立即通知购货单位停售、追回并做好记录，同时向食品药品监督管理部门报告。

第一百一十八条　企业应当协助药品生产企业履行召回义务，按照召回计划的要求及时传达、反馈药品召回信息，控制和收回存在安全隐患的药品，并建立药品召回记录。

第一百一十九条　企业质量管理部门应当配备专职或者兼职人员，按照国家有关规定承担药品不良反应监测和报告工作。

第三章　药品零售的质量管理

第一节　质量管理与职责

第一百二十条　企业应当按照有关法律法规及本规范的要求制定质量管理文件，开展质量管理活动，确保药品质量。

第一百二十一条　企业应当具有与其经营范围和规模相适应的经营条件，包括组织机构、人员、设施设备、质量管理文件，并按照规定设置计算机系统。

第一百二十二条　企业负责人是药品质量的主要责任人，负责企业日常管理，负责提供必要的条件，保证质量管理部门和质量管理人员有效履行职责，确保企业按照本规范要求经营药品。

第一百二十三条　企业应当设置质量管理部门或者配备质量管理人员，履行以下职责：

（一）督促相关部门和岗位人员执行药品管理的法律法规及本规范；

（二）组织制订质量管理文件，并指导、监督文件的执行；

（三）负责对供货单位及其销售人员资格证明的审核；

（四）负责对所采购药品合法性的审核；

（五）负责药品的验收，指导并监督药品采购、储存、陈列、销售等环节的质量管理工作；

（六）负责药品质量查询及质量信息管理；

（七）负责药品质量投诉和质量事故的调查、处理及报告；

（八）负责对不合格药品的确认及处理；

（九）负责假劣药品的报告；

（十）负责药品不良反应的报告；

（十一）开展药品质量管理教育和培训；

（十二）负责计算机系统操作权限的审核、控制及质量管理基础数据的维护；

（十三）负责组织计量器具的校准及检定工作；

（十四）指导并监督药学服务工作；

（十五）其他应当由质量管理部门或者质量管理人员履行的职责。

第二节　人员管理

第一百二十四条　企业从事药品经营和质量管理工作的人员，应当符合有关法律法规及本规范规定的资格要求，不得有相关法律法规禁止从业的情形。

第一百二十五条　企业法定代表人或者企业负责人应当具备执业药师资格。

企业应当按照国家有关规定配备执业药师，负责处方审核，指导合理用药。

第一百二十六条 质量管理、验收、采购人员应当具有药学或者医学、生物、化学等相关专业学历或者具有药学专业技术职称。从事中药饮片质量管理、验收、采购人员应当具有中药学中专以上学历或者具有中药学专业初级以上专业技术职称。

营业员应当具有高中以上文化程度或者符合省级食品药品监督管理部门规定的条件。中药饮片调剂人员应当具有中药学中专以上学历或者具备中药调剂员资格。

第一百二十七条 企业各岗位人员应当接受相关法律法规及药品专业知识与技能的岗前培训和继续培训，以符合本规范要求。

第一百二十八条 企业应当按照培训管理制度制定年度培训计划并开展培训，使相关人员能正确理解并履行职责。培训工作应当做好记录并建立档案。

第一百二十九条 企业应当为销售特殊管理的药品、国家有专门管理要求的药品、冷藏药品的人员接受相应培训提供条件，使其掌握相关法律法规和专业知识。

第一百三十条 在营业场所内，企业工作人员应当穿着整洁、卫生的工作服。

第一百三十一条 企业应当对直接接触药品岗位的人员进行岗前及年度健康检查，并建立健康档案。患有传染病或者其他可能污染药品的疾病的，不得从事直接接触药品的工作。

第一百三十二条 在药品储存、陈列等区域不得存放与经营活动无关的物品及私人用品，在工作区域内不得有影响药品质量和安全的行为。

第三节 文 件

第一百三十三条 企业应当按照有关法律法规及本规范规定，制定符合企业实际的质量管理文件。文件包括质量管理制度、岗位职责、操作规程、档案、记录和凭证等，并对质量管理文件定期审核、及时修订。

第一百三十四条 企业应当采取措施确保各岗位人员正确理解质量管理文件的内容，保证质量管理文件有效执行。

第一百三十五条 药品零售质量管理制度应当包括以下内容：

（一）药品采购、验收、陈列、销售等环节的管理，设置库房的还应当包括储存、养护的管理；

（二）供货单位和采购品种的审核；

（三）处方药销售的管理；

（四）药品拆零的管理；

（五）特殊管理的药品和国家有专门管理要求的药品的管理；

（六）记录和凭证的管理；

（七）收集和查询质量信息的管理；

（八）质量事故、质量投诉的管理；

（九）中药饮片处方审核、调配、核对的管理；

（十）药品有效期的管理；

（十一）不合格药品、药品销毁的管理；

（十二）环境卫生、人员健康的规定；

（十三）提供用药咨询、指导合理用药等药学服务的管理；

（十四）人员培训及考核的规定；

（十五）药品不良反应报告的规定；

（十六）计算机系统的管理；

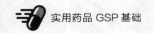

（十七）药品追溯的规定；

（十八）其他应当规定的内容。

第一百三十六条 企业应当明确企业负责人、质量管理、采购、验收、营业员以及处方审核、调配等岗位的职责，设置库房的还应当包括储存、养护等岗位职责。

第一百三十七条 质量管理岗位、处方审核岗位的职责不得由其他岗位人员代为履行。

第一百三十八条 药品零售操作规程应当包括：

（一）药品采购、验收、销售；

（二）处方审核、调配、核对；

（三）中药饮片处方审核、调配、核对；

（四）药品拆零销售；

（五）特殊管理的药品和国家有专门管理要求的药品的销售；

（六）营业场所药品陈列及检查；

（七）营业场所冷藏药品的存放；

（八）计算机系统的操作和管理；

（九）设置库房的还应当包括储存和养护的操作规程。

第一百三十九条 企业应当建立药品采购、验收、销售、陈列检查、温湿度监测、不合格药品处理等相关记录，做到真实、完整、准确、有效和可追溯。

第一百四十条 记录及相关凭证应当至少保存 5 年。特殊管理的药品的记录及凭证按相关规定保存。

第一百四十一条 通过计算机系统记录数据时，相关岗位人员应当按照操作规程，通过授权及密码登录计算机系统，进行数据的录入，保证数据原始、真实、准确、安全和可追溯。

第一百四十二条 电子记录数据应当以安全、可靠方式定期备份。

第四节 设施与设备

第一百四十三条 企业的营业场所应当与其药品经营范围、经营规模相适应，并与药品储存、办公、生活辅助及其他区域分开。

第一百四十四条 营业场所应当具有相应设施或者采取其他有效措施，避免药品受室外环境的影响，并做到宽敞、明亮、整洁、卫生。

第一百四十五条 营业场所应当有以下营业设备：

（一）货架和柜台；

（二）监测、调控温度的设备；

（三）经营中药饮片的，有存放饮片和处方调配的设备；

（四）经营冷藏药品的，有专用冷藏设备；

（五）经营第二类精神药品、毒性中药品种和罂粟壳的，有符合安全规定的专用存放设备；

（六）药品拆零销售所需的调配工具、包装用品。

第一百四十六条 企业应当建立能够符合经营和质量管理要求的计算机系统，并满足药品追溯的要求。

第一百四十七条 企业设置库房的，应当做到库房内墙、顶光洁，地面平整，门窗结构严密；有可靠的安全防护、防盗等措施。

第一百四十八条　仓库应当有以下设施设备：

（一）药品与地面之间有效隔离的设备；

（二）避光、通风、防潮、防虫、防鼠等设备；

（三）有效监测和调控温湿度的设备；

（四）符合储存作业要求的照明设备；

（五）验收专用场所；

（六）不合格药品专用存放场所；

（七）经营冷藏药品的，有与其经营品种及经营规模相适应的专用设备。

第一百四十九条　经营特殊管理的药品应当有符合国家规定的储存设施。

第一百五十条　储存中药饮片应当设立专用库房。

第一百五十一条　企业应当按照国家有关规定，对计量器具、温湿度监测设备等定期进行校准或者检定。

第五节　采购与验收

第一百五十二条　企业采购药品，应当符合本规范第二章第八节的相关规定。

第一百五十三条　药品到货时，收货人员应当按采购记录，对照供货单位的随货同行单（票）核实药品实物，做到票、账、货相符。

第一百五十四条　企业应当按规定的程序和要求对到货药品逐批进行验收，并按照本规范第八十条规定做好验收记录。

验收抽取的样品应当具有代表性。

第一百五十五条　冷藏药品到货时，应当按照本规范第七十四条规定进行检查。

第一百五十六条　验收药品应当按照本规范第七十六条规定查验药品检验报告书。

第一百五十七条　特殊管理的药品应当按照相关规定进行验收。

第一百五十八条　验收合格的药品应当及时入库或者上架，验收不合格的，不得入库或者上架，并报告质量管理人员处理。

第六节　陈列与储存

第一百五十九条　企业应当对营业场所温度进行监测和调控，以使营业场所的温度符合常温要求。

第一百六十条　企业应当定期进行卫生检查，保持环境整洁。存放、陈列药品的设备应当保持清洁卫生，不得放置与销售活动无关的物品，并采取防虫、防鼠等措施，防止污染药品。

第一百六十一条　药品的陈列应当符合以下要求：

（一）按剂型、用途以及储存要求分类陈列，并设置醒目标志，类别标签字迹清晰、放置准确。

（二）药品放置于货架（柜），摆放整齐有序，避免阳光直射。

（三）处方药、非处方药分区陈列，并有处方药、非处方药专用标识。

（四）处方药不得采用开架自选的方式陈列和销售。

（五）外用药与其他药品分开摆放。

（六）拆零销售的药品集中存放于拆零专柜或者专区。

（七）第二类精神药品、毒性中药品种和罂粟壳不得陈列。

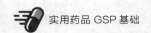

（八）冷藏药品放置在冷藏设备中，按规定对温度进行监测和记录，并保证存放温度符合要求。

（九）中药饮片柜斗谱的书写应当正名正字；装斗前应当复核，防止错斗、串斗；应当定期清斗，防止饮片生虫、发霉、变质；不同批号的饮片装斗前应当清斗并记录。

（十）经营非药品应当设置专区，与药品区域明显隔离，并有醒目标志。

第一百六十二条　企业应当定期对陈列、存放的药品进行检查，重点检查拆零药品和易变质、近效期、摆放时间较长的药品以及中药饮片。发现有质量疑问的药品应当及时撤柜，停止销售，由质量管理人员确认和处理，并保留相关记录。

第一百六十三条　企业应当对药品的有效期进行跟踪管理，防止近效期药品售出后可能发生的过期使用。

第一百六十四条　企业设置库房的，库房的药品储存与养护管理应当符合本规范第二章第十节的相关规定。

第七节　销售管理

第一百六十五条　企业应当在营业场所的显著位置悬挂《药品经营许可证》、营业执照、执业药师注册证等。

第一百六十六条　营业人员应当佩戴有照片、姓名、岗位等内容的工作牌，是执业药师和药学技术人员的，工作牌还应当标明执业资格或者药学专业技术职称。在岗执业的执业药师应当挂牌明示。

第一百六十七条　销售药品应当符合以下要求：

（一）处方经执业药师审核后方可调配；对处方所列药品不得擅自更改或者代用，对有配伍禁忌或者超剂量的处方，应当拒绝调配，但经处方医师更正或者重新签字确认的，可以调配；调配处方后经过核对方可销售。

（二）处方审核、调配、核对人员应当在处方上签字或者盖章，并按照有关规定保存处方或者其复印件。

（三）销售近效期药品应当向顾客告知有效期。

（四）销售中药饮片做到计量准确，并告知煎服方法及注意事项；提供中药饮片代煎服务，应当符合国家有关规定。

第一百六十八条　企业销售药品应当开具销售凭证，内容包括药品名称、生产厂商、数量、价格、批号、规格等，并做好销售记录。

第一百六十九条　药品拆零销售应当符合以下要求：

（一）负责拆零销售的人员经过专门培训；

（二）拆零的工作台及工具保持清洁、卫生，防止交叉污染；

（三）做好拆零销售记录，内容包括拆零起始日期、药品的通用名称、规格、批号、生产厂商、有效期、销售数量、销售日期、分拆及复核人员等；

（四）拆零销售应当使用洁净、卫生的包装，包装上注明药品名称、规格、数量、用法、用量、批号、有效期以及药店名称等内容；

（五）提供药品说明书原件或者复印件；

（六）拆零销售期间，保留原包装和说明书。

第一百七十条　销售特殊管理的药品和国家有专门管理要求的药品，应当严格执行国家有关规定。

第一百七十一条　药品广告宣传应当严格执行国家有关广告管理的规定。

第一百七十二条　非本企业在职人员不得在营业场所内从事药品销售相关活动。

第八节　售后管理

第一百七十三条　除药品质量原因外，药品一经售出，不得退换。

第一百七十四条　企业应当在营业场所公布食品药品监督管理部门的监督电话，设置顾客意见簿，及时处理顾客对药品质量的投诉。

第一百七十五条　企业应当按照国家有关药品不良反应报告制度的规定，收集、报告药品不良反应信息。

第一百七十六条　企业发现已售出药品有严重质量问题，应当及时采取措施追回药品并做好记录，同时向食品药品监督管理部门报告。

第一百七十七条　企业应当协助药品生产企业履行召回义务，控制和收回存在安全隐患的药品，并建立药品召回记录。

第四章　附　则

第一百七十八条　本规范下列术语的含义是：

（一）在职：与企业确定劳动关系的在册人员。

（二）在岗：相关岗位人员在工作时间内在规定的岗位履行职责。

（三）首营企业：采购药品时，与本企业首次发生供需关系的药品生产或者经营企业。

（四）首营品种：本企业首次采购的药品。

（五）原印章：企业在购销活动中，为证明企业身份在相关文件或者凭证上加盖的企业公章、发票专用章、质量管理专用章、药品出库专用章的原始印记，不能是印刷、影印、复印等复制后的印记。

（六）待验：对到货、销后退回的药品采用有效的方式进行隔离或者区分，在入库前等待质量验收的状态。

（七）零货：拆除了用于运输、储藏包装的药品。

（八）拼箱发货：将零货药品集中拼装至同一包装箱内发货的方式。

（九）拆零销售：将最小包装拆分销售的方式。

（十）国家有专门管理要求的药品：国家对蛋白同化制剂、肽类激素、含特殊药品复方制剂等品种实施特殊监管措施的药品。

第一百七十九条　药品零售连锁企业总部的管理应当符合本规范药品批发企业相关规定，门店的管理应当符合本规范药品零售企业相关规定。

第一百八十条　本规范为药品经营质量管理的基本要求。对企业信息化管理、药品储运温湿度自动监测、药品验收管理、药品冷链物流管理、零售连锁管理等具体要求，由国家食品药品监督管理总局以附录方式另行制定。

第一百八十一条　麻醉药品、精神药品、药品类易制毒化学品的追溯应当符合国家有关规定。

第一百八十二条　医疗机构药房和计划生育技术服务机构的药品采购、储存、养护等质量管理规范由国家食品药品监督管理总局商相关主管部门另行制定。

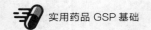

互联网销售药品的质量管理规定由国家食品药品监督管理总局另行制定。

第一百八十三条　药品经营企业违反本规范的，由食品药品监督管理部门按照《中华人民共和国药品管理法》第七十八条的规定给予处罚。

第一百八十四条　本规范自发布之日起施行，卫生部 2013 年 6 月 1 日施行的《药品经营质量管理规范》（中华人民共和国卫生部令第 90 号）同时废止。

参 考 文 献

［1］ 药品经营质量管理规范.2016 年版.

［2］ 徐荣周.实用药品 GSP 认证技术.北京：化学工业出版社，2004.

［3］ 梁毅.药品经营质量管理（GSP）.北京：中国医药科技出版社，2003.

［4］ 宋克勤.药品经营企业 GSP 认证资料编制指南.武汉：武汉出版社，2003.

［5］ 严振.药事法规实用教程.3 版.北京：化学工业出版社，2015.

［6］ 陈玉姣.药店经营管理实务.北京：中国医药科技出版社，2006.

［7］ 周小雅.药品店堂推销技术.北京：中国医药科技出版社，2007.

［8］ 药品经营直线管理规范实施细则.2019 年版.